津田政隣 政隣記

耳目甄録 拾八

従寛政六年―到寛政七年

校訂・編集 代表 髙木喜美子

「政隣記を読む有志の会」

笠嶋 剛　南保信之

真山武志　森下正子

桂書房

政隣記　目次

従寛政六年到寛政七年　耳目甄録　拾八

凡　例

一、金沢市立玉川図書館近世史料館所蔵の津田政隣著「政隣記」全三十一巻の内、「耳目甄録」十八巻（16.28・18・11）を底本とした。

一、原則として原文に忠実を旨とし、文意のため適宜読点・並列点を付けた。表敬の台頭・平出・闕字は表記しない。本文中の傍注（　）は校訂・編集者の書き込みである。

一、字体は原則として常用漢字を用いた。ただし、当時の慣用字・同義字・同音仮借（アテ字）はそのままとし、送り仮名もそのままとした。異体字も現常用漢字とし変体仮名は現行平仮名を用いた。助詞の而・者・茂・江・与・爾（尓）はポイントを落とし、テ・ハ・モ・ヘ・ト・ニとした。ゟはヨリとした。解読不能部分は「　（〇〇カ）　」、空白は「　（空白）　」、文意不明は「　（ママ）　」とした。明らかな脱字は□（脱カ）、誤字は□（カ）とした。

一、読者の便宜を図るため、左の方策を講じた。

(1) 引用文は原則として原文のままとした。人名も巻末の氏名索引に入れていない。

(2) 上欄に注として、参考事項を記した。

(3) 朱書きは（朱）とした。

(4) 巻末に本文に記された事項ごとの「内容一覧」を記した。

(5) 巻末に藩士及び藩主関係者の「氏名索引」を付けた。

一、人名はゴチック体にし、藩士名は金沢市立玉川図書館近世史料館の「諸士系譜」「先祖一類由緒帳」及び「諸頭系譜」で比定し巻末にまとめた。

その他藩主関係・藩士以外の人名は欄上の注に『寛政重修諸家譜』及び『徳川諸家系譜』で比定し寛○巻○頁、徳○巻○頁で表記した。

付記

津田政隣（宝暦十一年（一七六一）～文化十一年（一八一四））、通称権平・左近右衛門、初諱正隣。父は正昌、政隣は明和中世禄七〇〇石を襲ぎ、大小将組に列し、藩主の前田重教・治脩・斉広の三世に仕え、大小将番頭・歩頭・町奉行・大小将組頭・馬廻頭に進み、宗門奉行を兼ね、職秩二〇〇〇石を受け、文化十年罷め、翌年没する。年五十九。読書を好み文才に富む。諸家の記録を渉猟し、天文七年以降安永七年に至る二四〇年間の事蹟を録して「政隣記」十一巻を著し、又安永八年より文化十一年に至る三十六年間自ら見聞する所を輯めて「耳目甄録」二十巻を著す。「耳目甄録」も亦通称「政隣記」を以て称せらる。並びに加賀藩の事蹟を徴するに頗る有益の書なり。（「石川県史」及び「加能郷土辞彙」より）

（内表紙）

従寛政六年　到寛政七年

耳目甄録　拾八

此次従翌年正月ヨリ起

寛政六年

● **寛政六**甲寅**年**　丙寅**正月大**　金沢御用番　**奥村河内守殿**

朔　日　快天至極暖和長閑、二日雨、三日四日五日六日七日八日九日〔夜烈風〕十日〔烈風〕十一日十二日十三日十四日十五日十六日十七日〔此間余寒強、宿水堅凍〕十八日十九日廿日廿一日廿二日迄陰晴交之処、今夜雨降、廿三日廿四日〔夕方微雪〕、廿五日廿六日〔夕方ヨリ雨〕廿七日陰晴交、廿八日廿九日晦日快天、今月気候上旬如前記、暖和之処、中旬已来下旬余寒烈、草木芽萌出、しも枯凋(しぼむ)

今朝御太刀御献上之御使者御小将頭**高田新左衛門**素袍等着、聞番**恒川七兵衛**同道登城、**御守殿**[1]紀州并御三家様、且又御老中方へ御太刀馬代被遣候御使、組頭指支ニ付御歩頭**篠嶋平左衛門**・御先手**奥村十郎左衛門**相勤、若御年寄衆へ御太刀馬代被遣候御使者聞番、御側衆へモ御太刀馬代被遣候御使御大小将之事

若君[2]様へ旧臘西丸就被進候いまた徙移(わたまし)ハ無之候得共、従今朝西丸へ祝侯方等登城相初り候事

但、是以後年頭・五節句・八朔・毎月十五日・歳暮、登城ニテ御帳ニ附可申候御礼事等ハ御本丸へ登城之事

御館例年之通、今日ヨリ人日迄并十五日御表向平詰之事

佐渡守[3]様今日年頭御目見於御居間書院、御家老**西尾隼人**長袴着用太刀馬代献上独礼被為請、夫ヨリ頭分以上并聞番見習御附之平士等暨御医師一統御目見被仰付、献上物ハ無之、奏者御附組頭**城三郎兵衛**、右之節御用ニテ差支候人々ハ二番座ニ一統御目見、奏者御附御歩頭**神田吉左衛門**、此時モ御用ニテ差支候人々ハ明二日御目見被仰付筈也、但御側小将ハ新御居

1 徳川家斉室寛子
2 徳川家斉男竹千代
3 前田斉敬（重教男）

1 前田利以（七日市藩九代）
2 織田信憑（相原藩）息信応）
室は富山藩前田利與女）
3 重教室

宅於御居間御目見被仰付右九時頃相済、夫ヨリ頭分以上御席へ出、上々様御機嫌克御超歳之恐悦隼人殿へ申演候事

御年賀之御客衆等へ出候御料理御献立［（虫損）］但三ヶ日・人日・十五日都合五ヶ日也、向詰一ツ焼ハ今日迄出、明日ヨリ相止、御料理モ一汁五菜也

御熨斗木地三方敷紙

但、御一門様并前田大和守殿[1]・織田出雲守殿[2]御父子、寿光院様[3]御兄弟方迄へ出之、其外ハ不出之

御土器下輪木地三方　鰭御吸物　尺長御箸　御箸台

御取肴内枇木地三方　まき鯣　こん切

御下捨土器木地足打

但、佐渡守様御盃事、御一門様方へ迄ニ付御一門様之外ハ不出之

御料理二汁五菜　御膳塗木具

鱠　ひらめ　くり　金かん

香物　粕漬瓜

御汁　白玉　地紙大こん　よめな　皮こほう　しいたけ

御食

二

杉箱　くしこ　せんまい　苞とうふ　敷葛　としんきん

御汁　塩鱈　こんふ　ふきのとう

猪口　大梅干　かつを
　　　ちんひ

今日切御旗本衆以上へ
向詰一ツ焼　鯛
御酒肴　はへん
御茶受　翁餅
　　　　川たけ
後御菓子　すいしかん
　　　　　雪みとり

御一門様迄へ
御引菜　鰡色付焼
御吸物　絹いか
　　　　糸にんしん
御濃茶
紅宝尽

二日　暁七半時御供揃ニテ六時二歩頃御出、両御丸へ**佐渡守**様御登城、九時頃御帰、昨日御用ニテ相残候**高田新左衛門**等一統御目見被仰付、但御装束之事

三日　上野御宮惣御霊屋へ**佐渡守**様五半時御供揃ニテ御参詣、御本坊へ御勤、御例之通御装束、且御目見以上服御改也、翌四日モ五半時御供揃ニテ御老中方御勤、五日九時前御供揃御装束ニテ増上寺惣御霊屋へ御参詣、方丈御勤、地徳院へ御立寄、六日御半時御供揃ニテ御三家様へ御勤之事

四日　夜　追儺御例之通、御年男会所奉行**堀与一右衛門**御規式勤之、但**与一右衛門**於金沢モ相勤候ニ付拝領物綿三把也

初テニ候ハ御上下一具近年如斯也、以前ハ初テ之者へハ御時服一重、再勤ヨリハ御上下被下候事

人日[1]　前々之通、**佐渡守**様御登城無御座候事

1じんじつ　正月七日の節句

1紀州徳川治宝室（田安宗武女）

八　日　紀州公御守殿**種姫**[1]君様旧臘ヨリ御疱瘡之処、今日辰中刻御逝去、依之今日ヨリ御式台向等服、平日之通、十五日モ不及平詰ニ平日朔望之通、服紗小袖・布上下着用、普請・鳴物等遠慮日数ハ追テ可被仰渡旨、御家老衆御申聞之旨御横目申談ニ付、夫々申談候事、

但、鳴物等遠慮之義ハ小屋触ニテ有之

附、実ハ旧臘廿八日御逝去之由ニ候得共、公辺御規式中ニ付今日御弘有之、尤此間中伺御客体等之物頭御使ハ毎度有之候事、此次十四日互見

九　日　**種姫**君様就御逝去為伺御機嫌、今日惣出仕之段、昨晩大御目付衆ヨリ申来、依之今朝**佐渡守**様御登城可被遊候処、少々就御風気ニ御断之事

付札　御横目へ

種姫様就御逝去、鳴物ハ七日御停止、普請ハ不苦旨、大御目付衆ヨリ御書付致到来候条、
△御屋敷中鳴物右日数遠慮候様夫々可被相触候事

正月八日

右**水越八郎左衛門**ヨリ諸頭連名例文之廻状有之、今暁到来、夫々支配方へ触出候事

十　日　八半時小川町出火、無程鎮、同刻麻布筋出火夜四時頃鎮、七時過半蔵御門外出火之御城相図打夜九時前鎮、同刻牛込御門通出火夜五時過鎮、同刻過芝筋出火段々及大火、翌十一日朝六時頃鎮

同　日　暮前市ヶ谷通出火、暮六時頃根津裏門通出火ト近板打、一番火消**土方勘右衛門**・二番火消**岸忠兵衛**御人数召連、方境迄罷越候得共、火事所相知不申ニ付引揚帰入、但同刻過鎮

候段櫓ヨリモ案内ニ付一統御殿ヘ相揃候人々退散候様隼人[1]殿御申聞之段、御横目申談、同夜
四時前木挽町出火、無程鎮
右御城相図御近火之外ハ皆々其時々遠板打、鎮鐘打候義等前々之通ニ候事
右火事御見廻使前田大和守[2]殿・内藤右近将監[3]殿、芝御広式之御大小将相勤、紀州様[4]・
讃岐守[5]様ヘ自分[6]儀為物頭代稲妻手合御人数召連罷越、紀州様麹町御邸北御門続御長屋
危候間、相防候様あなた御役人申聞候ニ付御人数指懸飛火等為防候内、御門前町家段々
焼通り遠火ニ相成候ニ付其段申達引揚罷帰
但、自分ヘ一汁一菜之御賄敲米・細とうふ・煮物　山のいも・にんじん・しい茸・しみこんにゃく・木茸　引
盃　御酒
御人数ヘ兵粮枇ニ戴之、胡麻塩懸箸添、酒ハ五斗樽之かゝみ抜、杓立、籠ニ坪椀数多入・御酒被下之、翌
十一日発之早飛脚ニ伝附、委曲言上紙面上之候事
芝御広式ヘ御先手奥村十郎左衛門[7]三ツ輪手合御人数召連罷越候処、右御邸不残御類焼ニ付
三田御邸ヘ松寿院[8]様御立退之段罷帰相達候ニ付、御用人小川八郎右衛門為伺御客体三田御
邸ヘモ上、従佐渡守様モ為御見廻永原将監御使ニ被遣之、右ニ付兵粮二百人前御小将使ヲ以
被進之、従佐渡守様モ御飯・御煮染等被進之、従寿光院[9]様モ御使者ヲ以被進物有之、従祐仙[10]
院様モ以御使者御菓子等被進、御一門様ニテハ安芸守[11]様桜田霞ヶ門御上邸慶次郎[12]様外桜田御上邸
御類焼、依之兵粮二百人前宛御小将御使ヲ以被進之
十一日　朝、和田倉御上邸ヘ松寿院様御引移、品能兵粮朝昼暮二百人前宛煮染等三品相副被進之

1西尾隼人
2前田利以（七日市藩）
3内藤学文（寛13 194頁）
4徳川治宝
5徳川頼儀（高松藩）（徳3 101頁）
6政隣
7火事火消出動の時の対応態勢の一つ
8重教女頴（保科容詮室）
9重教室千間
10吉徳女暢
11浅野重晟（寛5 344頁）母は吉徳女喜代
12南部利敬（寛4 111頁）祖母は吉徳女弓

候、佐渡守様御次へ被下候御菓子等被進之、明十二日・十三日も品能兵粮右同様朝昼暮二百人前宛、都合六百人前宛被進之、十四日以後ハ阿方ヨリ申来候通被進之候筈也

●右御用人ヨリ御附物頭迄奉札ヲ以被進之

右御一門様方御類焼ハ昨十日糀町・平川町三丁目家主甚右衛門店庄兵衛方ヨリ出火、段々及大火、芝銭座辺迄焼抜候火也、

此火ニテ類焼数大概左之通

1京極加賀守殿
2三宅備前守殿
3安芸守様御上邸
4慶次郎様
5井上河内守殿
6大村信濃守殿
7中川修理大夫殿
8松平陸奥守殿

9松平左兵衛佐殿
10安部摂津守殿
11松平筑前守殿
12松平甲斐守殿
13一柳土佐守殿
14井伊掃部頭殿外長屋少々
15脇坂淡路守殿
16肥後守様芝新銭座御中屋敷等御大名方

17内藤右近将監殿
18丹羽加賀守殿
19松平肥前守殿
20板倉周防守殿
21植村出羽守殿
22幸橋御門

都合六十五家、御旗本衆都合百廿九家、永田馬場御厩、真言宗真行院、

町家ハ糀町壱丁目ヨリ三丁目迄片側、平川町早房町等ハ幅二丁計ニ長さ五丁計、虎之御門外町幅二丁計ニ長さ八丁計、芝口一丁ヨリ横町塩留橋迄御側二丁計

牛込市谷類焼数大概左之通、火元ハ牛込七軒寺町ニテ千寿院門前喜兵衛店借吉五郎

1京極高有（寛7 183頁）
2三宅康友（寛16 15頁）
3浅野重晟（寛5 344頁）
4南部利敬（寛4 111頁）
5井上正甫（寛4 218頁）
6大村純鎖（寛12 203頁）
7中川久持（寛5 31頁）
8伊達斉村（寛12 341頁）
9松平忠済
10安部信亨（寛6 192頁）
11黒田斉隆（寛7 214頁）
12柳沢保光（寛3 258頁）
13一柳末英（寛10 159頁）
14井伊直中（寛12 305頁）
15脇坂安董（寛15 75頁）
16保科容頒（寛1 263頁）
17内藤学文（寛13 194頁）
18丹羽長貴（寛11 333頁）
19鍋嶋治茂
20板倉勝政（寛2 145頁）
21植村家長（寛5 177頁）
22港区の新橋駅近辺にあった

この火事を「桜田火事」という
『東京市史稿変災編』

御旗本衆百家、真言宗千寿院、一向常敬寺、組屋敷六ヶ所、長円寺
町家之山伏町二丁計、御納戸町一丁計、払方町二丁計、大門町三丁計、竹町二丁
計　以上牛込也、市ヶ谷田町四丁計、市ヶ谷

右飛火ニテ番町之内三番町御旗本南條軍三郎[1]殿本家焼失、門長屋ハ相残候事

十二日　右火事ニ付為伺御機嫌、今朝御本丸ヘ惣出仕ニ付**佐渡守**様御登城、但五時之御供揃ニ候事

十四日　前記八日記之通ニ候処、今日重テ御家老衆左之通御申聞有之候由御横目中申談、且御客衆ヘ明日ハ御料理出不申候由御客方ヨリ申談有之候事

明十五日御殿向一統熨斗目着用、平詰ニ不及候事

十五日　五時御供揃ニテ両御丸ヘ**佐渡守**様御登城、御熨斗目就被為召候、上下御供之人々ニモ熨斗目着用

十六日　暁八時前麻布通出火ト遠板打候処、段々及大火、三田辺ヨリ芝高綱（ママ）海際迄焼抜、朝五時過鎮鐘打候事、朝五時過ニモ小石川三百坂出火之遠板打、無程大塚道モ出火ト遠板打、三百坂火事ハ四時過鎮案内、大塚火事ハ段々及大火、九時頃鎮鐘打候事**佐渡守**様今朝五時御供揃ニテ御朦中為御伺、御本丸ヘ御登城、但惣出仕之事

今暁之火事焼失ヶ所大概左之通

麻布・六本木・芋洗坂之上、**石川大隅守**[2]殿組屋敷之内

御組同心［（空白）］火元　**竹本与蔵**

1 権三郎
2 石川正勲（寛3 25頁）

松平山城守[1]殿、**保科越前守**[2]殿、**山内摂津守**[3]殿、**石川若狭守**[4]殿下邸、御旗本衆十九家、
寺三ヶ寺、組屋敷一ヶ所
宮材町一丁四方計、日ヶ窪三丁四方計、穀物丁長四丁幅一丁計、薮下町長二丁幅
一丁計、坂下町一丁四方計、長坂町長四丁幅三丁計、十番新町三丁四方計、三田
古川丁長四丁幅一丁計、同朝之火事同断巣鴨辻町
御台所附同心　　火元　**倉橋長次郎**
御台所附同心家四軒類焼
右飛火ニテ類焼**安藤対馬守**[5]殿下邸・御旗本衆三家・大塚町端**安藤**殿辺町家二軒

十七日　**種姫**[6]君様御疱瘡為御見廻御先手**中川平膳**へ早打御使被仰渡、当十二日九時頃金沢発足
今夕七時頃参着、翌十八日朝**紀州様**[7]へ御使相勤、十九日朝道中指急ニテ発出罷帰
但、家来四人召連候処、相後れ着不申ニ付都テ御貸人御貸馬ニテ御使相勤、且旅中越後国
青海駅**油屋建右衛門**ヲ頼召連、尤表向ハ家来小者之趣也、路用金壱歩三切相渡置、追テ
為挨拶金子五百疋与之
附於金沢、御定之通、金小判九十両御貸渡、白銀五枚・御羽織一拝領、家来四人へ往来路
金十両相渡、**自分**[8]往来路金并江戸逗留中彼是入用共都合三十七両ニテ相済候由、四月
廿六日金沢へ帰着之事

十九日　御例之通、御具足鏡餅直御祝可有之処、**公方様**[9]御忌中ニ付相延、二十ケ日之御
忌ニテ廿八日御忌明ニ付同日右御祝有之候筈之事

1松平信古（寛1 47頁）
2保科正富（寛4 357頁）
3山内豊泰（寛13 311頁）
4石川総弾（寛3 10頁）
5安藤信成（寛17 180頁）
6紀州徳川治宝室（田安宗武女）
7徳川治宝
8政隣
9徳川家斉

付札　御横目へ

△御屋敷中火之元之義、去々年被仰出之趣モ有之、尤油断ハ無是義ニ候得共、此節風高ニテ毎度火事沙汰モ相見候間、猶更火之元之義厳重相心得候様御家中之人々并家来末々迄モ厳重申付候様一統相触可被申事

正月

右例之通、以廻状御横目中ヨリ申来候ニ付夫々触出候事

廿二日　御朦中為御伺御機嫌、五時御供揃ニテ**佐渡守**様御登城、但御本丸ヘ惣出仕之事

貞恭院殿[1]　**種姫**君様御法号

廿五日　**水戸少将**[2]様御簾中**方姫**様御疱瘡之処、御酒湯後御指重、今朝辰下刻御逝去、依之普請・鳴物遠慮、日数之義ハ追テ可被仰渡旨、今夜小屋触有之

付札　御横目へ

△**水戸少将**様御簾中**方姫**様御逝去ニ付、御屋敷中普請ハ今日迄二日、鳴物ハ明廿七日迄三日遠慮候様重テ夫々可被触候事

付札　御横目へ

水戸少将様御簾中**方姫**様御逝去ニ付鳴物ハ今日ヨリ三日御停止、普請ハ不苦候右之趣今夕、大御目付衆ヨリ御書付相渡候条、夫々可被相触候事

正月廿六日

廿六日　右例之通、御横目廻状出、夫々触出、且相公様御続御養母方実御いとこニ付御服忌無

1 徳川治宝室　家斉嫡子（徳1 69頁）（徳2 134頁）

2 水戸治紀室（徳3 9頁）　紀伊重倫女（徳2 246頁）

（水戸）―治保―治紀（少将）
　　　　　　　　＝
（紀伊）┬重倫―方姫
　　　　└千間（寿光院）＝……治脩（相公）
（加賀）―重教

之、寿光院[1]様モ実御めいニ付御服忌無之候事

同日ヨリ表御式台屋根御修復ニ付御客御使者共裏御式台ニテ取次候事

廿七日 当年頭佐渡守様御目見被仰上候節、始テ御時服壱重御拝領之為御礼、従相公様被指出候御使、定番御馬廻御番頭国沢主馬去十五日金沢発足、一日之逗留ニテ今朝参着、御使夫々相済候テ二月三日夕江戸発帰

廿八日 佐渡守様御登城前記十九日ニ有之通、御具足鏡餅直御祝可有之候処、廿五日等記之通、今日迄鳴物御停止中ニ付、又候相延明日ニ相成候事

廿九日 御具足鏡餅直御祝、但旧臘廿八日金沢之分互見記之通今年ヨリ御省略ニ付御雑煮・御吸物・御酒等相止、切餅二ツ宛紙ニ包、熨斗相添被下之候事

津大夫嫡子
百石 半助ヘ被下置候御切米ハ被指除之 狩谷半助

次郎太郎せかれ
三百石 本阿弥次郎左衛門

右之通、今日於御席、跡目被仰付候段、西尾隼人殿御申渡

今度芝御広式類焼之段、被聞召候ニ付今日御使御用人小川八郎右衛門ヲ以、左之通被進之

白銀五十枚 練絹五匹 鰍節一籠

晦日 今度種姫[2]君様就御逝去、御伺御機嫌并紀州様[3]ヘモ為御悔指急之御使者去十六日寄合戸田斎宮ヘ被仰渡、同十八日金沢発足之処、旅中ニテ気滞越後五智ニテ二ヶ日之逗留、今日参着、御使夫々相勤、二月八日夕江戸発帰候

1 重教室千間
2 治宝室（前頁22日参照）
3 （紀伊）徳川治宝

附今月江戸火災度々、前記之外御近火・遠火数十度有之候事

今月元日金沢天気宜、長閑至極和暖、近年無之春色ト云々、年頭御礼御例之通二日夜御謡初、
四海波等猩々舞ニテ相済、御作法先年御省略之節之通

四日 御弓初等御例之通、但御省略ニ付御吸物等ハ不被下之、拝領物ハ被下之

六日 左之通申談有之此次七月十九日互見

藤姫[1]様御出府御道中役附

佐藤八郎左衛門
斎藤忠大夫

宿割并御旅館拵相兼

御旅館取次
葭田左守
高畠彦之丞

歩御供
御時宜役 辻　晋次郎
宮井伝兵衛
御先角 飯田半六郎
小幡余所之助

右之内**小幡**ハ御時宜役ト同八日請替有之

藤姫様御道中仮御横目十四日ニ請有
水原五左衛門

今月七日 於金沢、左之通被仰付

一、千六百五十石 家督無相違
大野木舎人
舎人養子 大野木隼人

1 重教女（高松徳川頼儀室）

舎人義、及極老候迄久々役儀実体ニ相勤候ニ付隠居家督被仰付
一、三百石　隠居料　津田平兵衛
一、三百五十石　家督無相違　平兵衛嫡子　津田織江
平兵衛義、護国院[1]様御代以来数十年品々役儀全実体ニ相勤及極老候ニ付隠居家督被仰付、平兵衛役料知并織江ヘ被下置候、自分知ハ被指除之
一、三百石　隠居料　池田禝平
一、三百二十石　家督無相違　禝平養子　池田武次郎
禝平儀御題紙同断
右於御席、御用番河内守殿被仰渡、且左之通於御前被仰付
定番頭　中村故左兵衛代　定番頭並ヨリ　不破和平
両学校御用兼帯御免除
定番頭　遠田三郎大夫代　御馬廻頭ヨリ　武田喜左衛門
宗門奉行御免除
右平兵衛ハ改道簡ト、禝平ハ改久残ト、両人共定番頭ヨリ右之通被仰付
御参勤御供、左之通被仰付
御近習御用人持組
石野主殿助　生駒伝七郎　勝尾吉左衛門

1 前田吉徳（六代）

関屋中務　石黒小右衛門　玉川孤源太
御表小将御膳奉行等

今月十二日左之通、但朝番ニ付御城ニ罷在候処、於御席被仰渡

役儀御免除　御小将頭　**村田甚右衛門**

同十三日　於金沢、左之通被仰付於御前

御小将頭　**村田甚右衛門**代　御歩頭兼御用人ヨリ　**遠藤両左衛門**

小松御城番　人持組　**前田織江**

出銀奉行　同　**庄田兵庫**

御奏者番加人　同　**青木新兵衛**・**本多弾正**

同十四日同断　但三月十五日互見

当御参勤御道中仮御横目　御大小将　**和田知左衛門**

同断　御長柄支配　同　**篠原与四郎**

今月十五日　於金沢、左之通被仰付

御歩頭　**遠藤両左衛門**代　御先手ヨリ　**井上井之助**
当分盗賊改方御用御免除

御先弓頭　**浅井和大夫**代　御大小将御番頭ヨリ　**伊藤平大夫**
当分盗賊改方御用兼帯

右於御前被仰渡

種姫[1]君様御逝去之旨江戸表ヨリ申来候、依テ鳴物等今十五日ヨリ来ル十九日迄五日遠慮之筈ニ候、普請ハ不及遠慮候条被得其意、組・支配へ可被申渡候、組等之内才許有之面々ハ其支配へモ相達候様可被申聞候事
右之趣可被得其意候、以上
正月十五日　奥村河内守
一役宛連名殿

同月廿一日　一昨十九日御例之通御具足鏡餅直御祝可被仰付候処、鳴物等遠慮中ニ付相延、今日右御祝被仰付
但、旧臘廿八日記之通、今年ヨリ御省略ニ付御雑煮・御吸物・御酒等相止、切餅二ツ宛紙ニ包、熨斗鮑副被下之
今日当御在府詰被仰付、詰中御倹約奉行兼帯被仰付、二月下旬御先へ発足ト被仰渡　御台所奉行　堀部五左衛門

同月廿七日　左之通被仰付
当春御参勤御供番神保儀右衛門、就病気御供暨役儀共御断申上候ニ付詰先ニ候間、右代御供被仰付、御近習騎馬被仰付　御歩頭　前田甚八郎
順番之通、去廿三日江戸詰被仰渡候処、今日御供且御近習騎馬被仰付　御先筒頭　加藤図書

1 前出一月晦日参照

1 不破

助先ニ付、伊藤平大夫代詰被仰付　御大小将御番頭　人見吉左衛門

境奉行被仰付　御馬廻組　茨木源五左衛門

同月廿九日　於金沢左之通

藤姫様御儀、先頃以来御持病之御積気ニテ御勝れ不被成、頃日余寒甚敷別テ御不出来ニ被成御座候、右御様子ニテハ来月廿七日御発輿之義御不定ニ候、依テ御出府方等御用意先相見合候様可申渡旨被仰出候事

正月廿九日

御勝手御難渋至極ニ付、御取箇ト御符合之御詮議被仰付候、依テ拙者共何モ申談、御勝手方御用可相勤候御家老中モ同様ニ被仰付候、御平生方一通り品軽儀ハ彦三[1]壱人ニテ相勤候様被仰付候、為承知□(虫食「申」カ)聞候事

右両通、御用番河内守殿御横目所ヘ御渡之事

当御参勤御発駕御日限三月十三日ト被仰出

今般格別就御倹約ニ御鷹不残御取払、掛り之役人当分御用無之、御馬モ御減少被仰付

但右ニ付年寄中等モ所持之鷹不残被取払、馬モ減少、暨普請等モ延引ニ相成候事

今月［　］(空白)日病死享年　御先筒頭　本保十大夫以守

前記

右十大夫以守、幼名杢之助ト号本保［　］(空白)之子也、伯父長瀬藤左衛門ト云人之許ニ寄住

1 前田重教（十代）
2 江戸中期の暦算家（実名西村遠里）
3 天体の観測に使った機械、横道・赤道の目盛を設け、回転させて天体の位置と経度緯度を観測したもの

せしが、同苗常右衛門ニ実子無之候ニ付、此十大夫為養子、天生之才人多芸別テ算学ヲ好み、其上天学・暦学等 右前記ニ委し ヲ学ひて算学ヲ成就せり、儒学且医学ヲモ兼学ひ、本草ニモ甚委く一粒金丹等モ調合ス、右金丹主薬ニハ膃肭臍・蠶之化蝶ノ罌子ノ露等入て、夫ヲ仕立る事甚世話成調合也ト云々、先年小堀牛山小堀牛右衛門勝順とて領知二千石、居邸高岡町、宝暦八年定番頭ヨリ隠居改牛山ト、明和二年十月病死、委ハ頭分前録、此書因前記可考八十之賀ヲ祝し時、右以守ヨリ順之字の寿といふ事ヲ書テ祝語ヲ送れり、是ハ是八十年之年数之月日之数、暨気候・節季等之数ヲ拾ひテ、三十八万五千三百トいふ数ヲ得テ、是ヲ算木ニ布て見る所、如斯之形ニ成、是ヲ順之字ニ見たる事也ト云々、左伝ニある亥の算ハ、七十年之日数二万六千六百六十ト成、是ヲ算木ニ布て見るニ如此之形ト成、則亥之字之算トいふ事是也ト以守云々、

右十大夫以守ハ北国ニ於テハ古今無之人也、算学ニ長したる上、暦学・天文学等ニ長し年来不懈勤学せし候共、誰あつて問人モ無之処、天明五年泰雲院[1]様加州分領之改暦ヲ作りて、可入御覧旨被仰出、則調上之候処、向来（きょうらい）御用可被遊ト御喜悦之段被仰出、以守数年勤学之功顕れたる事ヲ難有かりしト云々、暦学の師ハ土御門家之門弟ニ京都之人居行子[2]博学多才ノ人著述之書居行子前後篇十冊等、其外数部有之とて有、先年以守ヨリ北国下行ヲ頼、則下りて五・六十日逗留、其節書籍等モ集め就中渾天儀[3]之具等モ従京都取寄、又算学之方唐算盤算木等モ拵之所持也

附、居行子、西村遠里共云、野聡茗話ト云書モ同人作、則西村遠里ト有

今月金沢気候モ上旬暖和、中旬・下旬余寒烈時々雪降

丁卯二月小

金沢御用番　長　九郎左衛門殿

朔日　二日三日四日快天五日微雪朝夕降昼雪鳴(雷カ)、后大ニ風起、六日七日八日快天、九日十日十一日雨天、十二日十三日十四日晴、十五日雨、十六日快天、十七日十八日雨、十九日廿日快天、廿一日雨、廿二日晴、廿三日廿四日廿五日廿六日廿七日廿八日夜雨降、廿九日快天続、気候応時併寒暖入混

日光御門跡[1]於日光山就御不例ニいまた還御無之、仍之今日御登城無之候得共、例年之通月次出仕モ相止候段昨日被仰渡有之、右ニ付日光山ヘ此間御医師并人参十両被進之候由也

三日　五半時御供揃ニテ、年頭初テ広徳寺・伝通院ヘ佐渡守様御参詣、歩御供之人々羽織・袴着用、御同君様御長袴ニ付、上下御供ハ熨斗目着用

五日　卯上刻御出棺ニテ、貞恭院[2]様紀州ヘ被為入、依テ寅刻ヨリ卯刻迄火消方間廻、遠方御成格ヲ以出、右ニ付御守殿ヘ御附使者物頭ヨリ被遣篠嶋平左衛門、寅上刻ヨリ罷越辰上刻帰、控有之内一汁五菜之御料理被下之候由之事

但、翌六日ヨリ八日迄御法事有之候得共、火消方間廻ハ不出之

六日　方姫[3]様御遺体、今晩酉上刻御出棺水戸ヘ被為入御邸南御門前御通行、依之聞番御横目・割場奉行一人宛罷出、警固足軽等御提灯廿五張出、火消方間廻ハ不出之

七日　左之通被仰渡候旨、添書ヲ以例之通廻状ニ付、夫々触出候事

付札　高田新左衛門へ

╱此表詰人一統難渋ニ付、去十二月御扶持方代之内、先達テ繰揚、壱人扶持ニ金弐歩宛御貸

---

1 公澄法親王

2 徳川治宝室種（一月二十五日参照）

3 紀伊重倫女・治貞養女（水戸治紀室）（徳2 258頁）

渡之分、依願当三月迄返上延引之義承届候処、今以諸物高直等ニテ難渋仕候ニ付当春御供代罷帰候節ハ、組用金ニテモ御貸渡無之テハ必至と指支候段委曲被申聞之趣、其節金沢御勝手方ヘ申達置候、猶亦此節右催促之趣モ被申聞委曲紙面モ被指出候、然処御勝手御難渋至極ニ付、今年ヨリ格別御省略モ被仰出、中々右体願之趣等一円御取揚可被成御時節ニテハ無之候間、此処奉恐察、何分願ヶ間敷義無之様可相心得候、尤先達テ御貸渡之分ハ、当三月急度返上可仕候、此段一統可申渡旨、従御勝手方申来候、先達テヨリ段々被申聞候趣モ有之候処、右之趣ニテハ何モ可為難渋候得共、当時之御勝手振追々申来候趣ニテハ誠ニ御行詰り之御時節ニ候間、何分会得仕、返上方等之義可有其心得候

右之趣被得其意、組・支配之人々ヘ被申渡、尤諸頭中ヘ演述、組等之人々ヘモ申渡候様可被申談候事

寅二月

十二日 五半時御供揃ニテ佐渡守様広徳寺ヘ御参詣

十三日 於御席、諸頭・諸役人ヘ左之両通西尾隼人殿御渡、御口達ヲ以テモ何ニ不依心付之義、無底意御達可申旨御申渡之事

御勝手御運方種々御僉議被仰付候得共、元来御取箇不致符合、年々及御不足候ニ付、御取箇ト致符合候様被仰付候義、御治定被遊候旨等、去午ノ年申渡候処、右符合之処御図りモ不被仰付故、今以同様之御運方ニテ、次第ニ御難渋深相成候、如斯ニテハ畢竟被成方モ無之段ニ至り候事ニ付、今般御出納符合永久全御運方之処、格別御僉議被仰付候、依之此段

為心得申達候条御入用方ニ拘り候品ハ何ニよらす心付之通無底意可被申聞候事

甲寅二月

別紙之趣於金沢表一統申渡候ニ付、於此表モ一統可申渡旨御用番ヨリ申来候ニ付写相達之候条、可被得其意候事

寅二月

右ニ付被仰渡之趣奉得其意候、心付之趣有之次第御達可申旨申述退去、且又右御書立之内、去午之年被仰渡候趣ト有之義為互見左ニ記之、其砌之御運方御僉議大概東[1]北一ヶ年分御入用銀六千貫目ニテ被為済候御図りト云々

御勝手御運方、只今迄種々御詮議被仰付候得共、元来御取箇ニ不致符合、年々及御不足候、依之此度御取箇ト致符合候様被仰付候義御治定被遊候、然ハ諸場御入用ニ拘り候義、先当分指止置可申候、尤皆ニ指止置候テハ御用不弁儀可有之候間、其品ニ当り時々拙者共迄可被申聞候事

九月

右天明六午年也、又安永十年モ可為互見候事

右ニ付於江戸表モ御馬御減少ニ付、

左之三役火事之節、御貸馬御渡不成旨、昨十二日被仰渡候事

表御納戸奉行　御作事奉行　深川火消

十四日　夜芝通出火ト御櫓遠板打、暫有之鎮鐘打、右火事所増上寺境内地徳院不残焼失、類焼

1保科容頌（徳3 220頁）
2細川斉滋（寛2 315頁）
3重教女（高松徳川頼儀室）

は無之候事

十五日　佐渡守様両御丸へ御登城、翌十六日肥後守[1]様・細川越中守[2]殿等、所々御年賀御勤

廿二日　左之通、奉書今日江戸到来

御大小将御番頭　田辺長左衛門代被
仰付、津田権平ハ交代、直ニ詰被
仰付候段、当七日之日付、御年寄衆等御連印之以
奉書被仰渡

御大小将ヨリ　平田磯次郎

団多大夫代詰被仰付候段、御用番
九郎左衛門殿以御紙面被仰渡、尤
藤姫[3]様御婚礼方御用モ兼帯相勤候様被仰渡

大組頭　松平才記

廿三日　能州惣持寺今日四時過参上、御広間上之間へ取次御小将誘引御茶出之、於御小書院佐渡守様へ御目見、十帖一巻献上、誘引御家老・奏者・組頭、御意有之御取合御家老一先退去、重テ於御同間御菓子等出、御相伴斎藤長八郎殿、詰利倉善佐、此節御家老罷出挨拶、佐渡守様モ御出御挨拶右相済御退出、鏡板へ御家老・組頭・取次御小将送之、且懸り之人々布上下着用、御式台向ハ誘引之御小将モ常服、於御小書院ハ御通ひ御側小将、於御広間ハ御大小将、猶役僧并伴僧へモ於御広間二之間ニ御菓子等被下之、挨拶物頭、かよひ御歩、布上下着用相勤候事

廿五日　余寒御尋之駅次御奉書、御鷹之鶴今夕相渡、例之通ニテ暮過発之処、三月朔日暮頃金沢到着、依之御礼之御使御馬廻頭伴源太兵衛へ被仰渡、同四日金沢発出、□（空白）日江戸参着、

四月十三日江戸発

廿七日　明後日発足罷帰候ニ付、従**寿光院**[1]様古珀(琥)織帯地二筋・御目録・熨斗包被下之候段、御附物頭並**原弥三兵衛**於御殿演述ニ付当座之御礼申述御殿帰、**弥三兵衛**御小屋へ為御礼参出之事

廿八日　明日発足ニ付碓氷御関書(所)過書受取、人馬追分口ヨリ呼入之義夫々申達候事**寿光院**様・**祐仙院**[2]様・**松寿院**[3]様へ明日罷帰候ニ付伺御機嫌之段、御附頭々迄夫々御広式へ以紙面申遣候処応答共有之、但切封紙面之事

新番支配方御用今日**平田磯次郎**へ引渡候段言上、紙面相調明便一集ニ被指出候様申談、**磯次郎**へ渡置候事

右委曲文面等別記ニ就有之、爰ニ略ス

同　日　四時過御席へ出、執筆**竹中伊兵衛**ヲ以明日発足之義等御達申候処、**隼人**殿御逢有之、上々様益御機嫌克被成御座候段、御用番へ之御伝言有之、右相済新御居宅へ罷出、**堀三郎兵衛**ヲ以相窺御機嫌、且御用無御座哉之旨申上候処、同人ヲ以無事ニ罷帰候様御意有之、御用モ無之旨就被仰出候、御意之御請同人ヲ以申上候、且**永原将監**罷出、**佐渡守**様益御機嫌能被為在候段、御席ニ被申上候様**石野主殿助**へ可申達旨伝言被申聞候事

廿九日　暁八時発出、夕七時前鴻巣駅着泊、旅宿亭主之名前并食品等之義、別冊寛政録ニ記之ニ付略ス、右互見、且蕨駅辺前後鶴折々在之、雁・鴨等甚多し、大ニ人馴追候テモ容易ニ不立

1 重教正室千間
2 姫路藩酒井忠宣室（吉徳女暢）
3 会津藩保科容詮室（重教女穎）

月々御用番之名　不破彦三
御勝手方へ指出候紙面右両名ニ候事
右寄々可申談旨御用番長九郎左衛門殿被仰聞候事
右於金沢御横目所、披見申談有之候事
方姫[1]様前月廿五日御逝去之旨江戸表ヨリ申来候、依テ普請ハ今日一日、鳴物ハ明後五日迄三
日遠慮之等（ママ）候条被得其意、組・支配之人々へ可被申渡候、組等之内才許有之面々ハ其支配へ
モ相達候様可被申聞候事右之趣可被得其意候　以上

二月三日　長　九郎左衛門

一役宛連名殿

今月七日　於金沢左之通被仰付

御先弓頭　青地七左衛門代　物頭並御作事御用ヨリ　矢部八郎右衛門

役儀御免除　御小将頭　松原元右衛門

今月九日　於金沢左之通被仰渡

御参勤御供御道中奉行等　御馬廻頭　河地才記
於江戸表石野主殿助申談御
符合方等格別御省略方
御用可相勤旨被仰出
於江戸御符合方等御用
兼帯　御近習御用　人持組　石野主殿助

1 紀伊徳川治貞養女・水戸徳川治紀室（寛2 245頁）

御道中奉行等并御道中切
御用人兼帯
　御小将頭兼御近習　宮井典膳
　加藤図書
御道中御筒支配
　但先達テ御近習騎馬被仰渡候得共尤不及相勤
於江戸御符合方等御用
兼帯
　御歩小頭等支配　人見吉左衛門

今般格別就御省略、御供詰共御免之人々
　御近習頭　生駒伝七郎　御表小将　山口新蔵　御膳奉行　駒井次兵衛
　御持方頭　団　多大夫　御台所奉行　堀部五左衛門　御大小将　［（空白）］人
　御用人　岡田助右衛門　但御在府中御用人ハ追テ可被仰渡候
供御用捨、御跡ヨリ可致
出府旨被仰渡、五月十六日参着之上
当御在府中御用人兼帯被仰付
　御歩頭　前田甚八郎

同月十一日　同断
遠慮御免許
　御右筆　土師清吉
指控御免許
　桜井平十郎

同月十二日　同断

宗門奉行加人
御小将頭
野村伊兵衛
今日病死　金沢御留守居物頭之隠居
岡田有終

付札　定番頭へ
御勝手方御難渋至極ニ付御当用必至之御指支ニ候間、江戸・京・大坂等詰人当春交代ニ相向候者、当秋迄詰延可申候、右之趣被得其意、組・支配之人々へ可被申渡候、組等之内才許有之面々ハ其支配へも申渡候様可被申聞候事
右之趣一統可被申談候事
寅二月

右御用番九郎左衛門殿御渡之旨等武田喜左衛門廻状有之

同月十三日　御用番九郎左衛門殿ヨリ被仰談義有之候条、明十四日四時過登城候様ニト一役筆頭一人宛御紙面ヲ以御呼出ニ付、則十四日各罷出候処、於桧垣之御間左之御覚書御渡之、但人持モ組々ヨリ筆頭一人宛御呼出也御勝手御難渋之段ハ兼テ一統承知之通ニテ是迄段々御倹約等被仰付候得共、元来御取箇ト御入用方不致符合候ニ付年々御不足相かさみ、此上少宛御倹約等被仰付候テモ御不足埋合出来不申候故、今般ハ御取箇ニテ符合之処、格別御僉儀被仰付候、然し御当月過分御不足ニテ外ニ被成方無之故、御家中モ難渋之程御察被遊候得共、今年ヨリ当分百石以上五石宛増御借知都合十五石宛、右以下ヨリハ増御借知共都合十石宛之図りヲ以御借知被仰付候旨被仰出
右之趣被得其意、組・支配之面々へモ可被申渡候、且又組等之内才許有之人々ハ其支配へモ

相達候様可被申聞候事

甲寅二月

御膳奉行江戸詰一人ニ被
仰付候ニ付、御膳奉行一人　　奥御納戸奉行
可相勤旨今月十三日被仰渡、則申渡有之　　**永井貢一郎**

同月十八日　左之御覚書ヲ以**本多玄蕃助**殿一役御用番へ被仰渡、夫々調(ママ)出有之候事

△江戸表御式台ヲ初、御表向都テ綿衣等粗服可致着用候、御見廻懸り之御客等之御給事たり
共綿衣等御貪着無之候間勝手次第着用、御内輪相勤候人々ハ尤粗服可致着用候事

一、江戸詰中於御貸長屋、無益之参会無用之事

一、餞別并土産物堅無用之旨、前々被仰出候得共、違失之人々モ有之体ニ付自今以後堅相達之
指止可申旨、近年被仰出候通猶更厳重ニ相守可申事

一、足軽以下ハ御門外たり共綿衣着用、刀・脇指拵金銀相用申義ハ可為無用候事

一、御家中家来・若党等衣類不相応之族無之様、主人々々ヨリ厳重ニ可申付候事　右之大綱前々
被仰出候得共、改テ三ケ年之間厳敷御省略被仰付候間、猶更急度相心得候様可申渡旨被仰
出候条被得其意、組・支配之人々へモ可被申渡候事

今月十九日　**武田喜左衛門**ヨリ左之写如例以廻状到来

付札　定番頭へ

／会所銀御貸渡高之義、御供人ハ百石五百目、交代人ハ百石四百目宛ニ候得共、御勝手御難

渋至極之趣承知之通ニテ御貸渡方指支候ニ付可被相減候段御詮議有之候得共、御供人ハ最早過半致用意モ可申処、人々可為迷惑義ニ付此度之義ハ格別之趣ヲ以只今迄之通御貸渡被成候、乍然随分致省略知行当不致借用候テモ可也ニ、相斉候人々ハ可成程相減致借用候様相心得可申候事

右之趣被得其意、組・支配有之面々へ夫々可被申談候事

寅二月

付札　定番頭へ

欠落人之行衛尋方ハ請人又ハ一類之者御領国上下御関所迄相尋、弥行衛相知不申上ニテ夫々可及断義ニ候処、近年請人等尋方等閑之体ニテ主人等ヨリ届候上ニ両川之内等ニテ致溺死有之段、又ハ近在等ニテ致変死有之、其所之者等見付相断候テモ日数相立候得ハ面体不相分、知辺(しるべ)知れ不申義度々有之候、右之内ニハ欠落断之者モ可有之候得共、其義相顕れ不申故、請人へハ御法之通過銭等申渡候品ニヨリ欠落人ニテ無之テモ右之通体ニテ過銭等申渡候義可有之事故、欠落断ニ行衛尋方無之書付ハ相返、両御関所迄尋候趣等有之分ハ受取候処、近くハ御関所迄相尋候趣、名目迄之様相聞候、欠落人出足之日ヨリ断書付指出、御達之日間無之分モ有之不都合之義モ有之間、尋方厳重ニ可申渡候

一、欠落人ヲ請人共召捕及断候得ハ過銭等取立不申ヨリ仮令右過銭等取立置候テモ欠落ヨリ三ケ年之内ニ召捕候得ハ過銭等相返候義公事場格式ニ候、近年過銭等上納方及遅々御縮方相立不申候間、以後於公事場取立方厳重ニ申渡候条、欠落人有之候ハ

右之趣、請人共致会得候様主人等ヨリ申渡、行衛為尋可申候
一、都テ一季居奉公人暇指遣候節、請合状判形ハ為消候共右受合状ハ致仕抹置可申旨、相触置候通ニ候
右之通公事場奉行申聞候条被得其意、組・支配之人々へ可被申渡候、組等之内才許有之面々ハ其支配へモ相達候様可被申聞候事
右之趣一統可被申談候事
二月
右定番頭**武田喜左衛門**ヨリ例文之廻状出候事

同月廿六日　於金沢左之通
生絹二匹　白銀二枚
金沢御留守居物頭
山崎茂兵衛
久々相勤候ニ付御役御免許被成候、御時節柄ニ候得共格別之趣ヲ以右之通御内々拝領物被仰付
火之元之儀、随分厳重相心得候様、御家中ヲ初末々曁町家ニ至迄、不相洩候様一統可申渡旨被仰出候条被得其意、組・支配之人々へ可被申渡候、組等之内才許有之面々ハ其支配へモ相達候様被申聞、尤同役中可有伝達候事
右之趣可被得其意候　以上
二月廿七日
一役御用番連名殿

町奉行中ヨリ町中へ申渡之覚書左之通今般御上御難渋ニ付御仁政御執行思召之程ニモ不被為叶故、格別万端御省略有之、永久思召之御政事モ被為在度之御様子ニ候、依之町家モ弥奢侈等無之、人々家業専相励、風俗正敷候様ニト可申渡旨、拙者共迄被仰渡候、尤近年改め申渡候趣モ候得共、猶更厳重相心得、無違失可相守候

一、町家之内ニモ貴賤高下有之事ニ候得ハ、夫々分限ニ応して心得専要ニ候、右省略之義人々心得候トテ、親族之好しみヲ忘れ、或ハ相応之身代之町人モ出入之下人又ハ心易者迄、譬ハ指懸り罷越候ニ、時刻之食事等迄モ不与之類、且以有之間敷義ニテ吝嗇ニシテ不本意候、今般之御難渋ニ付テハ御借り銀等モ被仰付候テモ無是非場ニ候得共、於御上モ能々下々之体御察被成下候御様子ニテ、其義モ無之段御年寄衆被仰聞候趣モ候、人々手前ハ勿論、於拙者共モ難有存る次第ニ候、此節弥夫々之家職心懸、妻子ニ至迄モ空敷手ヲつかね申義無之様相心得、年齢相応之所作ヲ宛行ひ可申、風俗之宜ト申義外ニハ無之、家内上下睦敷志一ニして何モ安穏ニ暮ヨリ外無之候、兼テ申渡置候通、当町ハ武家ニテ渡世専ニ致し候義、既ニ頃日人々相察モ可有之、浮説彼是有之、御家中へ之御借米等ニテ商方薄義ニテ可存当候、然ハ常々御家中ニテ相立町家之訳可存入、万事利欲増長ヲ不存心得可有之事ニ候、頃日末々軽き者渡世無之、御家中ヲ初於町家ニモ中分以上之助成ヲ請相立候処、人々今般省略方（カ）ニテ其日過之者渡世ヲ失ひ、畢竟下賤之者而已（のみ）行詰りニ相成、此侭ニテハ人々妻子離散、今日之食物ニ絶候族ト存候間、弥以肝煎共へへモ夫々産業取計之義申渡、且又右ニ付拙者共ヨリ末々軽き者之体、具ニ御年寄衆へモ御達置申候趣モ有之候、殊ニこせ・座頭等ハ外渡世モ無之者ニ候之

処、一円御家中ヘ呼寄不申テハ相過不申、楽舞之義モ役者共渡世モ無之、芸方執行モ不相成趣故、段々存念之趣御達置申候、於町家モごぜ・座頭勧進之義モ近く甚薄相見得候、三味線等モ往来於見込ニ誠ニ勧進体ニテひかせ候義指支之趣無之候、此等之趣何となく一円不相成様ニ心得候訳ニテハ無之候

一、町家家修理等モ人々見合候形ニ相見得候、相応之身上之者ハ別テ末々渡世ニ仕事無之時節ヲ相考、助成ニモ可申付事ニ候、栄曜之普請ハ本ヨリ有之間敷、家毎ニ相応之無拠手入可有之事ニ候

一、町家之人々其職相励、妻子迄モ倶々ニ無懈怠相稼候上ハ、或ハ春秋野山之行歩等モ一円難相成義ニテハ無之、終日夜終其家業ヲ相励候上ハ年若之妻子等指遣間敷義ニテモ無之候、此処相免るし候トテ先々ヘ罷越、着服ハ勿論万端奢たる致方、或ハ他之連中ニ戯れ事ヲ申、不作法之次第等有之間敷、道之往来ハ左右ヲわかち候程之ものニ候、尤於先々ニ諸士之面々トひとしく相交り申義ニテハ無之候、妻子等罷越ニハ必親族ヲ伴ひ可申、睦敷之本意不可忘候、奢侈ト申モ金銀ヲ費す而已ニ不限、身之分限ヲ越候もの皆以て奢ニ候、此等之趣能々相弁、只々御上御仁政之御恵みヲ永く相請、無他事人々家之繁栄ヲ可存、皆手前〳〵之行ひ可有之事ニ候、人として貴賤高下ハ世の有様ニ候、貧福ハ天の成す処、其身ヲ慎しみ、其実ヲ尽すにおゐてなどか験しなかるへきや、難渋ハ無是非、今日飢寒の二ツ恐れ多くも御見捨ハ有之間敷、然れは奉願ハ此御恵ニ候、依之御国恩ヲ常々存仕、兎角人々無他事、其業ヲ可相励、皆人々手前ヘ帰する処ニ候、此節浮説とり〳〵下々渡世ヲ失ひ候様ニ存候テハ不安堵

之事共故、存念ヲ申入置候事

右之趣、肝煎・組合頭等ヨリ人々会得候様、念頃ニ可申含旨可被申渡候、以上

甲寅二月　　　　青地七左衛門印

　　　　　　　　高畠五郎兵衛印

水野次郎兵衛殿

今般御難渋之義ニ付、被仰渡モ有之候間、別紙下々ヘ申渡候、早速肝煎共ヘ被申渡、一通りニテハ会得モ出来兼候間、二日読之様ニ致し、先肝煎会得致し、右書立之趣一々解き、軽き者之心ニ落候様ニ申聞せ可然候、此段早速可被申渡候、以上

二月

戊辰**三月大**　　御用番　**前田大炊殿**

朔日　暁天ヨリ風雨之処朝ヨリ晴、朝六時頃発出、暮頃落合新町駅着、泊

二日　快天、六時前発足、七時過坂本駅着、泊

三日　暫雪降五時過ヨリ快天、寒風頻ニ吹、碓井峠上州之方ハ薄雪、信州之方ハ雪多く、杓子峠辺二三寸余モ有之、軽井沢ヨリ溜雪無之、暁七時過発出之処人馬支、且路次悪く、暮頃田中駅着、泊

四日　快天、暁七時過発出之処、人馬支等ニテ荒町ニテ夜ニ入、泊

五日　終日雪降、大ニ荒余寒強、暁七時発出之処吹雪、道悪く暮頃関山ヘ着、泊、柏原駅此

方路次甚悪く、荷物人足持也
六日　快天、暁八時発出、暮過能生駅着、泊
七日　快天、朝六時頃発出之処、境川高水并人馬支ニテ境ニテ及暮、泊
八日　雨天、朝六時発出之処、夜前大風雨、川々水高、其上愛本廻等ニテ魚津ニテ及暮泊
九日　快天、六時頃発出之処、暮前高岡着、泊
十日　暁ヨリ風雨、昼後快天、朝六時過発出、八時頃津（幡脱）駅着泊、但今日精進日ニ付、此駅ニ態ト止宿
十一日　快天、朝五時発出、四時頃金沢ヘ着、直ニ登城、執筆ヲ以帰着之義御用番**大炊**殿ヘ御達申候処、於御席御逢ニ付、於江戸**西尾隼人**殿御伝言之趣等御達申、夫ヨリ御次ヘ出、御近習頭**河内山久大夫**ヲ以帰着之義、暨於江戸表、上々様御機嫌克被成御座候旨申上候処、**関屋中務**ヲ以、遠路無事ニテ帰着珍重被思召候段御意ニ付、同人ヲ以御請申上候処、旅中之様子就御尋、夫々申上、夫ヨリ**石野主殿助**ニ逢、**永原将監**於江戸申聞之趣申達、夫ヨリ退出、九時過帰家候事
但、同役中ヘ帰着ニ付案内廻状等、其外前々之通為待受被参候一類中等ヘ指出候懸合[1]等、別冊寛政録ニ記之、且帰着之上承候当月朔日以来之事、左之通二月之分ハ二月晶紙ヘ書入之候事
今月七日左之通被仰出
当月十三日御発駕可被遊旨被仰出置候処、先日以来御胸痛、其上御持病之御疝積ニテ御

1 有合せの料理

腰痛強、且御脚気被成御座、当時之御様子ニテハ長途之御旅行御難儀被成候ニ付、御発駕暫御延引、御保養被成候思召候、依テ御用番御老中ヘ聞番参上御届仕候様、明八日江戸表ヘ聞番ヨリ早飛脚ヲ以申遣候様被仰出筈ニ候、此段可相達旨被仰出候、右御発駕御延引之義、御道中奉行ヘモ可申渡旨被仰出候事

三月七日

付札　御横目ヘ

御城中所々御番所等火元之義、前々之通厳重ニ相心得候様、諸頭并諸役人中ヘ可被申談
△ 候事

三月五日

右御城代**前田大炊**殿被仰渡候旨、御横目廻状出

二之御丸御進物所長持ニ入有之候御礼銭代金壱歩(ママ)四十九切・銀壱貫二百目余、今月五日紛失、同所番人割場附足軽**斎藤和助**ト申者疑敷ニ付、翌六日盗賊改方**伊藤平大夫**於宅吟味之処不分明ニ付牢揚屋ヘ入置、今七日再吟味ニテ白状、右金銀ハ盗取候得共怖ろ敷相成候ニ付、坂下御門内御堀ヘ投捨候段申ニ付、御用番ヘ**平大夫**ヘ(ヨリカ)御達申候処、御堀浚(さら)ヘ被仰渡候得共無之ニ付、重テ吟味之処、右御堀ヘ捨候テ一向無相違段申候由候、尤右同日ヨリ禁牢、同廿七日ヨリ公事場ヘ引渡有之由也

同月八日

当国三御郡之内荷物改所之義、享保六年以来被建置候得共、御僉議之趣有之、当分被指

止、其段御郡奉行等ヘ夫々被仰渡有之、翌九日相止、都合十三ケ所也、是今年迄七十六ケ
年連続ト云々
十二日　快天之処辰上刻ヨリ雨天、十三日晴、十四日朝雨、十五日快天、十六日降晴不定、十
七日同、十八日晴、十九日雨、廿日快天、廿一日雨、廿二日廿三日廿四日廿五日廿六日廿
七日廿八日廿九日晦日晴陰交夕方ヨリ夜ハ折々雨天アリ、今月気候暖気、応時折々春寒立
帰
同　日　御寺御参詣被仰出無之
付札　定番頭ヘ
今般格別御倹約等就被仰付候、是迄毎歳被下方之内、流例之様ニ成来候分ハ当分被指止候
条、組・支配之内、右被下方有之人々ヘ可被申聞候、指定候被下方等ハ猶更御詮義之品有
之候、将又是迄毎歳被下方有之分ハ夫々都テ可被書出候事
右之趣被得其意、組・支配有之人々ヘ可被申談候事
寅二月
右如例、定番頭廻状出
十四日　人持・頭分一役一人宛、二之御丸ヘ御呼出、左之御覚書ヲ以御用番大炊殿被仰渡
覚
一、衣類之義、絹・紬・木綿勝手次第着用可仕候、袴・羽織等モ准候テ粗品ヲ用、御歩並以下ハ猶
以其心得可仕候、勿論絹・紬ヨリ宜品ハ堅無用ニ候事

一、於江戸表、御式台ヲ初御表向都テ綿衣等粗服可致着用旨等、於御道中方御供之人々等ヘ申
渡候通ニ候、以来ハ御供・御使・御給仕等相勤候御歩並以上モ、絹・紬・木綿相交勝手次第着
用可仕候事
　但、是迄羽二重所持之人々ハ一向着用指止可申候、京・大坂ヘ相詰候人々等モ尤同様相心
　得可申事
　附、御内輪相勤候面々、曁御歩並ヨリ以下之人々ハ、猶以粗服用可申事
一、女向衣類今以花麗之段、父・夫等不覚悟之義ニ候間、礼服ハ格別、平生絹・紬ヨリ宜品堅着
用為仕間敷候、召仕候女ハ絹たり共、遠慮可仕候事
　附、銀笄いまた用候者モ有之体、不心得之事ニ候、且又近年たいまい[1]ヲ以拵候高料之
　笄等用候義、不所存之事ニ候、以来至テ粗品ヲ用可申事
一、町人之内ニハ分限ヲ取失、甚奢侈有之、妻女・娘等衣食ヲ初、別テ花美ヲ事ト仕候体、不埒
之至ニ候条、奉行・支配人申談、改テ厳敷可申渡候事
一、百姓之内ニモ御城下又ハ遠所町続等ニ居候者共ハ別テ分限ヲ取失、衣食等モ不相応之体、其
外ニモ同様之類（カ）相聞候条、是又奉行・支配人申談、改テ厳敷可申渡候事
一、饗応之菜[2]数雖為、歴々之面々押立候振廻ハ、一汁三菜・吸物一ツ・肴一色、尤魚鳥等軽き品
用可申候、酒ハ三篇ヲ不可過候、勿論濃茶・後段ハ出申間敷候、其余ハ軽き一汁二菜或ハ御
用ニ付寄合候節、或ハ稽古事等ニテ参会之節ハ湯漬飯可出、又ハ焼飯持参候テ尤ニ候事
　但、菜数等之義、前々ヨリ被仰出有之候得共、心得違之人々モ多体ニ候、以来ハ急度相守

1 玳瑁（うみがめ）鼈甲の材料
2 副食物

可申候、何トカ子細有之候ハ格別、一通り咄合等之節、長座無用之事
一、小身并軽き人々ハ、押立候祝事ニテモ一汁二菜又ハ一菜ニ可仕候事
但、長座無用之義、前條ニ准候事
一、祝事等参会之節、作法正敷相心得、微陋[1]之仕形有之間敷事
一、茶会ハ当分遠慮可有之事
一、家作之義、弥軽可相心得候、近年ハ表向致粗相ニ、内輪ニ色々物数寄等相聞へ候、左様ニハ有之間敷事ニ候条、無内外軽く可仕候、新宅等ハ頭・支配人其様子委承届可申事
一、軽き人々之内ニハ身上不相応之家作等有之体相聞へ候、此度御紀不被成御用捨被成候条、以来前条ニ准し猶以至テ軽く可仕候事
一、一通り之音信・贈答一向無用、祝儀物等取遣不仕候ハテ不叶義ハ、軽き干肴之類用可申候事
但、身近き親類縁者ハ樹木又ハ殺生之品等ハ各別之事
一、当時押立たる婚礼ハ無之候得共、内証ニ無用之費等多体候条、以来成たけ事軽く可仕候事
但、妻子ヲ指置候家作料等遣候約諾仕候者モ有之体、一向左様之義ハ有之間敷段、前々被仰出有之処、心得違之人々モ有之体ニ候条、弥左様之族有之間敷候事
一、年頭御規式、当時御省略ニ候得ハ、自分之規式等ハ不拘内例ニ費之品成限り相省可申事
一、三月雛・破魔弓・五月之菖蒲兜、粗相なるヲ用可申旨、前々被仰出候通ニ候処、心得違モ有之、且又雛ニ付テハ別テ無用之費多体ニ候間、猶更軽く可相心得候、菖蒲兜モ弥以軽く相心得可申事

---

1 びろう・下品なこと

一、葬送・法事等ﾓ至ﾃ軽く執行可仕事
　但、親子兄弟等身近き親類縁者之外ﾊ香奠又ﾊ菓子類等之品送候義、堅無用之事
一、諸勧進ﾆ入候義、堅無用之事
一、群集之辺、其外為遊興、寺社方・町家等ヲかり相越候義、堅無用之旨、前々被仰出有之之処、忍候ﾃ罷越候者ﾓ有之体相聞候条、以来急度可相守事
一、人馬之義、当時分限不相応ﾆ召置候体ﾊ不相聞候得共、供廻りﾓ表向ヲはり候面々ﾓ有之体ﾆ候条、成限り省略可仕候、御城中召連候人数ﾓ減少之義御用捨被成候事
　但、他国御供・御使等之節、人数之義ﾊ追ﾃ可申渡候事
一、惣ﾃ殺生ﾆ付ﾃﾓ無用之費多体ﾆ候間、成たけ費相省可申、度々罷出候義ﾊ遠慮可仕事
一、長柄傘之義、以前ﾊ為持候者少く候処、其後多候故、人々遠慮候様先年被仰出候処、今以同様之体ﾆ候条、弥遠慮可仕候事、以上
　甲寅三月
御勝手向格別御詮議被仰付候処、御当用ﾓ過分御不足ﾆ付当分増御借知被仰付候義、先達ﾃ委曲申渡候通ﾆ候、右ﾆ付猶更厳敷御倹約等被仰付候、御家中倹約之義前々ﾖﾘ毎度被仰出候処、心得違之人々ﾓ有之体ﾆ候、依之今般被仰出候趣、別紙覚書之通ﾆ候条堅可相守候、尤内輪暮方等准候ﾃ急度倹約可仕候、勝手難渋之人々ﾊ、右覚書之趣ﾆﾓ不拘、幾重ﾆﾓ簡略仕、御奉公可相勤義肝要之事ﾆ候、将又倹約ﾆ事よせ、不筋之義ﾊ一向有之間敷儀ﾆ候、此段可申渡旨被仰出

附、陪臣ハ右之趣ニ准、猶以厳重相心得候様可申渡事
右之通被得其意、組・支配之面々へ可被申渡候、且又組等之内才許有之人々ハ其支配へモ相
達候様可被申聞候事
甲寅三月
今般倹約之義被仰出候趣、一統申渡候通ニ候、是迄御財用御不足ニ付、思召之通ニ不被伺
品モ候故、甚御心労被遊、此度格別ニ御勝手向御詮議有之、厳敷御倹約等被仰付候得共、
下々迄モ可及難義儀ハ何分被指除思召ニ候、乍然御当用過分御不足ニ付テ不被得止事、御省
略之品モ有之候、右之思召ニ候間、倹約ニ事よせ不筋之義ハ一向有之間敷旨一統へモ被仰出
通ニ候、且又是迄御家中倹約之義、毎度被仰出候処、心得違等モ有之体、頭・支配人油断モ
有之ト被思召候、以来若組・支配之人々之内不心得之品候ハ急度御穿鑿可被成候条、無油
断可相心得候、此段可申渡旨被仰出
右之趣可被奉得其意候、今般格別之御詮議ニ候故、御身分ニ付テハ弥御質素至極ニ被為在候
得ハ、無勿体モ御家中之人々自分之栄耀聊モ有之間敷事ニ候、将又素ヨリ御憐愍深く被為在
候間、今般御省略之品之内ニハ誠ニ御心外ニ被思召、御苦労被遊候義共モ被為在候、右等之
御様子能会得有之、暮方等艱難ニ被相心得義肝要ニ候事
甲寅三月
右諸頭共、頭・支配人判形之紙面ヲ以、夫々申渡、承知之験判形取立之
付札　御道中奉行へ

御供人駕籠乗用之義、及極老乗懸馬ニテ旅行難成人々ハ各別（カ）、其外ハ堅頭分たり共年若
　成人々ハ乗懸馬可然候事
一、御家老役ハ鑓三本・矢籠・簑組具足櫃迄之事
一、人持組、鑓三本・具足櫃
　但、鑓二本爲持候義并具足櫃ハ簑組ニテモ荷ニテモ勝手次第之事
一、組頭、鑓三本・荷具足櫃
　但、鎗先ハ二本為持候テ可然候
一、物頭以下、鑓日本・荷具足櫃
　但、鑓先ハ壱本為持候テ可然候、且又前々壱本為持候役柄之人々ハ尤只今迄之通之事
一、平士之具足ハ荷物認之事
一、御供人、頭分ヲ初、御表小将・御大小将・新番御歩等、衣類菅笠等迄モ在合候ヲ用可申候、
見苦敷義ハ御貪着無御座候事
右之通可申渡旨被仰出候条、被得其意、夫々可被申談候事
右、**本多玄蕃助**殿御渡之旨、御道中奉行**河地才記**・**宮井典膳**ヨリ廻状出候事

十五日　出仕之面々年寄衆謁ニテ退出之事

横地茂太郎、御参勤御供就被仰付候、　**和田知左衛門**
仮御横目御用無之御長柄支配
右ニ付御長柄支配御用無之　**篠原与四郎**
前記正月金沢之十四日互見

廿三日　左之通

相改候御扶持方帳

御家老役

一、古来御定之四千石当り　但四千石ヨリ内ハ古来御定之通

若年寄

一、千九百五十石ヨリ二千七百石迄　上下二十三人　馬壱疋

但千九百五十石ヨリ内ハ古来御定之通

平人持

二千七百五十石以上之分ハ此度相極候、平人持人数高之通

一、千石　上下十三人　馬一疋

一、千五十石ヨリ千三百石迄　同　十四人　同断

一、千三百五十石ヨリ千五百石迄　同　十六人　同断

一、千五百五十石ヨリ千七百石迄　同　十七人　同断

一、千七百五十石ヨリ千九百石迄　同　十八人　同断

一、千九百五十石ヨリ二千石迄　同　十九人　同断

一、二千五十石ヨリ二千三百石迄　同　二十一人　同断

一、二千三百五十石ヨリ二千四百石迄　同　二十二人　同断

一、二千四百五十石ヨリ二千七百石迄　同　二十三人　同断

一、二千七百五十石ヨリ二千九百石迄　同　二十四人　同断
一、二千九百五十石以上都テ　同　二十六人　同弐疋

頭分

一、弐百五十石　上下　九人　馬壱疋　但壱人増共
一、三百石ヨリ四百石迄　同　九人　馬壱疋
一、四百五十石ヨリ七百石迄　同　十人　同断
一、七百五十石ヨリ八百石迄　同　十一人　同断
一、八百五十石ヨリ九百石　同　十二人　同断
一、九百五十石以上都テ　同　十三人　同断
但、手替足軽有之役柄之人々ハ、右人数之内へ立込候事

平侍

一、百石　上下　四人
一、百五十石ヨリ二百石迄　同　五人
一、二百五十石　同　六人
一、三百石ヨリ四百石迄　同　七人
一、四百五十石ヨリ七百石迄　同　九人　馬壱疋
一、七百五十石以上都テ　同　十人　同断
但、上下足軽有之役柄之人々ハ、右人数之内へ立込候事

御医師

一、五人扶持ヨリ三十人扶持迄　上下四人

一、五十人扶持　同　五人

諸小頭

一、百石以上ハ平士割合之通

一、都テ　上下三人

新番

一、上下三人只今迄之通

与力

一、都テ上下　上下三人

御歩等

一、都テ　上下弐人

但、御切米等之者、只今迄之通上下弐人

一、都テ道中往来并御使等ニ罷越候時分、在留中共古来御定之通之事右人数減少之義、今般御参勤御供之人々ハ参着翌日ヨリ相減候、先達テ江戸表等ニ相詰罷在候人々ハ当五月朔日ヨリ相減候事

一、御扶持方直段、只今迄壱石百七十目宛ニ候処、御徒並以上ハ十匁相減百六十目ニ相極、足軽・小者之分ハ只今迄之通百七十目、足軽ハ一ヶ月ニ銀三匁宛、小者ハ弐匁五分宛、当時被

下候分以後被差止候、今般御供人ハ発足之日ヨリ右之通之直段ニテ相渡候筈ニ候、先達テ江戸表等ニ相詰罷在候人々ハ当五月朔日ヨリ右直段ヲ以相渡候事
但、発足前於此表、相渡候中勘銀ハ只今迄之通相渡、彼地ニテ本勘指引之節、右直段ヲ以相極候事
一、御供人罷帰候節、仕切御扶持方迄ニテハ差支可申候間、壱人扶持銀三十目宛可被下候事
以上
御勝手御難渋至極ニ付今般各別御詮議被仰付候趣、先達テ申渡候通候、依之江戸詰人御扶持方代并知行当り人数高当分別帳之通被仰付候、且又京・大坂詰之人々モ右ニ准し被相減候、然ハ詰人一統可為艱難段、御心外之義ニ候得共、不被得止事、右之通被仰付候条、成たけ致勘弁取続御奉公不指支様相心得可申候
右之趣被得其意、組・支配之人々へ可被申渡候、組等之内才許有之面々ハ其支配へモ不相洩様被申渡、同役中可有伝達候、以上
三月廿三日
一役御用番連名殿
廿八日 御勝手御難渋至極ニ付今般御取箇御符合之格別御僉儀被仰付候処、御当用モ甚御指支之段等、先達テ被仰渡之趣奉得其意、依之先日以来御年寄衆初、平士等迄モ人々志次第、存寄之多少ヲ以、少銀御用ニモ相立申義ニテハ無御座ト奉存候得共、何程指上度奉存候、此旨奉願旨之紙面夫々頭・支配人へ指出、**自分**義モ当時銀十枚七月十枚都合二十枚指上度旨

之紙面今日指出置候処、四月廿三日左之通御覚書御用番長大隅守殿御渡之旨申談有之

付札　**宮井典膳**へ　　高田新左衛門組　**津田権平**[1]

御勝手御難渋之御様子奉承、銀子差上度旨紙面差出候ニ付添書ヲ以被出之、則相達御聴
候処、志之程御喜悦被思召候条、差上候様可被申聞候事

右ニ付翌廿四日十枚、七月六日十枚印章之切手ヲ以御算用場へ指出候処、場印之受取切手
来候事

晦日　左之通於御席、御用番**大炊**殿被仰渡

御小将頭　**松原元右衛門**代　　御先手兼御用人ヨリ　**水野次郎大夫**

御先弓頭　**岡田助右衛門**代　　組外御番頭ヨリ　**青木与右衛門**

御近習只今迄之通

御先筒頭　**井上井之助**代　　定番御馬廻御番頭ヨリ　**国沢主馬**

御倹約奉行只今迄之通

物頭並御作事方御用　　加州御郡奉行ヨリ　**高沢平次右衛門**

御大小将御番頭　**伊藤平大夫**代　　御大小将横目ヨリ　**安達弥兵衛**

御用人本役　　御持頭只今迄御用人加人　**岡田助右衛門**

同　加人　　御先手　**庄田要人**

1 政隣

今月
御作事奉行　御馬廻組　浅香作左衛門

正姫[1]様御字ト自分[2]実名正隣(マサチカ)同字ニ付今般左之通
改之

政反
隣反
令──真

政ハ金　論語顔淵之篇
隣ハ火　季康子問政於孔子
孔子対曰政者正也
同　里仁之篇
子曰徳不孤必有隣

今月上旬　能州浦ニテ大さ鰤三本計之鯵ヲ捕獲テ、則金沢近江町問屋ヘ出之、料理商売之者五人
申談、鳥目九百文ニ求之、くずし[3]ニ致候処、風味大概ト云々

同十三日　於江戸、去年十二月佐渡守[4]様初テ御拝領之雁御披有之、出雲守[5]様・前田大和守[6]殿等
廿三人御客有之、於御小書院并勝手座敷、二汁五菜御料理、外ニ御引菜等後御菓子迄出、
御本汁ハ御拝領之雁、佐渡守様ニモ於御小書院右御汁御頂戴、御上客御三人トハ御盃事被遊
候、尤御城坊主モ被為召候、其外御前例之通ニ付略之

同十五日　七時過、江戸御上邸本郷六丁目御物見続御土蔵辺(ママ)ニテ紀州様[7]ヨリ御附之御徒目付林
文三郎せかれ勇三郎享年十七才致切腹相果有之、前例無之、御僉議之上御歩横目立会、同
御附頭寺川斧右衛門ヨリ文三郎ヘ引渡相済候事

1 治脩正室
2 政隣
3 かまぼこ
4 前田斉敬（重教男）
5 前田利謙（富山藩八代）
6 前田利以（七日市藩九代）
7 徳川治宝

但、検使之名目ハ無之由之事

磯次郎事

平田三郎右衛門

改名

付札　定番頭へ

江戸詰之人々等之内、江戸町人共ヨリ過分借銀返済方無沙汰仕、畢竟御取替ニ相成御難題之義、其上返済方年賦ニ被仰付候テモ彼是申立返上不仕段、一円有之間敷事ニ候条、以来詰中猶更万端致省略、借銀等不仕、御難題ケ間敷儀無之様相心得可申事右之趣被得其意、組・支配有之面々へ夫々可被申談候事

寅三月

右御用番**大炊**殿被仰聞候旨等、如例定番頭**武田喜左衛門**ヨリ今月廿五日廻状出

或書ニ先年長崎之代官役**高木作左衛門**[1](右)娘十四才**すて**詠歌

飛蛍昼は忍ふのすり衣

夜は思ひの色も乱れて

右、達叡聞、御感称之上、摺衣内侍ト女官被下之候由

中院前大納言道躬[2](通)卿、才智ハ身の障りト云心ヲ

人に見よ[3]己かえならぬ花の香に

折つくさるゝ野路の梅かえ

1長崎代官高木忠篤（3万6千677石）

2中院通躬（なかのいんみちみ）江戸中期の公家歌人

3一説に見よやとある

己巳四月小　御用番　長　大隅守殿

朔　日　陰昼ヨリ雨、二日三日雨、四日五日同、六日晴、七日雨、八日九日十日晴陰此間寒強し、十一日雨、十二日十三日晴陰、十四日十五日雨、十六日十七日十八日晴陰交、十九日廿日廿一日廿二日廿三日陰雨、廿四日廿五日快天、廿六日廿七日廿八日廿九日陰雨、今月気候寒暖混雑、但寒多綿入重多

同　日　例年之通、長谷観音祭礼能左之通、且出座之御役人モ前々之通

千　歳　作次郎

翁　三番叟　庄吉　権進高砂　直右衛門　初次郎田村　徳三郎

面　箱　永吉

宮門楊貴妃　久左衛門　権進安宅　惣三郎　鉄次郎岩舟　長右衛門

夷毘沙門　九郎右衛門　止動方角　徳次　花盗人　長左衛門

同　日　左之通於御席、御用番大隅守殿被仰渡

組外御番頭　青木与右衛門代
金谷御広式御用兼帯　御台所奉行ヨリ　堀部五左衛門

定番御馬廻御番頭　国沢主馬代　御作事奉行ヨリ　吉田八郎大夫

二　日　左之通同断

御台所奉行　堀部五左衛門代　御大小将組会所奉行ヨリ　山口小左衛門

同　日　例年之通、長谷観音祭礼能前ニ同

千歳　嘉平次

翁　三番叟　弥三郎　鵜祭　忠蔵　作之助　知章　幸三郎　甚平

面箱

巻絹　権進　善左衛門　俊寛　次左衛門　大蛇　長蔵　甚助

弓八幡　文太郎　又太郎

太鼓負　九郎兵衛　通円　嘉蔵　首引　貞吉

同日　左之通

河合左平次
長田和大夫

指控御免許

四日　朝五時出宅、長袴ニテ天徳院ヘ罷越、陽広院様御牌前ヘ玄関階上横畳三畳目ニテ拝礼仕候事

五日　朝、於天徳院陽広院様百五十回御忌御法事、御執行御奉行長九郎左衛門殿御所労ニ付御参詣無御座、御寺詰人前々之通

但、諸殺生・鳴物等三日ヨリ五日迄遠慮、其外御法事触前々御代之通ニ付略ス、且又於江戸広徳寺モ今朝御茶湯有之、鳴物遠慮、拝礼諸小頭以上被仰付、猶佐渡守様御参詣、其外前々之通ニ付略記ス

八日　左之通、於御横目所披見、申談有之、追テ夫々触出之事

本多玄蕃助儀、当御参勤御供被召連候処、当時之知行高ニテハ乗物乗用指支候ニ付

拙者共ヨリ願之趣有之、一万石被下置候趣ニ被仰渡候事
右之趣向寄ニ夫々可被申談候事
寅四月

同　日　左之通御道中奉行等へ被仰渡
御胸痛并御持病之御疝積等御快方ニ被成御座候ニ付当月下旬御発駕可被成候、御日限ハ追テ可被仰出旨被仰出候事、附御日限当月廿七日ト十一日ニ被仰出候事

九　日　左之通被仰付
会所奉行　御馬廻組　**伴　采女**
同　加人　同　**岡田又右衛門**

十一日　今度御法事相添(済)候ニ付、天徳院へ御大小将**和田知左衛門**御使ニテ、御茶・焼饅頭・干狗背1被遣之
今般**陽広院**様百五十回御忌御法事、御首尾能相済候、為御祝詞明後十三日御用番宅迄可被罷出候、病気等之面々ハ、以使者可被申越候事
四月十一日　**長　大隅守**
一役宛連名殿　但、尤頭分以上也

十四日　左之通
役儀御免　御奏者番　**寺西九左衛門**

十五日　出仕之人々今日モ年寄衆謁ニテ退出　附今月朔日モ年寄衆謁之事

1ぜんまい

1先代死去後、相続人が正式に相続する前の住宅

同日 如例年、寺中祭礼能如左有之、出座之御役人例年之通

千歳 卯之助
翁 三番叟 永吉
面箱 庄吉
氷室 善五郎 弥介
兼平 忠兵衛 助九郎
三輪 直右衛門
芦苅 初次郎 久平
大江山 宗五郎 久左衛門
志賀 庄八 吉太郎
煎じ物 三次
釣狐 万蔵
靭猿 恒之丞

今年ヨリ増御借知之分御蔵入ニ被仰渡候条、村附帳人別ニ取立一組切頭等印形之添書ヲ以、当五月十四日限御算用場ヘ可差出ト(カ)百石不満之知行ハ、草高十石ニ付米高三斗三升三合三勺之当りニテ、村附帳可差出、尤皆堂形蔵入之旨、当時三ノ一等被下置候人々ハ、御借知無之、尤本知被下候上ハ一統之通、逼塞等之人々ハ御借知無之、御免之上ハ一統之通、但御借知等被仰渡候上、遠慮等之人ニハ無抛取立、隠居并他国在住人、暨儒医是迄御借知無之分、此度ヨリ御借知ニ付、百石以上ハ十石、右以下ハ七石宛之割合ヲ以村附帳可差出、尤御借知有之内ハ、明和八年被仰渡候除米取立不申、是迄御借知百石十石当り之村附帳此度不及改、当時旧宅[1]之分、跡目被下候上ハ一統之通、御切米等之分末ヘ繰、来春渡ヨリ増御借知取立候旨等、御算用場ヨリ触出有之候事

十七日 左之通被仰渡

当年御参勤御供順先ニ候得共　水野次郎大夫
御供夫々被仰渡置候ニ付、不被召連
候段被仰出

詰順先ニ候得共、右同断　安達弥兵衛

会所奉行加人之処　御馬廻組　野口左平次
本役被仰付

十八日　四時過御居間書院へ御出、今度御役御用番ヲ以被仰付候水野次郎大夫等被為召、御格
之通御意有之、且左之通被仰付
御奏者番帰役　佐渡守様附ヨリ　前田大学
右相済、於桧垣之御間、役儀之御礼等被為請、夫ヨリ於柳之御間、御判・御印物、大野木
舎人等三十六人へ頂戴被仰付、同半時頃相済候事

廿　日　左之通被仰付
御大小将横目　安達弥兵衛代　御大小将組御普請奉行　三宅平太左衛門

廿五日　同断
公事場御横目　御大小将　中　孫十郎
　御馬廻組　河合次郎
役儀御免除　公事場御横目御大小将組　千秋作左衛門

廿六日　五時御供揃ニテ同刻過御出、宝円寺・天徳院夫ヨリ野田**泰雲院**様御廟ヘ御参詣、九時前御帰殿
明日就御発駕、去廿三日御用番**大隅守**殿御廻状之通、今日四時ヨリ九時迄之内、人持・頭分登城、伺御機嫌之御帳ニ附退出之事、但病気等之面々ハ御用番御宅迄使者差出候事
明日御発駕御供揃六時過ト就被仰出候、御見立揃刻限七時過ト昨日御横目中ヨリ申談之処、御倹約之筋ニテ御見立揃刻限六時ニ相成候段、重テ今日申談有之候事
廿七日　朝五半時頃御機嫌克御発駕被遊候、其節**亀万千**殿階下ヘ御送、御城代・御用番御家老中階下ヘ被罷出、御先立若年寄**大音主馬**、其外御年寄衆等并諸頭之内等罷出候ケ所前々之通、御発駕後、御席ヘ頭分以上御見立ニ罷出候人々ハ罷出、御用番**大隅守**殿ヘ恐悦申演退出之事
但、五月九日九半時頃、御日図之通江戸御着、都テ御例之通
今月二日　夜江戸新吉原過半焼失
御入内為御祝儀、江戸表ヘ被指出候御使、詰人之内ヨリ仕立ニ相成、**祐仙院**様御用人**安田六平**ヘ被仰付
今月　於公義、七十歳以上ニテ在役之御役人御しらヘ有之候処、左之通廿四人有之

九十一才	御旗奉行	**奥田土佐守**
八十六才	二之丸御留守居	**辻　六郎左衛門**
八十四才	御広式御用人	**比留与十郎**

八十二才	御鎗奉行	松下隠岐守
同	御先手	梶川庄左衛門
同	同断	青山但馬守
同	御船手	大橋与三兵衛
八十才	大目付	三枝豊前守
七十九才	御先手	中山下野守
同	同断	瀬石源三郎
同	西丸裏御門番頭	近藤助九郎
七十八才	二之丸御留守居	天野弥兵衛
同	同断	渡辺玄蕃頭
七十七才	同断	新庄与三左衛門
同	御先手	植村隼人
七十六才	西御留守居	久保田土佐守
同	御先手	能勢半左衛門
七十五才	御書院番頭	戸川山城守
七十二才	二之丸御留守居	松村十左衛門
七十一才	御書院番頭	岩本内膳正
同	御先手	柴田三右衛門

七十才　御勘定奉行　曲淵甲斐守
同　御広式御用人　安藤長左衛門
同　御先手　桑山内匠

庚午五月小　御用番　村井又兵衛殿

朔　日　二日三日四日五日六日晴陰交、七日雨、八日九日十日十一日十二日晴陰、十三日昼ヨリ雨、十四日十五日同、十六日十七日十八日十九日晴陰、廿日昼ヨリ雨、廿一日大雨、廿二日快天、廿三日廿四日廿五日廿六日廿七日廿八日廿九日雨天、今月気候不順ニ寒シ、下旬混暑催

（大ニ降）（陰雨）

今年ヨリ京都御邸詰人、会所奉行両人宛詰候様被仰渡、依之今朝会所奉行**林清左衛門**、四日同役**山本判大夫**発足、京都ヘ罷越御馬廻ト交代之事

但、只今迄ハ高知之御馬廻組ヨリ相詰候事

四　日　左之通被仰付

御歩小頭　**近藤源五兵衛**実弟ニ付、指控　組外御膳奉行加人　**跡地義平**

右**源五兵衛**今日禁牢被仰付候一件等之義、前記寛政三年八月廿二日・九月七日ニ委し互見、

此次十二月廿七日互見

但寛政三年九月七日ニ合記ス

十六日　自宅表向・勝手共及大破、難加修復体ニ付、今般建直申付、今日地搗木やり初め之事、

但百五十坪計也
附廿六日ヨリ石搗、六月八日柱立、十月晦日迄ニ八歩通出来、十一月朔日式台披祝等委
曲別記ニ有之
付札 定番頭へ
火事之節無用之人々火事場へ不罷越筈御定モ有之候処、近来御役人之外早乗仕候族モ多、
火元へモ無用之者入込、御役人之障ニ相成候様子ニ相聞へ候事
一、辻々大勢相集り火消人数等致見物、往来之障ニモ相成候様子相聞へ候事右等之趣、前々ヨリ
相触、寛政三年ニモ急度相触置候処、近き頃猥ニ相成候体、夜中火事之節提灯無之、馬上
ニテ駈廻り候人々モ有之体ニ候、火事之節親類等之宅へ見廻候義ハ御定モ有之義ニ候間、都
テ心得違無之様厳重可相心得候、尤右体之者於有之ハ御横目ヨリ相咎、夫々名前モ承届候筈
ニ候条被得其意、組・支配之人々へ可被申渡候、組等之内才許有之面々ハ其支配ヘモ相達、
尤家来末々迄不相洩申渡候様可被申聞候事、右之趣一統可被申談候事
五月
右定番頭不破和平ヨリ、十四日ニ付例文之廻状倒来之事
来月十二日 於宝円寺、護国院[1]様五十回御忌御法事就御執行、此節追々御法事一件御触到来、
前々之通ニ付記略
廿二日 此間中小将町続奥村外記辺臭気有之ニ付、昨日彼辺改有之候処、則外記横惣構堀之内
ニ、筵包之死人有之、依テ公事場附与力為検使罷越見分之処、数日ヲ経候体ニテはきト難見

1 前田吉徳（六代）

分候得共、刺殺候体ト致見分候、右死人ハ大衆免新町**越中屋伊左衛門**方借家人**越中屋左助**ト申者ニテ、古手商売人ニ付、今月十四日出宅、川南町**駒屋甚右衛門**方ヘ罷越、夫々端物等品々取受罷出直ニ不罷帰、其日ハ小将町・材木町・備中町筋廻り口之段、一類之者等申由ニ候事

附、指殺持出候者田町ニ居宅有之、小禄之侍ニ相違無之由専風説有之候得共、慥成証拠モ出不申ニ付御糺無之内、右之侍病死、文化四年ニ至テモ不相知候事

今月十三日　今般就御参勤テ之為上使、御老中**安藤対馬守**[1]殿御出、御作法前々之通、十五日御登城御参勤之御礼被仰上、**玄蕃助**殿・**隼人**殿モ御目見等都テ御前例之通ニ付記略

御使御用等之節、当分御貸人左之通御渡之旨被仰渡、十七日ヨリ渡方不指支由江戸ヨリ申来

弐人七百五十石以上、三人七百石ヨリ四百五十石迄

二人四百石ヨリ三百石迄、三人二百三十石

今日ヨリ御当地御省略方御用別役所相立申候、依之諸頭并諸奉行等ヘ御省略方詮義之義ニ付右別役所ニテ懸合申義可有御座候間、其節私共ヨリ申達次第罷出候様仕度候、此段夫々被仰渡御座候様仕度奉存候　以上

五月十六日

石野主殿助

河地才記

本多玄蕃助様

1 安藤信成（寛17 180頁）

1切り藁と塵芥

西尾隼人様

右御横目添書ヲ以廻状有之

廿八日　才川・浅野川々除へ、塵芥[1]等捨置、御不益ニ相成候ニ付、右之趣等以来無之様一統被仰渡候様仕度旨、四月十四日御普請奉行阿部昌左衛門・村八郎左衛門・三宅平太左衛門ヨリ御用番へ指出候紙面ニ御添書ヲ以、今日御用番又兵衛殿ヨリ御触出有之、例年之通り同断ニ付略記ス

今月廿六日　於江戸、左之通被仰付

今般格別御倹約ニ付詰人御減少御国へ之御暇被下之、用意次第発足

御預地方御用
戸田五左衛門

右ニ付当御在府中御預地方御用兼帯

会所奉行
仙石兵馬

右ニ付御国へ之御暇被下用意出来次第発足

佐渡守様附人持
永原将監

同断

物頭並
柘植儀大夫

今月十三日　於江戸左之通被仰付

御膳奉行

佐渡守様御抱守ヨリ
関沢安左衛門

辛未六月大

金沢御用番

奥村河内守殿

朔日　二日雨、三日四日五日快天、六日夕方大雨、七日雨、八日九日十日十一日十二日十三

日十四日十五日快天、十六日夕立雨一頻、十七日快天、十八日昼ヨリ雨、十九日（酉上刻強地震）廿日廿一日廿二日廿三日廿四日廿五日廿六日廿七日廿八日廿九日晦日陰晴交、今月気候近年無之大暑、涼風至テ稀也、両川下水大ニ減少、如小溝小川ハ悉涸乾、河原ト成、仍テ田畠旱損多し、能州ハ猶旱損多、越中ハ折々夕立雨降、田畠潤沢有之旨也

寛政三年八月廿二日・九月七日ニ委記ス互見

津田権平家来
梅村駷左衛門

右御歩**北村弥三郎**義一類ヘ御預之処、一類人少ニテ勤番指支候、依テ**駷左衛門**義**弥三郎**遠類ニ付勤番之義申渡候様仕度旨**佐久間与左衛門**申聞候間承届候条、此段申渡候様**権平**ヘ可被申渡候、以上

六月五日　　**奥村河内守**

高田新左衛門殿

右添書ヲ以申談有之、則申渡候得共、指支候趣共有之候ニ付、左之通紙面出之

梅村駷左衛門

右私家来**駷左衛門**義、遠類御歩**北村弥三郎**義一類ヘ御預之処、一類人少ニテ勤番指支候条、勤番之義申渡候様**奥村河内守**殿被仰渡候段、御申渡被成候ニ付則申渡置候、然処右**左衛門**義ハ数代召仕候者ニ付支配方御用調筆等主付為相勤置、暨上納銀取捌自分勝手向取捌申付置候者ニ御座候、其上家作及大破候ニ付、今般建直申付候普請方用事主付モ申付置候、然処右勤番為仕候テハ支配方御用調筆等ハ勿論彼是必至ト指支モ候間、何卒右弥三郎勤番之義

格別之趣ヲ以御指省被下候様仕度奉存候、此段何分奉願候、以上
六月七日　津田権平判
高田新左衛門様
右添書ヲ以御達申候処、格別之趣ヲ以御聞届候段、河内守殿ヨリ申来候由、今月廿九日申来候ニ付其旨則申渡候事
十二日　於宝円寺、護国院様五十回御忌御法事有之、御奉行奥村河内守殿、都テ前々之通、但自分[1]詰中拝礼仕候事
廿一日　左之通、被仰付
物頭並江戸御広式御用　組外御番頭ヨリ　土肥庄兵衛
但用意出来次第発出、江戸詰被仰付是原弥三兵衛病気ニ付御暇乞罷帰、河村儀右衛門病身ニ相成、役儀御免除願書付先達テ指出置候故也
廿四日　左之通被仰付
御普請奉行　御大小将　富田左門
三宅平太左衛門代
廿六日　春来宮腰浦鰯多捕揚候処、四月以来別テ夥敷、依之糠等ニ鰯漬込桶不足、俄ニ指支候ニ付宮腰町銭屋五郎兵衛義近在ヨリ古き屎桶借受、鰯漬込置金沢等ヘ売出、不届ニ付、今日盗賊改方御用伊藤平大夫方ニテ吟味之上、右五郎兵衛禁牢申付、但右五郎兵衛外ニモ右族致し候者余程有之ト云々、八月十三日宥出牢
附、今年之如く鰯沢山成事数十年以来無之、網ニテ引候節、網中ニ満引揚候得ハ網破れ候故、

1 津田政隣

水戸口へ投網打ニ罷越在之人々ヲ俄ニ頼候テ右鰯ヲ打取滅し貰候テ漸引揚候義度々有之、右ニ付投網打之人々、鰯之獲物罔持ニ一はい為持帰候人々モ度々有之ト云々

廿九日　左之通御免許被仰付、但去十二日御法事有之故也

一類へ就御預縮所へ入置候処御免　　吉田宇右衛門

出奔立帰ニ付縮所へ入置候得共
不被及御貪着旨被仰出　　原　重蔵

蟄居御免　　佃　久五右衛門

逼塞御免　　脇田哲兀郎

遠慮御免　　不破新左衛門

指控御免　　脇田三（平カ）之丞

此冊寛政七年
畾紙互見——流刑被仰付　　馬場藤左衛門

右藤左衛門落着就被仰付候ニ付
此三人指控御免　　馬場孫三
坂井平馬
今村伊十郎

今月四日　於江戸、左之通

諸向為御用日懸受取候足軽・小者、其外御貸人受取候人々、御用相済御人相返候節、印章小紙ヲ以何時御用相済相返候段、右御人へ相渡相返候様詮議仕候、此段夫々被仰渡候様ニト奉存候、以上

六月四日
石野主殿助
河地才記
本多玄蕃助様
西尾隼人様

右可申談旨被仰聞候段、御横目廻状有之

覚

一、何時何人　御貸人足軽或小者

右御用相済、揚之申候、以上

何ノ何月何日　何之誰　印

割場

今月十三日　御出入御旗本斉藤長八郎殿、今般御書院組頭被仰付候ニ付御馬御所望之義御聞届、物当等宜き馬遣候様被仰出候ニ付、小杉栗毛ニ馬具一通相副被遣之候事

同十六日　嘉祥ニ付、佐渡守様御登城

同廿三日　今度御参勤御道中歩御供無懈怠相勤候人々ヘ布類・金・銀夫々前々之通、於御次拝領被仰付

同廿六日　於江戸、藤姫[1]様御儀、当八月中江戸表ヘ御着府、十一月御入輿ト被仰出、尤讃岐守[2]様ヘモ右之趣被仰進

同三日　於金沢昼時前、人持組品川主殿二男駒之助十一歳不斗見得不申ニ付、屋敷中相尋候処、

1 重教女・治脩養女
2 徳川頼起（高松侯）

居屋敷続之請地ニ有之杉之木之下ニ佇有之、連帰候処怪敷体様之有之、翌日ニ至り漸本気ニ復り候由也

但、怪敷趣ハ鼻之高き男申ハ面白き所ヘ連行為見可申候得共、腰ニ守袋有之邪魔ニ成ト申候間、取捨呉候得ト申、或鼻之高き人爰ニ居候等ト其外書面ニ難解怪談共也

附、前月廿八日ニモ組外御番頭**堀部五左衛門**居宅 松原町領百七十石せかれ**宗次郎**六歳儀、暮前ヨリ不斗見得不申ニ付所々尋候処、一円行衛相知不申、于時同夜四時前居宅台子之脇ニ熟睡有之、外ニ相替義無之、翌廿九日ハ少ト倦れ候体ニ相見ヘ、平生之通、気さ(冴カ)ヘ無之由云々

壬申 **七月**小　御用番 **長　九郎左衛門**殿

朔　日ヨリ廿一日迄快天続同夜烈風一雨降、廿二日陰、廿三日廿四日廿五日雨天、廿六日廿七日廿八日廿九日陰晴交、今月気候如前月、及残暑テモ同下旬朝夕涼、川々減水等弥増之事也

同　日　半納米価左之通、但余ハ准テ可知之

地米五十四五匁　越(羽カ)咋米四十七匁五分　井波四十二匁

十一日　跡目等左之通被仰付

千八百石　十大夫養子 **本保監物**
御馬廻ヘ被加之

六百石　同断　端兵衛養子 **奥村鉄七郎**

五百石　同断
末期願置候通、同姓永原佐六郎四番目弟
弥三郎養子　永原松太郎

四百石　組外へ被加之
同断実兄別所宗右衛門嫡子婿養子
三平養子　別所丑之助

八百石
庄兵衛せかれ　杉浦仁六郎

六百七十石
頼母嫡子　水野庄五郎

五百石
同断実弟
伊織養子　中村弥門

三百五十石
新右衛門四男　青木千五郎

二百石
貞五郎せかれ　永原久太郎

百石
同断父実方いとこ河地右兵衛二男婿養子
知左衛門養子　山田卯守

四百石
九郎兵衛せかれ　大橋又右衛門

二百五十石之内
百五十石
正益嫡子　佐々芸庵

十人扶持
末期願置候通江間築林坊弟
正渓養子　津田恂庵

百石内五十石遺知五十石御加領
平助養子　佐久間平作

残知

三百四十石　都合五百石　御馬廻へ被加之　津田和三郎
九百四十石　都合千四百石　近藤駿太郎
二百四十石　都合三百五十石　小林猪太郎
百四十石　都合二百石　多羅尾左一郎
同　同断　小倉鍈（鉄）次郎
五人扶持　都合十人扶持　吉田左助
六十石　都合八十石　山田万作
二百石之内
百五十石　半丞養子
奥村八郎左衛門

末期願之通、武山治部左衛門二男養子被仰付、同姓奥村源左衛門・奥村郡左衛門弟共モ有之候処、末期養子相省、他姓之者相願候趣何等之子細モ前方頭へ届モ無之段不了簡之至ニ思召候、依之本高之内五十石御減少被仰付

付札　河地才記へ　奥村五郎左衛門

奥村半丞末期養子之義、同姓之内ニ相願者有之候処、他姓之者相願候ニ付半丞頭渡辺主馬へ様子相尋候処、右五郎左衛門等紙面、旧臘主馬添書ヲ以出之候、然処奥村源左衛門・奥村郡左衛門弟共モ有之候ニ付右人々手前モ半丞ヨリ申聞候趣モ無之哉ト主馬へ被相尋候処、同姓ニ可奉願者無之由先達テ半丞申聞候、五郎左衛門へモ外心当之者無之哉ト相尋候処、無

之由申聞候旨主馬重テ紙面指出候、右之通半丞末期養子之義、五郎左衛門示談モ有之義ニ候得ハ、前方ヨリ得ト入念可申処、其義無之段不念之至被思召候、依之急度御咎モ可被仰付候得共、此度之義ハ御用捨被成候間、以後之義入念候様可申渡旨被仰出候条、此段可被申渡候事

寅七月十一日　此次今月十九日互見

十三日　縁組養子等諸願被仰出

稲ニ花付実入ニ付石川・河北両御郡今月十五日ヨリ九月晦日迄、鷹野遠慮之義例年之通御用番九郎左衛門殿ヨリ御廻状出

△

十五日　八時頃、組外堀才之助儀、弓之町御異風今村次右衛門宅ヘ罷越於居間暫対話之処、次右衛門義用事有之ニ付勝手ヘ退き候ゆへ、暑ヲ凌候ため縁頬ニ立在之候処、同居人御右筆不破半六養子茂一郎実ハ次右衛門次男也、半六御大小将組御用番支配罷出、脇指ヲ以切懸候処、兼テ意趣モ無之、其体乱心ト見受候ニ付飛懸り組合候処ヘ次右衛門モ立合、両人ニテ右茂一郎ヲ組伏柱ニ縛り付、才之助ヘ存念モ有之哉ト次右衛門相尋候処、全乱心ト相見得候間、存念モ無之旨才之助答之、其内才之助嫡子新番御徒堀十蔵モ罷越候ニ付、是ヘモ存念相尋候処、才之助同様之答也、夫ヨリ半六支配頭遠藤両左衛門・御番頭田辺善大夫・永原半左衛門罷越見届之上、御用番長九郎左衛門殿ヘ書付ヲ以御届申候、才之助頭千田次右衛門・野村与三兵衛ヨリモ才之助手疵検使之義等九郎左衛門殿ヘ御届申候処、翌十六日朝五時前、為検使御横目水越八郎左衛門・三宅平太左衛門罷越見分有之、夫々口上書取受退出有之、但才之助

義、頭上ニ一ケ所、胸ノ下ニ一ケ所、横腹ニ一ケ所、両手ニ一ケ所宛疵ヲ蒙り候得共、皆々薄手ニ付命ニ障候事ハ有之間敷、併暑強候故難計ト云々、且次右衛門支配頭御異風裁許古屋孫市・富永右近右衛門、十蔵頭山森沢右衛門相詰在之候、自分方ヘモ十五日夜八時前、次右衛門ヨリ以紙面右之趣并同居人後藤吉太郎同組御大小将当時在江戸家内無別条段、為知之処、同役田辺善大夫罷越居候否不相知様子無心許ニ付追付見廻候処、前記之通相詰有之ニ付無程致退出候事、此次八月

十七日　左之通被仰付

組外御番頭　土肥庄兵衛代　御馬廻組御作事奉行ヨリ　井上勘右衛門

定番御馬廻御番頭　堀田源兵衛代　同断東岩瀬御郡奉行ヨリ　大藪勘大夫

昨十六日本役兼役共御免除　佐渡守様御用兼　堀田治兵衛

十八日　去年十二月廿八日廿九日ニモ有之通、成田勘左衛門御金私曲ニ付今十八日於公事場一往御吟味之処、私曲無相違ニ付牢揚屋ヘ被入置、依之翌十九日左之通御覚書ヲ以御用番長九郎左衛門殿被仰渡候ニ付、則野村伊兵衛於宅、大屋武右衛門・御番頭安達弥兵衛立会、伊兵衛申渡、御請紙面判形ハ梅之助幼年ニ付同道之不破平左衛門代判調之、且類中ヘモ被仰渡之趣、右平左衛門、成田長大夫ヘ伊兵衛申渡、是又御請紙面判形取立之成田内蔵助儀ハ指控中ニ付長大夫ヨリ相達判形取受、明廿日朝長大夫持参之筈、右夫々相済梅之助義、平左衛門・長大夫同道ニテ退出之事

付札　野村伊兵衛へ

成田勘左衛門せかれ　成田梅之助

右父勘左衛門義、御かね私曲仕候趣、於公事場被遂御吟味候処、相違無之ニ付牢揚屋へ被入置候、依之梅之助義一類へ御預之段可被申渡候事

寅七月

勘左衛門姉婿　不破平左衛門

同人同姓　成田長大夫

右、指控可罷在哉之旨紙面出候処、不及其義旨御用番九郎左衛門殿御指図有之、附舅河地才記義も於江戸今月十五日指控伺之処不及其義旨被仰出有之

右成田勘左衛門妻腹ニ八月上旬男子出生、号辰之助ト、則御用番へ御届有之候処、九月廿四日左之通御用番大隅守殿被仰渡候ニ付、頭於野村伊兵衛宅、大屋武右衛門・安達弥兵衛立会、成田内蔵助・成田長大夫へ申渡、御請紙面辰之助代判、右内蔵助相調、類中へ被仰渡候趣も右両人へ申渡、是又御請紙面判形有之候事

付札　野村伊兵衛へ

成田勘左衛門せかれ　成田辰之助

右、父勘左衛門不届之趣有之、於公事場御吟味之上牢揚屋へ被入置候処、今般妻腹ニ致出生候ニ付辰之助義一類へ御預被成候条、此段可被申渡候事

寅九月

此次今月廿一日互見

十九日　左之通、但前記正月晦日互見
藤姫様御出府御道中役附
御旅館取次
篠原与四郎
御時宜役
岡嶋左平太
同
永原七郎右衛門
歩御供
御先角
前田義四郎
右、当秋藤姫様御出府御供被仰付候条可申渡旨、御用番九郎左衛門殿被仰渡候間、役附之通被得其意、名下可有御判形候、以上
七月十九日
大屋武右衛門判
各御中
野村伊兵衛　判

今月十一日記之内漏洩左ニ補記之
三百五十石之三ノ一
百十石
丹次郎養子
中川又三郎
末期願置候河地才記三男熊太郎義、致病死候ニ付内存願之通松原安左衛門指次弟養子ニ被仰付
平左衛門養子
高崎元三郎
二百石　御右筆見習被仰付
安井金三郎
残知百七十石　本知都合二百五十石

同　日左之通承ニ付記之

伊藤忠左衛門

藤姫様御儀、御積気追日御快方ニ被成御座候ニ付来月下旬御発輿被成候様被仰進候旨被仰出候、且又横浜善左衛門義御出府御供被仰付候ニ付為御迎当月下旬江戸表発足之筈ニ候、夫迄之内ハ御手前万端相心得取捌候様可申渡旨被仰出候条、被得其意不指支様被相心得、夫々可被申談候事

右之通今月七日御用番九郎左衛門殿被仰渡、翌八日ヨリ御道中方役所相建、但忠左衛門ハ松寿院様附物頭並交代先ニ付今般御供被仰付

御大小将横目　三宅平太左衛門

藤姫様御出府御道中切
御供、今月十六日被仰渡

△

廿一日　前記十八日ニモ有之成田勘左衛門義再御吟味有之、頭野村伊兵衛公事場へ出座

当年永照ニテ村々田地用水段々及減少、番水等被申付候得共今以潤雨モ無之、所々ヨリ飲水ニモ指支申体ニ付水源ニテモ随分水致大切、少ニテモ流、末ニ至候様可相心得旨、御算用場奉行ヨリ御郡方一統申渡候、右体之義ニ候得ハ侍屋敷等之内相通り候用水并金沢町・遠所町共、家廻り用水流通り候所々、猥ニ堰留打水等仕候義ハ、人々心得モ可有之義ニ候事

右之趣被得其意、組・支配之人々へ可被申渡候、組等之内才許有之面々ハ其支配ヘモ相達候様被申聞、尤同役中可有伝達候事

右之趣可被得其意候、以上

七月廿四日　長　九郎左衛門

諸頭御用番連名殿

付札　定番頭へ

江戸・京・大坂詰人交代之義、当春指留置候得共、当秋ニテ二年ニ満候人々ハ当秋可致交代候、壱年半ニ相成候方ハ来春迄詰延可申事、右之趣被得其意、組・支配之人々へ可被申渡候、組等之内才許有之面々ハ其支配へモ申渡候様可被申談候事

右之趣一統可被申談候事

寅七月

右今月廿六日如例、定番頭**不破和平**ヨリ廻状出

今月十二日未上刻、旋風不忍池辺ヨリ起テ茅町辺町家屋根等吹まくり損所多、**出雲守**[1]様御邸モ損所多く、**飛騨守**[2]様御邸ハ別テ大ニ破損、御櫓中半ヨリ吹倒し、且御玄関敷附御座[3]虚空へ吹揚、此方様御邸内へ落下る、其外損所数多、此方様御邸内ハ無御別異、但垣等之損

付札　割場奉行へ

若火事之節、遠火たり共風筋ニヨリ**寿光院**様御附男女立退候砌、御作事方御門出方等不指支様相心得、且又追分口御門之義モ同様可相心得由被仰出候旨等、当三月申渡置候通ニ候、右御附ニモ不限御屋敷中ニ罷在候者ハ同様之事ニ候、将又遠火之節ハ南御門・東御門之義モ右同様不指支様可申渡旨被仰出候条、可被得其意候事

甲寅七月

別紙写之通、割場奉行へ申渡候ニ付為承知右写相達候条、被得其意向寄ニ夫々可被申談候

---

1 前田利謙（富山藩八代）
2 前田利考（大聖寺藩八代）
3 莫蓙

事

七月

今月十七日

右江戸於御横目所**本多玄蕃助**殿御渡之旨等演述披見談有之、支配々々へ申談候事衣類之義、絹・紬・木綿勝手次第着用可仕候、袴・羽織等モ准候テ粗品ヲ用、御歩並以下ハ猶以其心得可仕候、勿論絹・紬ヨリ宜品ハ堅無用之旨等、当春一統被仰渡候処、△於此表縮緬羽織等致着用候人々モ有之体、不心得之至ニ候、家来共之義ハ主人申付方不行届趣ニ候、是以後若右之族有之候ハ急度御咎可被仰付候、右之趣御家中之人々并家来末々モ厳重ニ相心得候様可申渡旨被仰出候条被得其意、一統相触候様、頭・支配人へ可被申談候、且又御横目足軽致見分候ハ相咎候様可被申渡候事

寅七月

同　日　右、**玄蕃助**殿被仰渡候段、御横目廻状有之

御大小将組在江戸　御右筆　**不破半六**

養子**茂市郎**致乱心、
堀才之助へ手疵為負候ニ付
指控伺之処、不及其義旨
被仰出

今月廿九日

右之通、頭**宮井典膳**申渡、前記今月十五日互見

1 二条治孝
2 北小路俊正（地下家伝廿二）

癸酉八月大　　御用番　**前田大炊殿**

朔日　二日陰夜雨、三日快天夕立雨一頻降、四日如昨日、五日六日七日八日九日十日快天、十一日折々雨、十二日十三日十四日十五日十六日快天、十七日十八日十九日雨天、廿日廿(廿一日脱)二日快天、廿三日廿四日廿五日廿六日廿七日雨天、(夜半ヨリ大雨雷鳴)廿八日天気快、廿九日折々雨、晦日雨天、今月気候例年ヨリ秋暑強

同日　八時過、従**二條様**[1]之御使者御家老**北小路隼人正**[2]并副使御用人**鈴木縫殿**来着、三日**大隅守殿**御宅へ中対謁有之、是ハ年寄中へ従**二條様**深(カ)被仰込之趣有之故也、依之御意之趣ハ**隼人正**申演、被下物鰡粕漬一箱宛、御目録ハ**縫殿**渡之、各頂戴、畢テ二汁五菜之料理等濃茶・後菓子迄段々被出之、**隼人正**相伴ハ御馬廻頭**多田逸角**、**縫殿**相伴ハ御医師**賀来元達**、取持**江守平馬・高畠五郎兵衛・青地七左衛門・菊地九右衛門**等也、七日発出、直ニ江戸表へ罷越、御使被勤候筈之由也附、今月廿三日右両人共東都本郷御邸へ参上、御使相勤、御口上御家老衆取次ニテ被達御聴候処、追テ御返答被仰進候筈、依テ**隼人正**御目見無之、御勝手座敷於上之間、二汁五菜之御料理等被下之、相伴御馬廻頭**河地才記**、御口上之趣、御館御焼失後、御造立之御手当無之ニ付、御借用金御頼之趣也、御進物懸物一幅、**佐渡守様**へモ御口上有之、同一幅、附**鈴木縫殿**へモ同様之御料理被下之
十月三日、右御返答被仰進、御両殿様共少々御勝不被遊ニ付**西尾隼人**并**堀三郎兵衛**ヲ以御答有之、御作法前記同断、御料理之相伴組頭指支候ニ付御先手**窪田左平**
但金小判二千両御頼之処、五百両被進之

附、前記二万両ト有之候処、迚モ右金高相整不申趣、年寄中演述ニ付於江戸ハ二千両御頼之御口上ニ申演ト云々

二日　藤姫様御儀、九月四日御発輿、同廿二日江戸御着ト今日被仰出、十一日六半時不遅御供揃ニテ天徳院・宝円寺ヘ御参詣、暮前御帰、廿一日六時過不遅御供揃ニテ卯辰観音ヘ御参詣、暮頃御帰

藤姫様御道中御泊附

九月四日　津幡　高岡　滑川　三日市　泊　糸魚川
名立　高田　関川　善光寺　榊　海野
合逢村[1]　坂本　倉ケ野　熊谷　桶川　蕨
同廿二日　江戸　以上

十日　左之通被仰付

割場奉行　御大小将　堀　左兵衛
喧嘩追懸者役　八月十一日ヨリ　吉田彦兵衛代　奥村十郎左衛門
同　十七日ヨリ　今村三郎大夫代　小原惣左衛門
右例之通両人廻状出　永原七郎右衛門代　真田佐次兵衛
八月十一日ヨリ金銀小払奉行　堀　左兵衛代　中村助大夫

1追分村(縁起を担ぎ、地名を一時的に変更か)

右、七郎右衛門ハ御姫様御供ニテ出府、左兵衛ハ割場奉行被仰付ニ付也

十四日　浅野村穢多理右衛門妹いのへ馴合呉候様中黒多宮家来若党吉村直人、当時浪人改名猪之丞ヨリ同所穢多八兵衛娘てつヲ以申込ニ付、可任頼旨返答申入、前月廿三日夜右猪之丞并松平源次郎家来足軽岸井与大夫・後藤又助、土師清吉小者二人、谷猪左衛門家来若党野村権兵衛、いの・てつ等同所穢多岩松方へ寄集り、座頭小伝連来り、三味線為引、且酒肴等持参穢多共ト給合候、不届ニ付右之者共夫々今明日ニ盗賊改方伊藤平大夫宅ニテ吟味之上禁牢等申付有之、右之外町方之者之内罷越候者モ有之由沙汰有之

大目付へ

博奕・賭之勝負之義ニ付従公義御制禁之処、今以不相止、博奕又ハ紛敷賭之勝負いたすもの有之趣ニ相聞候ニ付無油断召捕、たとひ御料所之者ニ候共、其所之御代官へ懸合之上、差図次第直ニ仕置可被申付候、他領之引合モ勿論其領主懸合之上相互ニ勝手次第仕置可被申付候、尤小給之面々陣屋無之家来等モ不指置分并寺社領之分ハ村役人ヨリ向寄之奉行所又ハ御代官へ申立、右奉行所或ハ御代官ニテ咎申付候義モ勝手次第之事ニ候、右之通被相心得、猶更厳重可被申付候、右之通可被相触候

六月

戸田采女正殿御渡候御書付写壱通相達候間、被得其意、答之義ハ松浦越前守方へ可被申聞候、以上

六月晦日　　大目付

御名殿留守居中

博奕・賭之勝負之義ニ付従公義相渡候御書付写壱結二通相越之候条被得其意、組・支配之人々へ可被申渡候、組等之内才許有之面々ハ其支配へモ相達候様被申聞、尤同役中可有伝達候事、右之趣可被得其意候、以上

甲寅八月十七日　　長　大隅守印

本多安房守印

諸頭御用番連名殿

廿三日　御先手**今村三郎大夫**へ江戸詰被仰付、今朝発足之事、但**松平才記**モ御婚礼方へ御用引ニテ御人支ニ付本文之通、且**窪田左平**儀御婚礼等相済候ハ同役**三郎大夫**ト交代罷帰候様被仰渡有之候事

付札　御横目へ

尾坂御門脇御石垣御修復就被仰付、来月六日ヨリ往来指留候条、此段夫々可被申談候事

八月廿七日

右御城代**安房守**殿被仰聞候旨等、如例御横目廻状出

今月九日　八時前、上使御使番**朽木左京**殿ヲ以、御鷹之雲雀五十、**佐渡守**様へ三十御拝領、御作法都テ前々之通、少々御勝れ不被遊候ニ付御廻勤ハ**佐渡守**様御名代御兼候事

同十三日　於江戸、左之通被仰付

佐渡守様御大小将御番頭　　佐渡守様御大小将横目ヨリ　**音地清左衛門**

同断　　御横目　　同断 御抱守ヨリ 渡瀬七郎大夫

同十五日　近々

若君様御社参之節、小児騎馬被仰付候、十五才以下之無息之面々五十人初テ御目見、献上
物万石以上之二三四男・弟ハ巻物二・銀馬代、御側衆已下惣領・嫡孫都合四十壱人ハ銀馬代
（都合九人）
但、小児騎馬御供之義御前前例有之義ト云々

同十七日　御医師**竹田法印**[1]ヨリ延寿類要一部三巻・診家要釈一部二巻御進上、竹田家元祖作書、
今度板行御申付、公辺ヘモ献上有之ニ付此方様ヘモ被上之候由申来、御受納之事

同廿日　於江戸、左之通被仰付

御表小将見習、勤方ハ御表小将御番頭　　御大小将 **稲垣久五郎**
指引、附廿二日配膳役加人被仰付

淡路守[2]様、先頃以来御滞之処、段々御指重り御見廻御使度々毎日両度宛被進之、然処今月
廿八日ヨリ被及御大切、御附使者ニ相成、且**出雲守**様為御看病御出府之義、従此方様御願
書御指出候処、御願之通被仰出、同日夕方御奉書相渡、于時翌廿九日朝御卒去

甲戌**九月大**　　御用番　**長　大隅守**殿

朔日　雨、二日三日四日五日六日快天、七日昼ヨリ雨、八日雨、九日十日十一日快天、十二
日十三日十四日雨、十五日十六日晴、十七日雨、十八日晴、十九日晴、廿日晴、廿一日廿
二日廿三日廿四日廿五日廿六日廿七日雨、廿八日廿九日晦日晴陰交今月気候例年ヨリ暖成

1 竹田昭慶又は定盛

2 前田利與（富山藩六代）

1 治脩養女

方也、廿六日昼頃初霰一頻降

同　日　左之通被仰付

御表小将

組外御表小将加人ヨリ　**久世平太郎**

御馬廻組同断ヨリ　**寺嶋右門**

三　日　**藤姫**[1]様御宿拵等之御大小将交名前記正月晦日・七月十九日互見今昼発足、且昨日発足之筈ニ候処、**淡路守**様御所労御指重ニ付御道中奉行ヨリ指留、今日昼発ト申談有之候故也

四　日　前記八月二日記之通、**藤姫**様今朝五時過之御供揃ニテ昼九時過御発輿、御供之人々前記之通、夜五時過津幡御泊宿ヘ御着、九日山之下波高ニテ指支泊駅ニ一日就御逗留ニ、廿三日御着府之御日図りニ相成候処、同日ハ御指支之趣就有之、是非廿三日御着被遊候様、従江戸御旅中ヘ迄被仰進候ニ付、御迫込ニ相成御泊所モ違、廿一日大宮駅ニ御泊、廿二日夜五時前本郷御本宅也御広式ヘ御着府、但於御旅中関川御本陣**大石新右衛門**妻女御目見被仰付候義等前々之通、将又御着之節前々之振ヲ以、警固足軽御持方ヨリ指出、御着御当日御上邸詰之頭分以上布上下着用、平士以下常服、頭分以上ハ御着之上爲御祝詞於竹之間ニ御帳ニ附候事

淡路守様前月廿九日御卒去之旨申来候、依之普請・鳴物・諸殺生今日ヨリ明後八日迄三日遠慮之筈ニ候条、被得其意、組・支配之人々ヘ可被申渡候、組等之内才許有之面々ハ其支配ヘモ相達候様可被申聞候事

右之趣可被得其意候、以上

九月六日
一役宛連名殿

右ニ付**出雲守**様へ為御悔、富山へ之御使**永原佐六郎**御使番へ被仰渡、翌七日昼発出御香奠・
御代香之御使ハ人持組末席**原九左衛門**へ被仰渡

△**尾張様**[1]御嫡孫**五郎太**様当月三日御逝去之旨江戸表ヨリ申来候、依之普請ハ今日一日、鳴
物等ハ明後十三日迄三日遠慮之筈ニ候旨等、**大隅守**殿御廻状十一日出、前記同断ニ付略
記ス

十月朔日ヨリ金銀小払奉行

中村助大夫代
永原治九郎
真田佐次兵衛代
大村七郎左衛門

右今月十日申談有之

△右**五郎太**様御逝去ニ付於江戸ハ鳴物三日御停止、普請ハ不苦候段、大御目付衆ヨリ御書付到
来之旨等被仰渡候由、如例御横目廻状出、但五日ニ右廻状出**相公**様御忌中ニ付頭分以上伺
御機嫌、翌四日御帳ニ附、六日御忌明之事、但御続ハ[　　(空白)　　]

今月朔日於江戸、月次御登城之処、**若君**[2]様へ初テ御目見被仰上候事

今月十五日

若君様御社参之筈ニ候処、就御不例御延引、此次廿七日互見

今月十八日　芝御広式御造営、今度**松寿院**様御引移後、初テ四時之御供揃ニテ御出、夜八時
前御帰殿、但御歩以上御賄、三十人小頭以下焼飯被下之

1 徳川宗睦

2 徳川家慶

1 徳川頼儀（高松侯）

2 将軍参詣に先立って寺社で待ち受け、将軍参詣後拝参し、後殿中へお礼申上げる

3『冨士記（富嶽遊記）』西尾市岩瀬文庫蔵序は水戸藩家老鈴木重宣

前記廿三日（四日互見）藤姫様御着府御指支之訳ハ同日徳川五郎太様御遺体御発棺之処、木曽路御通ニ付テ也、依之御供人ト交代之人々モ宵立ニテ皆々廿二日夜発足罷帰候事

但頭分ハ御目見廿五日ニ被仰付候筈ニ付発足延引、右御目見相済、廿六日発足罷帰候事

今月廿五日　今度藤姫様御供ニテ参府之人々御目見被仰付、頭分ヘハ御意モ有之

同廿六日　讃岐守[1]様ヨリ御留守居山口隼人御使者ヲ以藤姫様ヘ御結納、且御引移等之御吉日被仰進、右御使者誘引之御小将布上下着用、御使者之間ヘ相通、聞番ヘ申達候処、御口上取次・御答共坂野忠兵衛於御広間溜ニ御吸物・御酒・御肴被下之、相伴聞番恒川七兵衛、右相済九時前相披候事、但四時頃隼人罷越、附御吉日共十月四日ニ有之

同　日　於増上寺之御宿坊、只今迄池徳院ニ候処、通玄院ヘ御宿坊替被仰付

同廿七日　紅葉山御宮ヘ若君様就御社参ニ、佐渡守様朝六時前御供揃ニテ御予参[2]、御供人服御改、装束熨斗目上下、翌廿八日五時之御供揃ニテ御宮参相済候、爲御祝儀両御丸ヘ御登城并御老中方御廻勤被遊候事、但於殿中御吸物・御酒等御頂戴之事、相公様少々御持病の御疝邪ニ付御予参等御断之事

前記前月江戸之十五日并同今月十五日互見、右記ニ有之候通小児騎馬五十騎御供ニ被召連候事、此次十月四日互見

今月江戸気候暖和、上旬ハ別テ袷ニテ大汗発候族ト云々

冨士記序[3]

天下之高山十八而無レ高於冨嶽一ヨリ無レ大於冨嶽無レ美於冨嶽是以有烟霞々(カ)砕者望二秀色一無レ

1 仙人のような世俗を超越した骨相

ここから大場維景の登山記

2 駿河国と甲斐国

3 巡り廻ること

4 夏期

不二飛動一雖然真ニ有志者其唯大場大夫哉古曰有志則事遂成信哉大夫嘗夢冨嶽迺命工図之常掛諸壁間而翫之其志可知上公聞其志篤今茲賜休暇其登跡大夫欣然促装得極其絶巓而其釼峯者実ニ神霊之秘画無仙骨[1]者何得極之耶予与二大夫一有旧臨行曰与余倶余素凡骨未有縁窺仙至今遺憾尤甚シ大夫甚所経歴悉記之以備遺忘命余序迺書其事改帰(カ)之云

鈴木重宣識

寛政六年甲寅秋七月

冨嶽ハ天下第一の名山也、奇峻を削りなし駿甲[2]相数百里之間に盤屈[3]す、絶頂に八峯あれ共、方面ハ只三峯のみ、四方より是を見るにまた向背ある事なし、半腹以下ハ漸次に高きに進み、半腹以上ハ甚嶮也、人遠くして望レ之、いまた其嶮峻を不知、四時雪有、暑月にあらすハ登跡聞る事不能、余東海に生れて弱冠より登跡の志あり、む(カカ)めし役を藩邸につゝしむ毎に秀色を見る、近年以来命して居を東都の邸中に移し、日々冨士を望て心益飛勧す、今年寛政六年甲寅四月上公の聞に入て暇を賜ふ、余欣然にたへす、以て宿志ニむくゆる事を得たり、千歳の跡此一挙に有て、暑月[4]を備(待カ)事百年の久きか如し、爰におゐて六月十三日黎明礫川(こいし)之藩邸を発て甲州の方に随ひ関門を出て、小仙の嶺を越へ相州二瀬越を十五日未の刻後に下り吉田村に至る、此所より冨士山を望めハ聞しより高く峻嶺峩々として目前ニ屹立たり、此時徒僕等に示て曰、如斯高山なれは登升の時に至り各疲病すへし、是を強力に告れハ神の祟り受たりと云、又天狗の所為なとゝ申し恐怖し登遊の妨となる由、兼て聞置たり故に、若不快の事あらは他へ不告して我に告へし、天狗といふ物ハ元よりなく神仙の罰利生といふもなき事なれは祟りを受る事更になし、然とも見る如くの高山なれハ

1高山病など
2おし、霊山案内人
3川口御師十二坊のひとつ
4御師の頭
5御師の人名で他に、駿河・伯耆・伊賀・近江などあり
6シャクナゲ
7はこねうつぎ
8刈安
9オグルマ草
10せうま（しょうま）
11鈴原天照大神社とも

世に山に酔[1]といふ事能有ましきにもあらす、其きざし少もあらはひそかに我ニ告へへし、心懸たる薬あれハ与へへし、必他へ告る事有へからすと急度示して置、夫より上吉田の銅の鳥居を過き御師[2]瓶子[3]各越後[4]を旅宿とし翌日登山の事を議す、爰に越後か同職小沢隠岐守[5]といふ者余を訪ひ来り、此山の勝概を談す、又古歌を吟して示して云く

見ぬ人に何を語らん冨士の山
日に幾度もかわる気色を

翌十六日未明に行装して案内者に衣服・食・草鞋曁諸の具を持たしめ、平明に越後か家を出て、東行数百歩にして冨士の廟あり、木の鳥居甚高く大也、三国第一山といふ額有、法親王某書といふ、後門を出れハ冨士門と題せる額あり、是より駅馬に乗し従僕等も乗せ案内を先達て松林を南行する事数百歩にして広野へ出る、此日天色清朗万里雲なく冨嶺突兀として人面に起り遥に雖隔と一挙にして登るへく覚ゆ、是より回馬改まて南行三里か間、漸々に高き萱野也、所謂是を裾野といふ、回馬改にて各馬より下り、是より道嶮にして崎嶇曲折徐歩して登る山の半腹まてハ樹木有、翠松・落葉松・嶺ハリ・石楠[6]・錦帯花[7]の類ひ有、草ハカリヤス[8]・小車[9]・升麻[10]・いたとりの類也、半腹以上ハ草木有ことなし、皆石山也、只イタドリのみ所々石間に有、九成以上に至てハ更に寸草尺木もなし、又山を十層に分て一を一成と号け都て十成、回馬改より絶頂まて里程通計八里といふ、第一成に一の丘とて鈴原大明神[11]の社有、是を鈴原大日といふ、第二成に北室浅間の社あり、是を御室といふ、此所まて婦女を赦て登らしむ、是より女人禁制と云札を建、此処に杖を制し置、登遊の者此杖

1すずな

2かまいわ不動、鎌岩不動・釜岩不動とも

を曳て登る、第三成の上に三軒茶屋とて有しか、今は荒落して一軒のみ残れり、第四成に御座浅間の社あり、第五成に中宮大日の宮あり、此所を天地の境といふ、此辺より樹林なく山本目の下に見へ、万松崧[1]のことく川流匹練の如し、又山中の池・明見の池・河口の池・西の湖の諸水湖上雲気積雪の如し、又白雲峠より登る煙の如く霧の如く、又雨降雨忽ちに霽て虹を目の下に見る、雲登る時ハ遊人登下すへく、雲下る時ハ登下を許さすと、其所より小御嶽へ別れ至る道横さまに右の方数百歩ニ有道の側に小御丘と刻みたる験しの石あり、此所ニ雪有、五成以上水なし、みな雪水を消し用ゆ、飯を炊き茶を煎す、又此所ニて鶯声を聞り、都て峠より三頂まて一成毎に小屋有、此所迄の小屋ハ皆芝小屋といふ、後ろは山を片とり三方みな芝にて畳む、五成より以上の小屋ハ皆石にて畳めり、五成道半を沙払といふ、又砂ふるいともいふ、此所の小屋ハ穴小屋といふ、小御丘より此辺へ斜に登り出、是より樹木更になし、又路径なし、只丘石嶋嶮にて皆岩角を攀ち登り、此辺よりやゝ寒く重衣を着す、此所姥の懐ろ冨士上嶽といふ有、第六成を過第七成に至る道に雪有、積る事一尺四寸、七成石室に神満岩不動[2]といふ有、又地蔵あり、地蔵の後ろに天文二十二年と刻む、同所に破れたる半面の銅鋳の鰐口有、是を見るに極て古色也、石室の人に乞て摺石す、武州足高郡箕田の郷溝鰭円福寺鰐口応安三年庚戌二月十六日檀那空性大工禅門と二行ニあり、七成の終り八成の初めをは駒か嶽といふ、此所右之方走り道也、左之方ハ鳦沢(つばめさわ)といふ大谷有、申の刻やう〱第八成に至る、日ハ西に傾き月ハ東海の上に出、月の出の時を見るに及す殊に遺憾とす、故に絶頂の日の出を必す見むと志す、此所の石室にて従僕にハ夜を快く臥さしめ、余ハ日の出の時に違ハさるがために其夜を不寝、既に半夜に至て各仕度して出立、此所より殊ニ嶮岨にて胸突といふ所有て、壁立せる大巌実に胸に中りて容易に攀ち難し、此所に大行谷とて吉田と須走りとの出合所あり、第九成に御鏡石といふあり、此辺より麓を見下せハ硎々たる月、西に傾て芙蓉の影駿相両国に亘り目下ニ見へて、奇観いふ計なし、上みに向薬師日の御子といふあり、此所益険阻にして黎明にやう〳〵絶頂に至る、此所石室軒を双べ、右に薬師左に大日あり、従僕労れて石室に入休息す、予独り石室の側巌上に踞して東方に向て日の出をまつ、寒甚く風膚を透て、涼烈面を裂く、久くして東方まさに明なんとすれハ、群山白雲を吐き平地に雪の積るゝ如く蒼海と青天と弁し難し、良(やや)ありて千里一色紅光一帯蒼海と青天とやうやく分れ、于時日蒼海の中に見へて海上に出るまてわつかに丈余、其間日光りなく銅色の如し、海涯を離むとする時漸く光を生す、其光車輪之如く左右へ旋転して不レ止ニ事久し、輪中の銅色ハ元の如く日の象ち鶏卵の如し、爰に暁り難きハ日海涯を離るゝ時、日の向に白雲あり石室あり、人指て云、日の向の国也と俗人の言可也、実に国有か如し、漸く有て日升る事凡三丈計にして光り徐く満て象ち円団也、此時絶頂へ日影当れり、日出の奇観又言葉の及ふ所に非す、予石室に入り炉に向つて暫く寒を凌き、案内の者に談するに、今よりして八葉を廻らんとす、案山(内)すへしといふ、案内者答て曰、さて八葉の事、昨日も上りて見るに、今年は山候例年より若くして雪いまた深く剣峯の辺り積雪道を覆ひ通るへからす、故に右ハ釼峯を限として、左ハ何の詠もなし行に不及、此所より見渡て可也といふ、予聞も不敢、案内者の言なれハ強て廻らんといふハ無理なれ共、抑多年の宿願にて不計に此度暇を賜りて、はる〳〵遠国を来りて今爰に至れり、故に人間の至る処ハいふに不及、九天の上までも至らんと思ふ也、案内する事の難けれハ案内に不及、我独り行かむと思へり、従僕等も我に続て往むと思ハヽ、供すへし、難しと思ハヽ、壱人も無用也と荒らかに言捨て、とく出立んとすれハ案内者暫く黙して思案の体にて居たりしか、何れにも先達すへしとて先に立て往くゆへに、各跡に付てゆく、扨此石室より数十歩有て中空にして谷あり、是を神池といふ、深さ百余仞四面に八獄側ちて嫣然たる芙蓉(カ)倒(さかさ)まに青天に帯るか如し、芙蓉峯の名又爰に本つく、南行僅して中天台を攀て東賽河原といふ、銅仏五六体有、又鰊池といふ有、積雪氷て水晶の如し、此賽河原と駒ヶ獄との間に頂山の上り口あり、是を銚子口ともいふ、此辺に聳へたる巌石有、戯れに姓名を巌石の側に題していふ、寛政六年寅六月十七日常陸国水戸**大場維景**至此名山絶頂と、従僕等も各傍に書す、夫より駒ヶ嶽に跨りぬ、此所に尺余の銅駒あり、側に石室あり、人住て守護せり、其傍の巌上に梯あり、表大日に至る、此所大宮口より登山の道也、是より雷嶺を渡り剱峯に至る所甚嶮岨にして常人攀難し、故に半腹よりして神池の辺へ斜に下り平地を行く道あり、然れ共此時雪深くして其道通行成難し、剱峯の最高頂に至らさらんハ通行すること能はさるゆへに案内武人にて道を尋に道なし、絶壁を攀ち通る、各先達の跡を追ひ行く、西の方に当て無間谷とて数千丈なる絶壁あり、戦兢として股おのヽき一歩も進み難く、足の止るへき所なし、上よりして下、下よりして上、岩巌により時々跳躍して過き、或衆相扶持して行、其間奇石怪巌実に仙遊の所といふへし、

1書写した法華経を全国六十六ヶ所の霊場に一部宛納める行脚僧

此辺に柵を設て中に人骨あり、是を尋るに、むかし六十六部[1]の者、此所にて死せる骨といふ、従僕等皆愕然たり、曽て聞、高山の頂き陰晴常ならす、風雨俄に起りて況や冨士においておや、此山常に片時にかわり青天忽ち曇り土ふり、或ハ急雨或大雨俄に起て砂礫を飛す、登る者是に逢へハ匍匐しても行くへからす、或ハ砂礫面を打、立所に転動し谷に落て死所を不知、予幸に此日天色晴朗四面雲なく気温にして十月小春と称する気候の如し、終に雙釼峯の最高頂に至る、是より四方を下し窺へハ遠近の諸峯みな塊(つちくれ)れを重ね草薪を積如く、大河の数流は匹練の如し、東海ハ目下にあり、東北は奥羽の間より蝦夷北狄に至り、西北は信州の諸山を限り、西ハ四国九州眼目の及ふ処見ヘすといふ事なし、天色晴るといへ共、猶群山白雲を吐き、倏忽として消開して芙桑悉く目下に見下ろし、奇観絶勝実に云へからす、凡本邦に生るゝ者此名山を不可不見成、又険阻を越し積雪を渡下れハ始て地平かにして各安堵の思ひをなす、爰を賽の河原といふ、銅仏五六体あり、爰に清泉あり、石巌中に湛て常に不減といふ、甚清涼たり、是より北極峯を越へ元の石室に帰り、下路につく、各欣然として下り遂に第八成に至る、道左右に有て、右は須走り、左ハ吉田、則吉田の走りに赴く、雪ありて走る事能わす、各両手に杖をつき下る、夫より雪なきニし至てハ各走り下る、両足聚め踏めハ砂礫足を没して止るゆえに跳躍して下る、其勢ひ建瓶の如し、少く止り休んときは杖を立て止る、先行の者を見れハ子供の如し、下より上を望も又然り、此間三里計目はたきの間に砂振坂に至る、爰にて草鞋を改め暫く馬回坂に休み裾野に出る、此日従僕等か情を思ひ十九日平明越後の家を辞し案内に弁当を持たせ、広野水なきを量つて煎茶を器に入持せて、草芥の中を行こと凡八九里、犲狼の呼ふ所、絶て人跡なし、只一ツの鹿に逢のみ、七時に秘図窟[1]村に至たる、**秘図窟善左衛門**を尋、又此所より案内を出して、炬火を取て秘図屈に入る、側に社堂有、左ハ浅間右ハ大日、窟中広くして数百人も入へし、大石錯落として水有、脛を浸す涼なる事不可言、数百歩比して検し、岩上に弁財天有、銅像也、窟中不可撫、是より白糸の滝に至る、五六丈余の巌上より落る事凡二三百歩も有へし、草観愛しつへし、夫より大宮浅間[2]に至る、吉田に競れハ甚劣れり、是より大宮を下りて初て平地に至る、冨士川を渡り、興津の駅に至て、清光寺の前より袖志賀浦を渡り三保の松原に至る、是より冨嶽を望めハ左ハ袖志賀浦、右ハ田子の浦、向ハ興津の駅舎軒を双へ蒲原山を見越して冨嶽天中へ聳へ棚引連山の翠黛霞隠れに見へ世々の画工の筆も及はめ、佳景絶勝云へからす、是より帰路に赴き薩埵（さった）の峯を越へ、冨士川を渡り、箱根の峯を攀る、関門を過き品川の海に乗舟して二州[3]の流れに入り、旬却二日[4]にして邸舎に帰る、于時寛政六甲寅年六月廿四日なり、記章の一詩聊か留て後の臥遊に当つといふ

登嶽口号造化削成何妙芙蓉観　覧四方同登攀絶頂時窮目天下　海山一瞬中書**玉泉**君冨岳遊記後

寰宇内之名山不尠而特称高峻広州（衍）寄異絶勝者以冨嶽爲第一矣蓋予之未酬登遊之願也毎遇登跡者未嘗不訪及焉然所遇群（率カ）庸士俗僧其登日幸値霽明巡跋菌峰者指瞰輝之矄靄爲仏願其所侈称不過此類其値岡風飛石雲海迷漫之時者則気奪魂褫不能挙一勝也甚則説山霊譴罰懺悔僅免

1ひとあな〈人穴〉昔人が住んでいたという穴、溶岩が地下を流れた際にできた空洞
2富士山本宮浅間社
3相模と武蔵
4旬却は「十日また」であるので、合算して十二日
ここから吉田篁墩の後書

1伊藤長胤（東涯）
2東涯著
3新井白石
4白石著
5吉田篁墩（水戸藩儒者）
6役人のこと
7題跋のこと

魑魅白昼令人閃閦厭聴焉今茲之秋受読**玉泉**君所寄遊記爽然興記冨士之絶勝従前欲聞而未得聞者不一且得之信愜為名山之第一而俾願遊之装（懐）不止已也君以茲歳六月官暇登蹬道極踔嶺偶昊気開朗山無纎雲一面千里両甸北諏書於観勝之中日照奇賞之最無不従矚仙渓蹊神池無不領略幽奥還而作此記予雖未躡其境就記所載既半勝概於胸中矣因約略比之中土名山高峻峭険巓有玉井華上可比而六月積雪乃与嵬嵑相似其観眺四極殆与泰山泰観雨観越諸峰相同而所望尤遠泰山有日観之峯未聞月照之影山然則冨嶽談大華泰岳嵬嵑之諸勝而有之至半截已上石砂堆畳無才卉隻樹盛星（暑）重繭猶尚寒慄峻極与天尺較可不問而知之中書之名山未之多聞也凡此数者観君之記而後有能識也嚮者数十年願聞而未得聞宜哉俗士之不能攀其勝也君徴予言於記後所為不辞者蓋以誌喜也予又記少年時蔵**伊東厓**[1]輶軒小録[2]・**源白石**[3]観記[4]、二書中載冨岳之事**伊**録則云登冨山絶頂者半夜子時直北有白気延転東移天漸曙矣遊記所載忘既久之対君寄記因検討旧簏**伊**録已失而遊記存焉取而視之日観之説与君所則記粗同而直北白気之説無之則**伊**之所録得諸伝聞而猶未確者已遊記所謂南北海随顧迭出則与君之記益大同而足為君記之左券矣茲寄其書併書其事庶於発名山之潜耀裨記述之旁採之有補哉

寛政甲寅仲秋**吉漢**[5]官[6]題[7]

朔日 乙亥 **十月大** 御用番［（空白）］

二日三日四日五日快天、六日七日雨、八日九日十日十一日十二日十三日快天、十四日十五日雨、十六日十七日快天、十八日大雨雷鳴、十九日快天、廿日雨、廿一日快天、廿二

日廿三日廿四日雨、廿五日廿六日廿七日廿八日快天、廿九日晦日雨天、今月気候例年ヨリ余程冷気也

同　日　本納米価左之通、但七月ヨリ少々下直也
地米五十目余　遠所米四拾目以上六匁以下也

三　日　一昨朔日ニモ追々**藤姫**様御供代ト交代之人々帰着、且**宮崎蔵人**ハ宿割之人々ト交代、前月廿日江戸発之処発足前左之通被仰付、一昨朔日帰着
加州御郡奉行　**高沢平次右衛門**代
御大小将　**宮崎蔵人**
四　日　前月江戸之廿七日記ニ有之**若君**様御宮参之節、御行列惣御供数六千人余、且還去之節、**伊井掃部頭**殿邸ヘ御立寄、御供人ヘ二汁五菜之料理等被指出之、家モ建直し同事之修覆、玄関ヨリ御座之間迄天鵞絨之蒲団敷之、惣テ入用金七万両余ト云々
藤姫様
十一月朔日御結納　同十九日御入輿
同廿二日　皆子餅御取遣、御婿入御里披
同廿三日　御舅入
右於江戸、昨三日被仰出、則為承知諸頭ヘ**玄蕃助**殿御横目ヲ以被仰聞候事

九　日　御家老役**不破彦三**殿前月廿六日金沢発足忌懸之侭、今月七日江戸参着之上忌御免、**西尾隼人**殿御国ヘ之御暇被下、今朝江戸発足

今月十八日　於江戸、左之通被仰渡

於御席玄蕃助殿被仰渡

御小将頭兼御近習　宮井典膳
御大小将横目　横地茂太郎　御中邸詰
御大小将　水原五左衛門

御横目代御供被仰付候旨
於竹之間頭申渡

和田知左衛門
辻　晋次郎
御大小将　篠原与四郎
佐藤八郎左衛門
高畠彦之丞
加藤直次郎
永原七郎右衛門
仙石兵馬　会所奉行
永井貢一郎　奥御納戸奉行
不破半六　御右筆

此十人於竹之間頭申渡

右藤姫様御引移之節御供被仰付

同日　藤姫様御儀皐安院[1]様讃岐守様御母公へ御引取、御婚姻御整之義御願之通、今日御付札ヲ以被仰渡有之候事

△藤姫様へ讃岐守[2]様ヨリ御結納被進、且又御道具被遣、御引移御婿入之節、足軽小頭以下着服

一、御手廻り之外、染木綿袷、其外御行列従者紺染木綿単物、但御引移御行列之分ハ紺染木綿羽織着用

一、足軽小頭并押足軽暨平足軽、先達テ被仰出之通、一統綿衣着用之事

一、御婿入之節、御殿等詰之足軽・同心・坊主有合之綿衣着用可仕候事

1 松平頼起室述
2 徳川頼儀（高松侯）

御家中供廻装束之事

一、年寄中・御家老中家来侍分、絹・紬小袖勝手次第着用、羽織ハ絹・布之内着用之事

一、組頭上下供之分ハ絹・紬・木綿之内勝手次第着用、其外ハ綿衣、羽織ハ絹・布之内勝手次第之事

一、歩供之頭分・平士之家来・若党都テ綿衣、羽織ハ絹・布之内勝手次第之事

一、惣従者着用之紺物かんはん[1]色合見苦敷義不苦候間、相改候ニ及不申候、袷・単物入交着用勝手次第之事

右之通寄々可被申談候事

十月

藤姫様御引移ニ付御供等ニ罷越候人々、馬具ヲ初都テ相改候ニ不及、在合ヲ用可申候、見苦敷義ハ不被及御貪着候事

十月

別紙両通之趣、夫々可申談旨、玄蕃助殿被仰聞候条、御承知被成、御組・御支配御申談、且又御組等之内才許有之人々ハ其支配ヘモ不相洩相達候様御申談可被成候以上

十月廿二日　　神田十郎左衛門（附記御上邸詰御大小将横目也）

諸頭十六人連名様

来月朔日御結納・御祝儀物来候節、常御使者ハ裏御式台ニテ取次申筈ニ候条、平生往来之人々御使者有之砌ハ見合往来仕、其節之首尾ニヨリ右小口ヨリ可致出入候、葛籠等持運候家

1 看板（武家が下部に着せる着物）

来作法能、御使者有之砌見合罷通候様、主人々々ヨリ可被申付候右之趣御承知被成、御組・御支配之内裏御式台往来之面々ヘモ不相洩様御申談可被成候、以上

十月廿八日　　　　神田十郎左衛門

河地才記ヨリ平田三郎右衛門迄九人連名様

一、藤姫様御結納等之節、御作法書左之通、夫々於御横目所披見申談有之

御結納被進候節御作法

十一月朔日午上刻、藤姫様ヘ御結納被進候節

一、御祝儀物台積役壱人、同手伝一両人、御品物ヨリ以前ニ可来候間、取次御小将出向御使者之間ヘ致誘引、聞番罷出可致挨拶候、御進物到来候ハ足軽羽織袴着御玄関敷付ニテ受取、御使者之間前通御掾頬ヘ運置可申候

一、御歩目付一人并介添役御歩六人、罷越可申候、右御進物御掾頬ニテ台積役等夫々致積方可申候間、夫ヨリ右御進物御大書院御杉戸際迄此方様御歩持運可申候、右御杉戸際ヨリ御大書院迄御大小将持参並置可申候事

但、御大書院ヘ之間、御掾頬之方ヨリ二之間御掾頬ニ御時服等並置、相公様・佐渡守様ヘ被進候御太刀馬代ハ御広間上之間ニ指置可申候、御祝儀物餝候時分、組頭并横浜善左衛門初御大小将御番頭等モ罷出、夫々致指図可申候、寿光院様初ヘ之御祝儀物ハ御式台ヨリ直ニ御勝手ヘ引之可申候、且又御徒目付ハ御広間溜ヘ御大小将可致誘引、御徒士等ハ饗応所ヘ聞番使役可致道案内候

一、御使者御家老矢野源右衛門罷越候節、坂野忠兵衛并組頭出向、御広間上之間へ可致誘引、副使之御留守居山口隼人ハ取次御小将一人并聞番出向御広間二之間へ可致誘引候

一、追付玄蕃助罷出、藤姫様へ御結納被進候趣御口上承之、御目録可差上旨申述、此時広瀬武大夫御広間へ出懸り控罷在、玄蕃助致会釈進出寄候時、御目録相渡可申候間、武大夫受取玄蕃助一所ニ御勝手へ退候事

一、右相済、彦三罷出、相公様へ讃岐守様ヨリ之御口上承之、御太刀目録受取候テ可指上旨申達、此時聞番御広間へ出懸控罷在、彦三致会釈、聞番進出寄候時、御目録相渡可申候間受取、御使者ニ向可差上旨申述、彦三前ニ御勝手へ退候事

但、御馬代ハ御大小将引之

一、佐渡守様へモ御口上堀三郎兵衛罷出承之、御太刀目録受取可差上旨申述、御勝手へ退可申事

但、御馬代ハ御大小将引之

一、讃岐守様ヨリ寿光院様へ之御口上、土肥庄兵衛罷出承之、御目録受取可指上旨申述、御勝手へ引之

一、右御同人様ヨリ正姫様へ之御口上、土肥庄兵衛罷出承之、御目録受取、御使可申上旨申述、御勝手へ引之

右相済、御熨斗木地三方御大小将持出引之

一、讃岐守様ヨリ祐仙院様へ之御口上、加藤用左衛門罷出、副使山口隼人ヨリ承之、御目録受

取可指上旨申述、御勝手へ引之
一、御同人様ヨリ亀万千殿へ之御口上、窪田左京等内罷出承之、御目録受取、亀万千殿へ之御口上ハ従相公様御答被仰進候間、相公様へ可申上旨申述、御勝手へ引之
　但、右御口上玄蕃助ヨリ達御聴候事
一、皐安院[1]様ヨリ相公様・佐渡守様へ之御口上、組頭罷出隼人ヨリ承之可申上旨申進、御勝手方へ引之
一、御同人様ヨリ藤姫様へ之御口上、組頭罷出承之、其次寿光院様初へ之御口上土肥庄兵衛等最前之御順々ニ罷出、承之可申上旨申述、前ニ准追々御勝手へ引之、右相済、御熨斗木地三方新番指出引之
一、藤姫様御附女中等へ御目録、御広間二之間ニテ御留守居相渡候ニ付坂野忠兵衛罷出及挨拶、御附御用人之内罷出受取之
　但、右被下物之品ハ御使者披候以後、御留守居ヨリ聞番迄指越筈ニ候事
一、寿光院様初へ之御進物、御玄関敷附ヨリ足軽御玄関階上迄揚之、夫々取次役御大小将指添、竹之間へ為致持参、於此所ニ最前御口上取次候御附之物頭等へ相達可申候
一、相公様御大書院御上段之方中程ニ御着座、御使者玄蕃助誘引罷出、御太刀彦三披露、御馬代ハ御表小将持出、同人引之、御使者御大書院二之間敷居之内竪畳二畳目之中程ニ着座、御取持衆之内御取合被申上御意有之、進出御口上申上退、重テ御使者自分之御目見罷成、御敷居之内ニテ御礼、献上太刀目録御敷居之内竪畳之二畳目上ニ置之、矢野源左衛門ト唱

1 松平頼起（高松侯）室述（水戸徳川治保女）

之、一畳目中程へ罷出御礼申上、御太刀目録組頭披露、同人引之相済被為入

但、**玄蕃助**・**彦三**伺公

一、**佐渡守**様御出御着座、前之通御使者**玄蕃助**誘引、御太刀目録**彦三**披露、御馬代御大小将持参、同人引之、御使者御口上申上退、重テ御使者自分之御目見右同断、御太刀目録組頭披露、同人引之、相済被為入、夫ヨリ御使者一先御広間上之間へ組頭誘引

但、**玄蕃助**・**彦三**伺公

一、**相公**様・**佐渡守**様へ御使者自分之御太刀馬代、前方聞番迄指越置申筈ニ候条、披露役之者受取置可申候

但、御馬代銀ハ御進物才許へ相渡置可申候

一、**相公**様・**佐渡守**様重テ御出、副使**山口隼人**御大書院二之間御敷居之外ニテ御目見申上、組頭披露、**山口隼人**ト唱之相済被為入、追付**隼人**御広之間へ聞番誘引、右相済御大書院ニ並置候御祝儀物、御勝手之方御杉戸隙迄最前持出候御小将引之、夫ヨリ長囲炉裏之間へ御歩引之、同間ヨリ御次迄最前御玄関ヨリ御祝儀物指上候足軽ニ可為致持参候事

但、組頭等之内、可致指引候

一、右御祝儀物**広瀬武大夫**受取、御次ヨリ内之御廊下通、御広式へ相廻之

一、御使者、御勝手座敷上之御間ニテ御吸物・御酒等被下之、相伴彦三、かよひ御大小将、御酒之内御使御取持衆ヲ以御挨拶有之、**玄蕃助**并組頭罷出可致挨拶候、相済御使者御広間上之間へ退、但、前後共誘引組頭

一、相公様重テ御大書院ヘ御出、御使者被召之、玄蕃助誘引罷出御盃被下之、御敷居之内ニテ頂戴之御肴御手自被下之、元之座ヘ居直り候時御刀彦三持出之、御祝候テ御送被成候旨申述相渡、御使者頂戴、御次ヘ退、重テ御刀帯之罷出、御敷居之外ニテ御礼申上、此時御取持衆御取合有之、又退御次ニ御刀置之、聞番受取候テ御留守居ヘ渡之、御使者罷出御加有之、御土器持退、御次ニテ御坊主衆受取之、御取持衆之内ヘ［（空白）］持衆之内御三方ヘ被載之、御前ヘ持参有之、御使者御敷居之外ニテ御礼申上、御前被召上御銚子入、被為入
但、此時御使者玄蕃助誘引、御大書院ヨリ御広間ヘ取付之御廊下通、暫為控置可申事
一、相公様御大書院ヘ御出、御使者玄蕃助誘引罷出、御結納御祝儀物并讃岐守様御太刀馬代被進候御直答被仰聞、御取持衆御取合有之被為入、佐渡守様御出、御次第前ニ同、是又御直答相済被為入
一、右御直答相済、御使者御広間上之間ヘ退座仕、寿光院様ヨリ之御答土肥庄兵衛罷出申述退
一、正姫様ヨリ之御答、兼テ被仰付越置候趣ニテ土肥庄兵衛罷出申述退
一、右相済、従祐仙院様之御答、加藤用左衛門罷出副使ヘ申述退
一、亀万千殿ヨリ之御答、従相公様之趣ニテ最前御口上承候窪田左平等之内罷出、御答申述候事
一、右相済、組頭罷出、皐安院様ヘ相公様・佐渡守様曁従藤姫様之御答相済、寿光院様初夫々御答モ土肥庄兵衛等右御順々之通罷出申述、但従亀万千殿之御答ハ従相公様被仰進
一、右御順々御答相済、御本使ヘ従佐渡守様之被下物御目録、於御広間上之間、彦三相渡

一、寿光院様ヨリ之被下物御目録、土肥庄兵衛相渡、従正姫様之分モ同人相渡

一、則〔副〕使之御留守居ハ御広間二之間ニテ御吸物・御酒等被下之、相伴組頭、かよひ新番、御酒之内玄蕃助・彦三・組頭并聞番罷出可致挨拶候

一、右相済、御使者両人共退出之刻、玄蕃助・彦三御式台階下迄送、組頭一人・聞番一人同端迄可罷出候事

一、藤姫様ヨリ御使者ヘ被下物ハ御使者退出後、御使者ヲ以被遣候事

一、御祝儀物飾立相済候ハ台積役一人并御歩目付一人、御広間溜ヘ相通、御熨斗木地三方出之、茶・たはこ盆出之、給事御歩、為挨拶物頭罷出可申事

一、介添之御徒士六人并手伝一両人、於大御門続饗応所、茶・たはこ盆迄出之、かよひ坊主

但、手伝之者ハ御品飾付相済候迄ハ御使者之間ニ控罷在、其後此席ヘ可致誘引

付札　本文御徒士ト手伝ト階級有之由ニ候間、少々致屏風囲可申候

一、足軽并持参人、披候ニ間有之候ハ中御門続饗応所下之間致二囲ニ、茶・たはこ盆迄出之、かよひ小者

一、副使御留守居ヘ被下候御目録、於御広間二之間ニ、組頭相渡之

一、祐仙院様ヨリ之被下物御目録、加藤用左衛門相渡

一、亀万千殿ヨリ之被下物御目録、窪田左平等内相渡

一、台積役以下ヘ被下物之御目録等、聞番ヨリ御留守居迄添紙面ヲ以、御使者披候以後指遣可申候事

一、御使者初御進物持参人等大御門ヨリ入披候節、大御式台前喰違ヨリ裏御式台前中御門通、
南御門相通候事
但、中御門前ヨリ南御門迄道警固足軽御持方ヨリ指出、右足軽七人之内小頭一人且又道
案内足軽指出置可申候
一、大御門并中御門御飾等無之
但、大御門ヨリ警固相建候事
一、讃岐守様等へ為御答礼、追付彦三褐熨斗目・同色長袴聞番附記無地熨斗目・半袴誘引罷越候事
以上
当日着服左之通
嘉珎(かちん)無地熨斗目・同色無地半上下　玄蕃助
彦三
無地熨斗目・同半上下　組頭
但上下無地・小紋入交
御馬代持出候　御表小将　御大小将
同断
但同断
御使者ニ給事　御大小将　新番
同断
但腰明熨斗目無地・
御祝儀物御大書院へ運候御大小将ヲ初都テ

小紋上下入交勝手次第
着用、返小紋ハ除之
服紗小袖・布上下
但返小紋除之
服紗小袖・布上下
但同断
以上

十一月朔日御結納御客

1 飛騨守様
2 筒井左膳殿
（御取持）3 武藤庄兵衛殿
4 彦坂九兵衛殿
（同御控）5 山本伊予守殿
6 同　平六郎殿
（御断）7 前田安房守殿
（御断）8 曲直瀬養安院
9 同　又吉殿
10 市岡丹後守殿
（御小書院御取持）11 本多帯刀殿
12 東儀幸次郎殿
13 横山右近殿
14 井戸左次馬殿
（御断）15 斎藤長八郎殿
16 増田寿徳老
17 同　主膳殿

御客衆御給事等
初御表向之人々
御進物御使者之間前
通御縁頬ヨリ御大書院
御杉戸際迄運候御歩
御勝手廻相詰候平士以下

利倉善佐
益池慶順
松下閑悦
谷村嘉順
佐藤道嘉
山本宗朴
木村養哲
利倉善甫

1 前田利考（大聖寺藩八代）
2 筒井正盈（寛17 83頁）（前田利理八男）
3 武藤安貞（寛14 7頁）
4 彦坂忠篤（寛6 27頁）
5 山本義孫（寛22 257頁）
6 彦坂重教（寛6 27頁）
7 前田矩貫（寛17 294頁）
8 曲直瀬正雄（寛10 94頁）
9 前田矩方（寛17 294頁）
10 市岡房仲（寛7 27頁）
11 本多紀文（寛11 287頁）
12 東儀兼善（寛22 327頁）
13 横山知雄（寛10 102頁）
14 井戸弘光（寛17 73頁）
15 斉藤総良（寛13 161頁）
16 増田良香（寛21 121頁）
17 斉藤総苗（寛13 161頁）

18曽根次彭(寛3 275頁)
19能勢能弘(寛19 169頁)
20佐野運高(寛14 37頁)

御小書院御取持 曽根孫兵衛殿[18]
同断 能勢市兵衛殿[19]
同断 佐野六十郎殿[20]

以上

藤姫様へ讃岐守様ヨリ御結納被進候ニ付飛騨守様并御取持衆御出之節

一、飛騨守様御出之節、御平生之通中之口へ物頭壱人罷出、御定席へ御誘引可仕候

一、前田安房守殿御出之節、御平生之通取次御小将鑑板へ罷出、御大書院溜へ御誘引之事

一、武藤庄兵衛殿等御出之節、御平生之通取次御小将鑑板へ罷出、御小書院溜へ御誘引之事

一、御大書院御結納御祝儀御作法相済、飛騨守様御小書院へ組頭之内御誘引仕并前田安房守殿其外御先手衆等、御席々ヨリ組頭之内御小書院へ御誘引仕、飛騨守様御刀御小書院御杉戸之外ニ直之可申候

一、御両殿様御小書院へ御出御挨拶之上、御熨斗木地三方出之、置熨斗ニ仕引之、追付御料理二汁五菜、内一ツ焼塗木具出之、御酒之上御肴御取持衆御引之事

一、御吸物出、御土器三方、御肴三方出之、飛騨守様へ居之、相公様御出御挨拶之上、相公様御初飛騨守様へ被進、御肴モ被進、御詰御取持衆御加儀ニテ御献被為含(カ)、御納被遊、外ニ御納之御土器ハ出不申候、御土器三方・御肴三方共飛騨守様御まへへ御取持衆御直置右相済、相公様御勝手へ被為入、御相伴衆へハ数之御土器出之、御肴御取持衆御引之事

一、御取持衆へハ御隙明次第、御勝手座敷ニテ御熨斗木地三方出之置熨斗ニ仕引之、追付御料理

二汁五菜、内一ッ焼塗木具出之、御酒之上御肴御給事人引之、御吸物出、数之御土器出之、御肴モ御給事人出之可申候
一、飛騨守様御早く御出被成候ハ御料理前御定席ニテ御湯漬出之、前田安房守殿其外御先手衆等早く御出之御面々ヘハ、御料理前御席々ニテ御湯漬指出候事
一、御客附外紙之通
一、御結納御使者揃候迄ハ、当御使者裏御式台ニテ取次可申候事、但喰違ヨリ往来之事
一、御見廻衆御通可被成旨被仰聞候ハ一往及挨拶、其上ニモ御通被成候ハ、御勝手座敷三之間御廊下ヘ御誘引可有之事
御附人御結納御祝儀物
讃岐守様御宅二人　壱岐坂二人　本郷三丁目二人
御使者矢野源右衛門附人
本郷壱丁目二人
一、御一門様御使者、先ハ御断ニ候得共、夫共御附使者有之候ハ御勝手座敷三之間ニテ御料理一汁(カ)五菜・内一ッ焼出之候
一、出雲守様御附使ハ有之候ハ竹之間御屏風囲ニテ右同断出之候
右之通、取次役并御給事役ヘ御申談可有之候、以上
十月　河地才記
宮井典膳
御番頭衆中

1徳川治宝（徳2 246頁）

来月朔日、讃岐守様ヨリ藤姫様ヘ御結納御祝儀物被進候、同四日初立御道具被遣、同十九日御引移之上、御婚礼御整、同廿二日御婿入ニ付紀州様[1]ヲ初御一門様方等ヨリ御附使者有之候ハ今般ハ厳重御省略御手軽ニ御取合之事ニ候間、御断之趣申述相披候様御申談可被成候

右御祝儀物来候ハ御受納

日光御門跡・御三家様・御老中方御役人衆

御一門様方

右御祝儀物之儀旁堅御断被仰遣候得共、若御遣贈ニ候ハ時々御用所ヘ可有御申聞候

一、讃岐守様御枢機有之御方ヨリ若御祝儀物来候ハ、御受納ニテ可有之候条、其節ニテ可有御申談候

右之外堅御断ニ候、以上

十月

右御用所ヨリ其面々ヘ申談有之候事

河地才記・宮井典膳・前田甚八郎

御結納之節役附

一、御饗応方并諸事御用

御表小将御番頭

一、御給事指引并御料理出口取持

御大小将御番頭

御表小将横目

一、御給事　　御表小将・御大小将・新番
一、手長　　坊主、指引小頭
一、御小書院溜　　御表物頭之内壱人
但、御大書院等御饗応方等相済候ハ才記等加り可相勤候
付札　飛騨守様為御祝詞御出被成候ハ御溜并御給事モ指支候ニ付於御小書院御料理可被進候、左候時ハ御取持衆之分モ御一所ニ於御小書院
一、御給事指引并御料理出口取持　　御大小将・御番頭・同御横目
一、御給事　　御大小将新番
一、手長　　坊主、指引小頭
一、御城坊主衆席　　聞番
一、給事　　御徒、指引同小頭
一、御広間二之間介添御留守居御馳走方　　物頭・御使番
一、給事　　新番
一、御広間溜　御祝儀物被指添候平士ニ挨拶　　右両役之内ヨリ兼
一、給事　　御歩、指引同小頭
一、御勝手座敷三之間御一門様方御附使者　　物頭・聞番
但、先達テ御断御座候得共夫共御附使者有之候ハ此御間ニテ御料理可被下候
一、給事　　御歩、指引同小頭

一、御祝儀物ニ相添参候侍、御使者之間ニテ御進物台ニ積しらへ申時分、挨拶取持、御祝儀物御広間へ御歩持参候時分、指引御家老、参上之時分聞番御玄関へ出向挨拶　御大小将
一、御祝儀物御大書院杉戸際ヨリ同御間迄持参　歩六人
一、同御使者之間ヨリ御大書院杉戸際迄持参　足軽十人計、指引同小頭一人
一、同御玄関ヨリ御使者之間迄持運人
一、諸事御用　御用人
一、御料理方御用　御台所奉行
一、御茶之湯方御用　御茶堂方
一、御座敷掃除等可申付并手長坊主指引　坊主頭
但、当時在合不申ニ付同小頭
一、御大式台御客送迎等　物頭・御番頭・御使番
御小将横目・御大小将
一、所々見廻作法等可申付　御横目
一、御屋敷中火之元可申付、尤足軽廻可申付　御近所火消・御大小将
一、外廻掃除等可申付　御作事奉行・割場奉行
一、御露地方御用并御手水之旨可申付　三十人頭
以上

十一月四日初立御道具被遣候節

一、相公様・佐渡守様御式台ヘ御出之、初玄蕃助・彦三前々ハ大御門下外ヘ罷出候得共、此度ハ御客来無之ニ付、右両人鑑板ヘ罷出、前々之通頭分敷付右之方ヘ罷出、聞番ハ敷付居こほ□（れ脱カ）御白洲之前ニ罷遣候得共、此度ハ右之通御客来無之ニ付敷付左之方ヘ聞番三人罷出可申候

一、大御門御飾無之

但、御門前御結納之節之通、警固建、御飾番所ヘ与力罷出可申候事

一、初日御道具被遣候時分、御広式前割場警固、中御門辺御持方足軽警固相建申事

一、御横目并割場奉行御婚礼方役人中罷出、御行列等指引可仕候事、以上　此所前ニ御結納等之御吉日御結納之節服付有之候得共、前記有之ニ付略ス

御引移御当日

一、御跡乗・御輿渡之年寄中、嘉珍[1]無地のしめ・同半袴

一、御供之頭分、無地のしめ・半袴、但上下無地・小紋入交

一、御附物頭ハ嘉珍・無地のしめ・同半袴

一、御供之平士、無地のしめ・同半袴、但腰明のしめ・小紋上下着用之義勝手次第、返小紋除之

一、同医師、無地のしめ・十徳、但、腰明のしめ勝手次第

一、同御歩小頭・御歩御横目、腰不明のしめ・布上下

但、腰明のしめ入交着用勝手次第、上下ハ返小紋除之

一、同御歩、服紗小袖・布上下

1かちん（褐色）

但、綿・衣入交着用勝手次第、上下ハ返小紋除之

篝火御用役人

無地熨斗目・同上下

右之外御殿向頭分以上、無地のしめ・同半袴、尤上下無地・小紋入交、平士等ハ無地熨斗目・半袴、無地・小紋・上下、腰明熨斗目入交着用、上下ハ返小紋除之

皆子餅御取遣之節

無地のしめ・同半袴　　御使者聞番

腰不明のしめ・布上下　　御歩横目

但、腰懸〔本ノママ〕のしめ着用勝手次第、上下ハ返小紋除之

服紗小袖・布上下　　御歩

但、綿・衣着用勝手次第、上下ハ返小紋除之

一、御殿向頭分以上、無地のしめ・同半袴、但上下無地・小紋入交

一、右御用懸り平士等、無地のしめ・半袴

但腰懸〔本ノママ〕のしめ・上下ハ無地・小紋入交着用

初日御道具被遣候節

無地のしめ・同半袴　　御使者物頭

但、上下ハ無地・小紋勝手次第

腰不明のしめ・布上下　　御歩横目

但、腰明のしめ入交着用勝手次第、上下ハ返小紋除之

服紗小袖・布上下　　御歩

但、木綿入交着用勝手次第、上下ハ返小紋除之

一、御用懸り頭分無地熨斗目・同半袴、上下ハ無地小紋入交着用、平士等ハ無地のしめ・同半袴、腰明のしめ小紋上下入交着用、返小紋ハ除之

一、御殿向御用懸之外ハ一統服紗小袖・布上下

二日初御道具ヨリ

無地熨斗目・同半袴　　御附御用人　同並

但、腰明のしめ不差合、小紋上下入交着用

着服前同断　　御歩横目

同　　御歩

一、二日目ヨリ御用懸之外、一統常服之事

同婿入之節

無地のしめ・同半袴　　頭分以上

一、讃岐守様并御一門様方御給事、無地のしめ・同半袴

一、御小書院溜・御勝手座敷等御給事、無地のしめ・同半袴

但、腰明のしめ・小紋上下着用勝手次第、返小紋除之

以上

右於御横目所披見、頭支配人へ申談有之、夫々用文写取触出候事

付札　御小将頭へ

一、熨斗目小袖　壱　御給事　御大小将

布上下　一具宛

一、熨斗目小袖　壱宛　御供等　御大小将

藤姫様御引移・御婚姻就御整被下之候事

右於御席不破彦三殿、宮井典膳へ御渡ニ付右之趣於典膳席申渡之、御請紙面取立候事

但、名前左之通

御給事ハ左之役附ニ名前有之、御供ハ末ニ記ス、御行列附ニ名前有之ニ付爰ニ略ス、互見

附御表小将并平士以下御歩迄、夫々のしめ・布上下或服紗小袖等被下之

御結納之節役附

篠原与四郎　辻　晋次郎　篠嶋頼太郎

御進物披露役

高畠彦之丞　小幡余所之助　青山五左衛門

副使　御留守居誘引

寿光院様等へ之御進物受取

和田知左衛門　御馬代金引　水原五左衛門

田尻和一郎

御馬代披露役

松原安左衛門　御熨斗　小幡余所之助

御使者給事　前田義四郎　宮井伝兵衛　小幡余所之助
　　　　　　山東久之助　加藤余所助　青山五左衛門

御小書院御給事　御表小将　御大小将　御勝手座敷御給事

御大小将新番役附等鶴・雲雀御披之節、同例ニ付記略

一、御間代附御客方頭ヨリ向々ヘ申談有之、前々之振同断ニ付記略ス

廿九日　四時揃ニテ席々習仕、夫々有之候事

一、御出輿御当朝、御召替輿・御貝桶、南御門ヨリ左之御道書之通罷越、あなた表御門続通用御門ヨリ奥御広式御玄関ヘ御留守居罷出候筈ニ候間、其処ニテ御輿建之上御輿居、御貝桶棒共其所ニ指置、指添之御歩作法能指引仕、聞書ヨリ受取渡相整持人出向、舁入候ハ相披可申候、披口御門ハ北之御門之事

但、御行列並様等御行列帳之通之事

一、御出輿御当日朝、御先女中南御門ヨリ罷越可申候、あなたニテ通用御門ヨリ御広式御勝手口ヘ廻（カ）り可申候、従者披候御門ハ北之御門ヨリ相披可申候道筋左之通

一、御先女中罷越候節、不指支様横浜善左衛門等御横目夫々可申付候、但両御門ヘ増番人二人指出可申事

御先女中ヘ附参候人々装束之事

一、無地のしめ・同半上下　御附御用人

但、腰明のしめ・入交着用勝手次第、上下ハ返小紋除之
一、腰不明のしめ・布上下　御徒横目
但、腰明のしめ入交着用勝手次第、上下ハ返小紋除之
一、御貸内花鳥絹単羽織合紋子持、角之内菊薬（菱カ）袴色替小倉嶋、但綿・衣着用　足軽小頭
一、しけ絹黒染単羽織合紋同断、袴小倉嶋、　押足軽
但、綿・衣着用　并足軽
一、紺染木綿単物・同無地単羽織・同木綿帯　乗物舁小者并雨
具持参人小者

御出輿御道筋御馳走人々書記候御歩等装束之事

一、服紗小袖・布上下・黒染木綿合羽・手傘　御歩二人
但、綿衣入交着用勝手次第、上下ハ返小紋除之
一、しけ絹単羽織合紋子持、角之内菊菱　足軽二人
袴小倉嶋・青漆唐油裏赤紙合羽・菅笠、但綿衣着用
一、紺染木綿単物・赤紙合羽・菅笠　小者
右御出輿御先へ硯箱為持罷越、御道筋御馳走之方々記之候事
但、雨具笠籠一荷為持之、雨天之時ハ御歩側へ帳附足軽召寄、傘之下ニテ為記候、且硯

箱、中広杉原紙横帳・筆墨、御婚礼方ョリ右御歩ヘ相渡候事

御出輿

一、十一月十九日御入輿之事

一、御入輿御供揃御刻限御婚礼方主付、且又御横目ヘ申渡

一、一統揃刻限之義ハ御横目ョリ夫々可申談候事

一、篝火御用之役人、御供揃御刻限御広式御門前夫々道具相揃候テ為持可罷出候事

一、御供揃御刻限半時計前、御先ハ中御門続御長屋後ョリ中之口御門前、御広式御門辺上ヘ相建可申候、御挟箱ョリ御茶弁当迄ハ御広式御門内ヘ相建可申候、其砌ハ御広式御門前ョリ本御門之辺迄為揃可申候、但御供之御横目御行列相しらへ御供相揃候ハ御附物頭ヘ相達、相公様・佐渡守様ヘ申上、年寄中ヘモ可申達候事

一、御屋敷内警固相建候義、大御門等御作法夫々御横目ヘ申渡候事

一、御出輿御屋敷之内御道筋御広式御門ョリ御出、中ノ口御門前通、中御門ヘ御入、喰違通大御門、夫ョリ左之御道書之通被為入候、御行列建様等御行列附之通、相心得可申候

但、御行列従者迄モ大御門ョリ出可申候、騎馬等之人々ハ尤従者乗馬召連可申候、中御門内大御門柵之外迄ハ御供人鎗伏せ為持可申候

一、御歩以上くゝり股立、足軽小頭以下高股立之事

一、乗馬日（カ）鞍覆懸申間敷候、駄覆懸候義ハ勝手次第之事

一、御供人足袋用申間敷候

一、騎馬之組頭・御医師あなた御屋敷近く成候ハ下り立御輿之辺御供可致候事
一、御跡騎馬之組頭・徒者、先ヘ立申事勝手次第、年寄中・御家老中ハ勿論之事

讃岐守様御屋敷ニテ左之通可相心得事

一、讃岐守様御屋敷表御門ヨリ御入被成、奥御玄関ヘ之御道案内あなた御役人罷出候、御先御行列之分奥御玄関御門前迄押通可申候事
一、奥御玄関御門前ニ御先之聞番・御横目控罷在、御供人物等見計指図可致候、御歩横目御供押随分作法能可致指引候
一、御先乗物ニ挺奥御玄関前ニ控候ニ不及、御広式御勝手ヘ上り可申候事
一、御輿并候ハ広瀬武大夫、御用人并御守刀持和田知左衛門、御守脇指持永原七郎右衛門、刀帯なから御輿御左右ニ控可申候、御輿渡相整御輿被為入候ハ御刀・御脇指受取人相向候ハ刀手ニ持披可申候事
一、彦三刀帯なから御玄関ヘ上り候テ夫々御規式相勤控罷在、其処ヘあなた御役人出向誘引、刀持なから御間ヘ通り御機嫌相伺御熨斗相祝披可申候事
一、御跡乗年寄中御輿被為入候後、刀持なから御式台ヘ上り、あなた御役人出向誘引、御間ヘ罷通、御機嫌相伺御熨斗相祝相披可申候事
一、右之外ハ侍分以下都テ奥御玄関御門前御控可申事
一、御輿被為入候以後、あなたヨリ御薙刀・御挟箱・御傘・御担御茶弁当等受候人相向候ハ夫々才

許之御徒致指引作法能相渡可申候事

一、御跡乗物三挺、奥御玄関御門外ニ建前、御輿御玄関へ被為入候以後、順々御広式御勝手口ヨリ上り可申候事

一、御跡騎馬之組頭御式台へ上り御機嫌相伺披可申候事

一、御供人并御先女中指添候人々等都テ披候御門ハあなた北之御門之事

但、聞番・御横目先達披候御門外へ披控有之、披候御供之人々作法等可申付候、尤御歩横目御供押夫々指引可仕候、披候道筋左之通

一、年寄中・御家老中直ニ御小屋へ相披、装束改罷出、御供之頭分・平侍・御歩小頭以上直ニ御殿へ罷出、御目見被仰付、御吸物・御酒被下候事

但、披候御供人、夜ニ入候ハ翌日御目見被仰付、御吸物・御酒頂戴被仰付候事

脇書之通ニ付頭分ハ年寄中御席へ罷出、恐悦申被披可申候、平侍以下ハ頭分へ相達披可申候

付札　万端御省略ニ付此度年寄中初御吸物・御酒不被下候事

御供人装束之事

一、嘉珍無地のしめ・同半上下　　御跡乗（アト）　御輿渡

一、無地のしめ・同半上下　但上下無地・小紋入交　　組頭ヨリ御横目迄

一、嘉珍無地のしめ・同色無地半上下　　藤姫様御附物頭

一、無地のしめ・同半上下　　惣御供平士

但腰明のしめ・小紋上下着用勝手次第、返小紋除之
一、無地のしめ・十徳　　御医師
但腰明のしめ着用勝手次第
一、腰不明のしめ・布上下　　御歩小頭・御歩横目
但御附共
但腰明のしめ入交着用勝手次第、上下ハ返小紋除之
一、服紗小袖布・上下　　御歩但御附共
但綿衣入交着用勝手次第、上下ハ返小紋除之
御貸渡
一、花色絹単羽織、合紋子持角之内菊菱袴色替小　　足軽小頭
倉嶋　　但綿衣着用
同
一、しけ絹黒染単羽織、合紋右同断袴小倉嶋　　押足軽
但右同断　　并足軽
同
一、紺染木綿両面袷・上帯・八徳嘉珍、五所紋　　御輿舁并
三枚根笹革紐なまこ帯　　御召替舁　十六人
同
一、紺染木綿両面袷・上帯・同単羽織　　御挟箱持四人
御薙刀持二人
御傘持二人

同
一、紺染木綿袷・上帯・同単羽織　　御担持小者八人
御茶弁当持小者二人
同
一、紺染木綿単物・上帯・同単羽織　　御貝桶持小者四人
雨具持小者
同
一、右同断　　御供女中乗物舁小者

篝火御用役人

一、無地のしめ・同半上下　　篝火役人御台所御賄方
与力
一、しけ絹黒染無地単羽織・小倉嶋袴　　篝火焼足軽　二人
一、紺染木綿単物　　同断　小者　二人
一、しけ絹等右同断　　同御用品々相拵足軽一人
一、紺染木綿単物　　同拵方手伝小者　二人

雨具

一、平士以上、羅紗合羽・手傘、但羅紗ニテ無之候テモ唐油合羽之外黒染合羽着用勝手次第
一、御歩小頭・御歩横目、木綿黒合羽・手傘
一、御歩、常ニ相用候青漆唐油合羽・菅笠

御貸物
一、足軽小頭、青漆唐油縮寄両面紙合羽・菅笠
同
一、足軽、青漆裏赤紙合羽・菅笠　　押足軽も同事
同
一、小者、赤紙合羽・菅笠
一、又者人々、自分雨具着用仕候事
　但、御歩小頭以下雨具、人々名札ヲ付、御出輿前日割場へ指出候事
　　御供之人々従者之事
年寄中侍分五六人内、二人上下供　歩者四五人
付札　今般ハ年寄中御大名代相勤候ニ付侍分ヲ初従者等召連方勝手次第之事
御家老中　侍分四人内二人上下供　徒者三人　鑓持一人　草履取二人
　　挟箱持二人　押之者二人　馬捕二人　沓籠持一人　笠籠持三人
右持数ニ准し従者少々相増候義ハ勝手次第
騎馬組頭以上　若党上下供二人　徒者二人　鑓持一人　草履取二人
　　挟箱持一人　馬捕二人　沓籠持一人　笠籠持壱人
　　歩御供
物頭・御附物頭・御横目　若党二人　鑓持一人　草履取壱人

馬取二人　沓籠持一人　笠籠持壱人

御先ヘ相立候

聞番・御横目、但組供之人数前々順し可申候

御大小将・御馬廻　　若党一人　鑓持一人　草履補壱人

割場奉行・御附御用人　馬取二人　沓籠持一人　笠籠持一人

御附御用人並　若党一人　鑓持一人　草履取一人

御歩小頭　草履取壱人

御歩二十人　草履取十人之図り召連可申候

御医師　若党一人　乗物舁四人　草履取一人　鋏箱持一人　薬箱持一人

一、御供之平士、牽馬・笠籠・沓籠為持可申候事

但、馬持ニテ無之人々御貸馬

一、あなたヨリ披候節、応身上家来召連可申事

一、年寄中初披候節、召連候家来御供揃御刻限前、新番小屋前ニ為揃置押横目引集、**讃岐守**様御屋敷披候御門之辺ニ揃置、御供之聞番・家様御出合被成候ハ御行列片寄、作法能騎馬之人々ハ下り立押通可申候、御横目夫々作法能様申渡御徒横目御供押末々迄可申付候事

一、御途中ニテ御三家様御出合被成候ハ御行列片寄、作法能騎馬之人々ハ下り立押通可申候、御横目夫々作法能様申渡、御徒横目御供押末々迄可申付候事

一、御一門様方御出合之節、騎馬之人々下立、御行列片寄可罷越候、但御先聞番御横目ヨリ御

三家様方御越之旨御供押ヲ以下ヘ申達可有之候事
一、他之御家来御時宜仕候ハ、御時宜役立下り可致挨拶候
一、御旗本衆若御控被成候ハ、歩御供之頭分無構御通候様御挨拶可申候
一、御行列御行抜け被成度御申之方有之候ハ、御横目御歩御供押之所ニテ暫為控、御通り候様可致候事
但、御三家様脇道ヨリ被為入御行列横切御通り之御様子ニ候ハ、何れ之所ニテモ御行列控御通り不指支様仕可申候、其所ヘ御歩横目・押横目・足軽罷越混雑不仕様作法能様可申付候事

御道書

表御門ヨリ本郷五丁目四丁目三丁目二丁目中程ヨリ御弓町壱岐坂通り、春日町牧野周防守[1]殿前ヨリ水戸様[2]御屋敷前小石川御門讃岐守[3]様御屋敷

披道

讃岐守様御屋敷北之御門ヨリ、同御屋敷後通り御台所町、夫ヨリ小川丁松平壱岐守[4]殿前ヨリ水道橋通り・御堀端通り聖堂馬場横ヨリ湯島五丁目六丁目ヨリ金助丁、夫ヨリ東御門前通り御作事方御門、右於御横目所披見組・支配ヘ触出候事

藤姫[5]様御引移御出輿之節、御客御作法書

一、飛騨守[6]様指懸御出被成候ハ、御平生之通中ノ口ヘ物頭壱人罷出先御定席ヘ御誘引可仕候事
一、前田安房守[7]殿御出之節、御平生之通鑑板ヘ取次御小将罷出御小書院溜ヘ御誘引之事

1 牧野康陛（寛6 273頁）
2 徳川治保
3 松平頼儀（治脩養女藤の嫁家）
4 松平定剛（寛1 313頁）
5 治脩養女
6 前田利考（大聖寺藩八代）
7 前田矩方（寛17 294頁）

1武藤安貞（寛147頁）

2治脩（十一代）

一、武藤庄兵衛[1]殿等御出之節、御平生之通鑑板へ取次御小将罷出御勝手座敷へ御誘引之事

一、御出輿前御客衆大体御揃之上、飛騨守様組頭之内御小書院へ御誘引仕并前田安房守殿、其外武藤庄兵衛殿等御席々ヨリ、組頭之内御小書院へ御誘引之事

但、飛騨守様御刀、御小書院御杉戸之外ニ直之可申候

一、御小書院御客衆御揃之上、御案内申上、御両殿様御出御挨拶被遊、御料理之御挨拶モ被遊、追付御料理二汁五菜内一ッ焼塗木具出之、御引菜飛騨守様へ相公様御持参可被遊候、其外之御面々へハ御取持衆御引、御酒之上御肴御給事人引之可申候事

但、御熨斗出不申御盃事無御座候

一、御取持衆御隙明次第於御勝手座敷、御料理出之、御引菜御取持衆之内御引、御酒之上御肴御給事人引之可申候事

一、御出輿為御見立、飛騨守様并前田安房守殿、其外御取持衆御式台へ御出之節、飛騨守様御刀御小将指出可申候、御出輿御見立以後、御両殿様御勝手へ被為入候上、飛騨守様并安房守殿等組頭之内御誘引仕、御大書院へ御通、追付御両殿様御出御挨拶之上、御熨斗木地三方出之置のしニ仕引之、御吸物出、御土器三方・御肴三方出之、飛騨守様へ居之、相公[2]様御出御挨拶之上、相公様御初ニテ飛騨守様ト御盃事被遊相済、御土器三方・御肴三方共飛騨守様御まへへ御取持衆御直置、相公様御勝手へ被為入、御相伴衆へハ数之御土器出之、御肴御取持衆御引之事

但、飛騨守様御刀御大書院之極頬（カ）中仕切、御杉戸之外ニ置之可申候

1前田利謙（富山藩八代）

一、改り候御土器三方・御肴三方出之、飛騨守様御まへニ有之候御三方ト引替相公様御出、御初ニテ飛騨守様ヘ御納之御盃事被遊相済被為入、御三方等段々引之可申候事
一、飛騨守様御披之節、最前之通物頭御先立仕、中ノ口ヘ罷出可申候事
一、前田安房守殿等御披之節、御平生之通頭分一人・取次御小将壱人鏡板ヘ罷出可申候事
一、御大書院御見立御祝相済候以後、御取持衆於御勝手座敷、御のし木地三方出之、置のしニ仕引之、追付御吸物出之、数之御土器木地三方、御肴同出之、御肴御取持衆之内御引御納御銚子御勝手ヘ入御両殿様御出、御挨拶之恐被為入候上、追付御披可被成事
一、御客所外紙之通
一、御出輿前ヨリ御出輿相済候迄之内、当御使ハ御裏御式台ニテ取次可申候事
一、御見廻衆御通り可被成旨被仰聞候ハ、一往及御挨拶、其上ニモ御通り被成候ハ、御勝手座敷三ノ間御廊下ヘ御誘引可仕候
一、御一門様方御附使者御断ニ候得共、夫共御附使者来候ハ、御広間溜ニテ、御料理一汁五菜内一ツ焼出之候事
一、出雲守[1]様御附使者来候ハ、竹之間御屏風囲ニテ、御料理右之通出之候事
一、御出輿為御迎御家老罷越候節、聞番并組頭出向、御広間上之間ヘ相通り候上、御家老罷出御口上承り、其上年寄中等之内并組頭罷出及挨拶候後、御熨斗木地三方新番給事ニテ出之引之、御茶・たばこ盆出之候事
一、指添候御留守居ハ取次御小将一人并聞番出向、御広間二之間ヘ相通候上、組頭・聞番罷出

及挨拶、御のし　木地三方　御歩給事ニテ出之引之、御茶・たはこ盆出之候事
一、右相済御家老披候節、年寄中等之内御式台階下迄相送、組頭・聞番同端迄相送可申候事
一、御留守居組披候節、組頭・聞番・取次御小将モ送可申候事
右之通取次役并御給事役ヘ御申談可有之候、以上

十一月　　　　河地才記

　　　　　　　宮井典膳

御番頭衆中

御出輿之節、相公様・佐渡守様且飛騨守様御式台御畳之所ヘ御出、御取持衆ハ拭板之処上之方ヘ御出、敷附御楽屋之方ヘ御城坊主衆被罷出、御勝手之方ヘ河地才記等罷出御白州ヘ物頭罷出可申事

右夫々ヘ於御横目所、披見申談有之候事

御入輿前日為御案内、讃岐守様御使者御留守居ヲ以被仰進候節

一、御使者罷越候節、取次御小将案内ニテ御使者之間ヘ相通、追付聞番罷出致挨拶、御広間御勝手ヘ相通、御口上同人被承之、御のし木地三方出之引之、給事御歩、御答組頭罷出可申述候

一、右御使者披候節、御式台階下迄、組頭・聞番最前御使者誘引之御小将送可申候

一、御使者披候節、南御門通ニ付、道案内足軽指出可申候

一、組頭・聞番無地のしめ・小紋上下、御使者誘引之御小将のしめ・小紋上下、給事御歩服紗小袖・小紋上下着用之事

一、此方様ョリ御案内之御使者坂野忠兵衛可被遣候、着服前ニ同、以上

十一月十九日

藤姫様御引移之節御客役附

二汁五菜塗木具

一、御小書院御饗応方同溜相兼　河地才記・前田甚八郎

一、御給事指引并御料理出口取持　御表小将御番頭

兼　御大小将御番頭

御表小将横目

一、御給事　御表小将・御大小将・新番

一、手長　坊主、指引同小頭

二汁五菜塗木具

一、御勝手座敷御取持衆　物頭

一、御給事指引并御料理出口取持兼　御大小将御番頭・同御横目

一、御給事　御大小将・新番

一、手長　坊主・指引同小頭

一汁五菜

一、御城坊主衆席　聞番

一、給事　御歩・指引同小頭

一、御大書院御跡吹御吸物等出候時分御饗応方　河地才記・前田甚八郎
御跡吹御吸物等指出候節、才記等二人ニテ指支候ハ、窪田左京等義モ相加可相勤候
一、御給事　御表小将・御大小将
一、御給事指引　御表小将御番頭
御大小将御番頭
御表小将横目
一、諸事御用　御用人

御広間溜
一、御一門様方御附使者　惣頭聞番
但、先達テ堅御断御座候得共、夫共御附使者有之候ハ此御間ニテ御料理一汁五菜、内一ツ焼可被下候
一、給事　御歩・指引同小頭
一、所々見廻作法等可申付　御大小将横目
一、御振廻方　御台所奉行
一、御茶湯方　御茶堂方
一、御座敷掃除可申付并手長指引　坊主小頭
一、御式台御客送迎等　物頭・御大小将御番頭
御使番・御大小将横目・

一、大御門　御大小将
　但、御門前大組ヨリ警固相立、与力御飾番所へ可罷出　御平日之通
一、中御門　御平生之通
　但、御門前御持方ヨリ警固相立可申候
一、外廻掃除等可申付　割場奉行・御作事奉行
一、御露地方并御手水之義可申付　三十人頭
一、御役者取持　会所奉行一人・御歩横目一人
一、御屋敷中火之元可申付、尤　御近所火消御小将二人
　足軽等召連廻可申候
　　以上
右於御横目所披見申談有之

十一月十九日御引移之節御客附

[1]飛騨守様　御取持[2]武藤庄兵衛殿　御取持御控[3]山本伊豫守殿
[4]前田安房守殿　[5]同　又吉殿　[6]本多帯刀殿
[7]横山右近殿　[8]斉藤長八郎殿　[9]同　主膳殿
[10]曽根孫兵衛殿　[11]能勢市兵衛殿　[12]筒井左膳殿

1 前田利考（大聖寺藩八代）
2 武藤安貞（寛14 7頁）
3 山本義孫（寛22 257頁）
4 前田矩貫（寛1 294頁）
5 前田矩方（寛17 294頁）
6 本多紀文（寛11 287頁）
7 横山知雄（寛10 102頁）
8 斉藤総良（寛13 161頁）
9 斉藤総苗（寛13 161頁）
10 曽根次彭（寛3 275頁）
11 能勢能弘（寛19 169頁）
12 筒井正盈（寛17 83頁）（前田利理八男）

1佐野運高（寛14 37頁）
2彦坂忠篤（寛6 27頁）
3彦坂重教（寛6 27頁）
4曲直瀬正雄（寛10 94頁）
5市岡房仲（寛7 27頁）
6東儀兼善（寛22 327頁）
7井戸弘光（寛17 73頁）
8増田良香（寛21 121頁）
9～26坊主
27～38能役者

---

[1]佐野六十郎殿　[2]彦坂九兵衛殿　[3]同　平六郎殿
[4]曲直瀬養安院　[5]市岡丹後守殿　[6]東儀幸次郎殿
[7]井戸左次馬殿　[8]増田寿徳老
[9]石井永庵　[10]同（関）林雪　[11]星野久勢
[12]平井善朴　[13]黒木宗恵　[14]伊沢玄意
[15]星野久庵　[16]利倉善佐　[17]益池慶順
[18]松下閑悦　[19]谷村嘉順　[20]佐藤道嘉
[21]山本宗朴　[22]木村養哲　[23]利倉善甫
[24]小坂長意　[25]（松カ）永井道悦　[26]黒木閑斎
[27]宝生弥五郎　[28]同　権五郎　[29]宝生新之丞
[30]金春三郎右衛門　[31]同　三助　[32]同　万作
[33]宝生吉之助　[34]松井左一郎　[35]松林小三郎
[36]松林喜六　[37]尾上万次郎　[38]太田孫之丞

以上

晦日　大御目付衆ョリ御書付ヲ以、明朔日公家衆登城、御能等有之ニ付月次出仕相止候段申来候ニ付、御登城無之段被仰出候事

藤姫様御引移御行列帳

御引移御当朝被遣候御召替御輿等御行列

足軽 足軽　御歩田中市蔵　御乗替輿　四人ニテ舁之　手替 手替

御輿建　一人ニテ持之　手替
御輿建　一人ニテ持之　手替　御歩　渡辺安左衛門　御具桶　二人ニテ荷之

手替 手替　御歩横目　押足軽 押足軽　御留守居馬上　足軽小頭　御屋具・雨具

簑二人ニテ荷之
手替壱人　御行列之者雨具　簑二人ニテ荷之　手替 手替

足軽 足軽　御歩横目等之草履取　三人　押足軽 押足軽　手替 手替　足軽小頭

年寄女中自分挟箱　御先立年寄女中　乗物
年寄女中自分挟箱　御附之外　乗物舁四人　足軽 足軽

若年寄乗物　舁四人　足軽 足軽　御中臈乗物　舁四人　足軽 足軽

御中臈乗物　舁四人　足軽 足軽　御小将乗物　舁四人　足軽 足軽　御小将乗物

舁四人　足軽 足軽　御半下三人
又下女　足軽 足軽　押足軽 押足軽　御附御徒横目

同　草履取　足軽　足軽　足軽小頭　表使　乗物　舁四人

足軽　足軽　御次女中　乗物舁四人　足軽　同断　同断　同　同

同断　同　御三之間乗物　足軽　舁四人　御中居乗物　足軽　舁四人

同断　同　又下女　押足軽　押足軽　御附御用人　騎馬　足軽小頭

雨具入簍　二人ニテ荷之　手替　手替　同断　同　同　同断　同　同　同断　同　同

同断　同　同　足軽　足軽

御入輿

足軽　足軽小頭　御横目　横地茂太郎　乗馬牽之　従者笠籠共不残　押足軽

足軽

足軽　足軽小頭　聞番　坂野忠兵衛　右同断　押足軽

御輿渡騎馬　従者笠籠共不残　押足軽　押足軽　足軽　足軽　御附御歩　御附御歩

年寄女中自分挟箱　　年寄女中　御先乗物　昇四人　足軽
年寄女中自分挟箱　手替　　足軽
上ニ同挟箱　　足軽
同　挟箱　手替　年寄女中　御先乗物　昇四人　足軽
御附御用人並　此間少置
足軽　御挟箱　手替　御歩　矢木孫九郎　同　堀　直之助　同　藤田助大夫
足軽　御挟箱　手替　御歩　長谷川万平　同　吉江久大夫
御歩　岩倉鉄蔵　同　中山七郎左衛門　同　森　彦大夫
御歩横目　　侍　永井貢一郎　同　加藤直次郎
御歩小頭岡本次郎左衛門　御薙刀　手替　侍　不破半六　同　高畠彦之丞
同　永原七郎右衛門御守脇指持之　御時宣役侍佐藤八郎左衛門　御時宣役代
御輿　四人ニテ昇之　御附御用人
同　和田知左衛門　御守刀持之　御時宣役侍篠原与四郎　御時宣役代侍　辻　晋次郎
御附物頭広瀬武大夫　侍　沢村甚右衛門　御横目仮役水原五左衛門　乗馬牽之
侍　仙石兵馬　物頭　松平才記　従者笠籠共不残
御附御歩横目　御歩前川藤蔵　御輿　担手替　同
御歩小頭藤井清大夫　御歩土山八郎　御輿　担手替　同
御輿　担手替　同

手替
御傘　手替　木地籆入御担二人ニテ荷之　手替　御茶弁当　手替
御輿舁手替十人　御担二人ニテ荷之　手替　壱人ニテ持之
手替

手替
紺染絹油単掛り籆入
御輿建　手替　雨具二人ニテ持之　手替
御歩岡本忠兵衛　此間少置
御輿建　手替　雨具二人ニテ持之　手替
手替

足軽　御附代御歩　**森　惣兵衛**　年寄女中自分挟箱　年寄女中　足軽
手替
足軽　御附　御歩　年寄女中自分挟箱　御供乗物　舁四人
足軽

若年寄　足軽　中臈　足軽
御供乗物　舁四人　御供乗物　舁四人　此間少置
足軽　足軽

小者
御用人並　足軽小頭　足軽　小者　御歩横目　押足軽
割場役人　足軽小頭　足軽　小者　此間少置　御歩横目　押足軽

若党　草履取　押足軽　鎗　押足軽　押足軽
若党　草履取　押足軽　鎗　押足軽　御供人牽馬　押足軽
若党　草履取　鎗

騎馬　あなた御屋敷近く罷成下り立　御輿之跡
　物頭・御小将横目御供所ニ御供仕候　同
宮井典膳
押足軽　阿方御屋敷近く相成、下り立　御歩横目
押足軽　御医者　則此所歩行ニテ御供　此間少置　御歩横目
同草履取　押足軽　年寄女中自分　挟箱
同草履取　押足軽　御跡乗　**本多玄蕃助**　年寄女中自分　挟箱
足軽　御歩小頭以下
手替　御送り年寄女中　乗物　舁四人　足軽小頭　雨具入篗
足軽　紺染木綿油単懸
手替　同　同　同　押足軽　侍分自分雨具
同　同　同　同　足軽小頭
手替　同　同　同　押足軽　侍分自分雨具
笠籠　押足軽
笠籠　押足軽

十一月十九日御飾附
御大書院

三幅対　中　寿老人
　　　　左右　梅　養朴筆
　　　　砂物　銀鉢
　　　　　　　木地台
御棚　御香炉　銅　龍馬
御棚下　御硯箱　松柳蒔絵
　　　　御料紙　紅白

同二之間

二幅対　菊　牡丹　王若水筆

御広間

一、幅　松　子昂筆　御棚　御香炉　青磁口寄すかし　御盆　飯櫃　地紅
　　　　御棚下御料紙箱　たかやさん塗　御硯箱　同断
　　　　　　　　　　　　菊蒔絵

御勝手座敷

一、幅　柳ニ鵁鶄友松筆　御棚　御香炉　備前焼獅子

十一月十九日御引移御表向御料理二汁五菜

熨斗木地三方敷紙

鱠　鱸　甲いか　くり
　　しやうか　きんかん

香の物

御汁　白玉つみ入　大根さん
　　　松たけ　皮こほう
　　　具わりな

御食

二
杉箱　くしこ　にんじん
　　　つみふ

梅か香　銀あん　くわい
　　　　かや小口

御汁　一塩鴨かくてん　いわたけ
　　　ふきのとう

小鯛 焼て　台引 俵はへん　御肴 あわひ煮貝
御吸物 結玉子 京な　御茶受 養老糖 坪しいたけ　御濃茶
後御菓子 翁糖 紅玉あられ 黄小みとり
御出輿後、於御大書院左之通
御吸物 たい 同ひれ　御土器 木地三方　御取肴 あいきやう 巻するめ 木地三方 内枇
常御銚子 御下捨土器 木地足打　数之土器 木地三方
御納御土器 木地三方　御取肴 木地三方　から墨 御下捨土器 木地足打

丙子 **十一月**小　御用番 **村井又兵衛**殿

朔日 朝晴昼ョリ雨、二日三日四日五日雨、六日快天、七日八日九日雨、十日十一日十二日快天、十三日雨、十四日十五日快天、十六日十七日十八日雨、十九日廿日快天、廿一日雨、廿二日廿三日廿四日快天、廿五日廿六日廿七日雨、廿八日廿九日晴陰交、今月気候例年ョリ寒冷穏和也

同日 前記五月十六日記ニ有之通、昨日迄ニ作事過半出来ニ付今日上棟式台開等祝ニ付一門中等并普請頭取**杪**(カ)**屋作丞**等二十人余相招、一汁二菜・酒・吸物之祝料理出之、献立并**作丞**等へ送物、且家来一統料理等為祝、普請懸り之三人へ送物等、委曲寛政録ニ記之互見

但、稽古所ニ神祠聖祠懸之、中央ニ警札懸之置、用所前ニモ警札　此板裏ニ掃除之定書調之置　懸之、来客等之席附等曁取次方定書ハ扈従部屋ニ張之置、四通之文言張置有之通
并控別記ニ有之

同日　江戸快天、朝一統五半時揃、九時過御結納御祝儀物来、御使者御家老矢野源右衛門嘉珍（かちん）熨斗目・同長袴着用、副使御留守居山口隼人嘉珍熨斗目・半袴着用罷越、前記御作法書之通御首尾能相済、且御進物鋪附ニテ篗台ヨリ出之、将又御式台まいら戸、御使者之間御椽頬・御広間上之御椽頬・御大書院入口之御杉戸共皆々外し、右御祝儀物持参相済候テ、又々御杉戸入之、其外御小書院等御客御料理等、都テ前記御作法書等之通ニ候事
右相済於竹之間、頭分以上御帳ニ附、恐悦申上候事、御進物左之通御大書院上之間御椽頬之方ニ飾附之

藤姫様ヘ御結納為御祝儀、従讃岐守様披進物
御小袖二重　御帯二筋　昆布一折　鯣一折
塩鯛一折　御樽二荷
相公[1]様・佐渡守[2]様ヘ従讃岐守[3]
御太刀一腰・御馬代金壱枚宛
寿光院[4]様・正姫[5]様ヘ従御同人様
昆布一箱・鯣一箱宛
右御使者矢野源右衛門勤之

1 前田治脩（十一代）
2 前田斉敬（重教男）
3 徳川頼儀（高松侯）
4 重教室
5 治脩室

祐仙院[1]様・亀万千[2]殿ヘ従御同人様
鰑一箱宛
右御使者山口隼人勤之
但、御結納御祝儀物入来候御長持等ハ不残此方様ニ指置之相公様等ヘハ御進物入来候御長
持等ハ不残携披候事

四日　右壱番御道具九時過大御門ヨリ出、押御先手物頭窪田佐平勤之、其節御式台階上ヘ御
両殿様御出、年寄衆・御家老衆鏡板ヘ被罷出、諸頭何モ敷附左右ヘ罷出候、階上列居御大小
将御番頭壱人・御大小将中、且大御門早朝ヨリ披之置、御道具出済建之、将又まいら戸外
し、御帳附与力ハ平日之通出在之

十日　於昌柳寺、円祐院[3]様御廿七回忌等茶湯執行之一件委曲寛政録記之
藤姫様御儀来ル十九日皐安院(こうあん)[4]様ヘ御引取、即日御婚姻御整之筈之旨、今日御用番ヘ御届
書被指出候事
十一月十一日
右於江戸為承知、玄蕃助殿被仰聞候旨諸頭ヘ御横目演述

十六日　文武兼稽古所開祝ニ付師匠中等相招、一汁二菜之料理等出之、但自分[5]・辰之介[6]諸稽古
初ハ当朔日ニ致之、今日モ弓術・槍術ハ致稽古候事右委曲寛政録ニ記之

同日　於江戸、上使御使番大河内善兵衛[7]殿ヲ以、御鷹之雁二ツ佐渡守様御拝領、御作法前々
之通、尤御廻勤有之、従相公様ハ御使者ヲ以御礼御老中方ヘ被仰達

1吉徳女暢
2前田斉広（十二代）
3政隣父正昌法号
4松平頼起（高松侯）室述（水戸徳川治保女）
5政隣
6政隣息
7大河内政寿（寛5 15頁）

十七日　於江戸左之通

藤姫様御出輿御供揃、明後十九日九時前ト被仰出候事

十一月十七日

右御横目ヨリ小紙ヲ以向々へ申談有之、夫々ヨリ御供触等ヲ以申談有之

染物二端　　　　御道中仮御横目御大小将　水原五左衛門

小判一両宛　　　御大小将　篠原与四郎　辻　晋次郎　岡嶋左平太
　　　　　　　　佐藤八郎左衛門　葭田左守　永原七郎右衛門
　　　　　　　　斎藤忠大夫　前田義四郎

右今度、藤姫様御出府御道中御供相勤候ニ付被下之旨、当月十三日於御次横浜善左衛門演述、御目録同人渡之、前洩ニ付爰ニ記之、右之外諸向夫々拝領物被仰付

十九日　前記ニ有之候通、今日藤姫様御引移、御婚礼御首尾能相整候事

十一月廿二日讃岐守様御婿入御見廻掛り之趣ニテ御出、御饗応方役附

二汁六菜塗木具

一、御小書院御饗応方　　河地才記
　　　　　　　　　　　　宮井典膳
　　　　　　　　　　　　前田甚八郎
　御大書院ニテ三宅伊織・矢野源右衛門・間宮武右衛門へ御盃被下候節、相兼并右三人等御目見之節誘引等モ相兼

一、同御料理出口取持并御給事指引　　御表小将御番頭
　　　　　　　　　　　　　　　　　　御大小将御番頭
　　　　　　　　　　　　　　　　　　御表小将横目

一、同御給事
御表小将
御大小将

一、手長
坊主、指引同小頭

二汁六菜塗木具

一、御小書院溜御饗応方
但**河地才記**・**宮井典膳**儀モ可申談候
前田甚八郎
窪田左平

一、同御料理出口取持并御給事指〔(空白)〕
御表小将御番頭
御大小将御番頭
御大小将横目

一、同御給事
御表小将
御大小将
青山五左衛門
新番

一、手長
坊主、指引同小頭

一、御勝手座敷
物頭

御料理二汁五菜塗木具

一、御広間上**讃岐守**様御家老三人
御料理被下候取持
物頭
聞番

一、給事
新番

同右同断

一、同二之間御用懸御用人宮本権大夫并御家老指添御留守居　物頭
　山口隼人　聞番

一、讃岐守様御供頭分四人并小石川御前様御供頭分　物頭
　聞番

一、右給事　御歩横目同小頭

一、右両座御料理出口取持　御台所与力

二汁五菜塗木具常溜り

一、御城坊主衆席　聞番

一、給事　御歩 指引同小頭

一、諸事御用　御用人

一、御振廻方御用　御台所奉行

一、役者取持　会所奉行

一、同御料理被下候指引　御賄方与力

一、給事　坊主

一、同供之下之給事　割場小者
　指引同小頭

一、御茶之湯方　御茶堂方

一、御座敷掃除等可申付并
手長指引
一、御式台

一、讃岐守様御出御披之節、敷付并
居こほれ候趣ニテ可罷出候
一、所々見廻作法等可申付
一、大御門
一、南御門
御前様御往来之節罷出御作法等可申付
一、外廻掃除可申付
一、御露地方并御手水之義可申付
大御門続上使腰懸上之席
一、讃岐守様御供之侍惣領組御歩目付御吸物等被下候取持
一、同給事
一、同御供之御歩士并奥坊主・御駕籠頭
但、御歩士ト奥坊主トハ間仕切置可申候

坊主頭当時可
相詰同小頭
御用人
御大小将御番頭
御大小将横目
御大小将
組頭
物頭
御大小将横目
与力・同心
割場奉行
割場奉行
御作事奉行
三十人頭
聞番
御歩、指引同小頭
御吸物等
不被下候

中御門続饗応所上之席

一、御前様御供之侍分御湯漬被下候取持　聞番

一、同給事　御歩、指引同小頭

同饗応所下之席

一、同御供之御歩士御湯漬被下候取持　御歩小頭

一、同給事　坊主、指引同小頭

中御門続下饗応所御弓番所ニ溜

一、讃岐守様惣御供軽輩并又物共八筋明小屋ニ溜　被下物無之

一、御前様御供之足軽以下御湯漬被下候取持　御小人頭

一、同給事　御小人
指引押足軽
御小人小頭

一、右御料理所見廻作法等可申付長囲炉裏之間御椽頬御屏風囲　御歩横目

一、広瀬武大夫御料理被下候取持等　挨拶等 御小将御番頭

一、給事　御歩

一、御屋敷中火之元可申付足軽召連廻可申候　御近所火消 御大小将二人

一、当日方々ヨリ御使者御裏式台ニテ取次可申候

以上

右於御横目所披見申談有之

明後廿二日讃岐守様御見廻懸之趣ニテ御出御作法書

一、御附人、御宅・壱岐坂・本郷三丁目二人宛付置候

一、讃岐守様御出之節、敷付年寄中・御家老并御先立之組頭罷出、頭分敷付居こほれ之趣ニテ御白洲へ罷出可申候

一、御両殿様御広間二之間御掾頬迄御出向相公様御誘引、御小書院へ御通り、御刀御小書院御杉戸之内御刀懸出置直之可申候

但、御両殿様御挨拶之上、御熨斗御表小将出ル

一、御奥へ御通、相公様御誘引ニテ讃岐守様御表へ御出被成、相公様御料理之御挨拶被遊、追付御料理二汁六菜塗木具御引菜相公様御持参、御相伴衆へハ御取持衆御引、御酒之上御肴御取持衆之内御引、御相伴衆へハ御給事人引之可申候

一、御吸物出、御土器御肴三方、讃岐守様へ居之、相公様御出、御嘉儀御先手衆御挨拶之上、相公様御初讃岐守様へ被進御一献御請、御肴被進、此時御腰物御先手衆御持出御請取、御側ニ御指置被成、御礼相済御加へ有テ相公様へ被進、御肴モ被進相済、御土器御肴三方共讃岐守様御まへへ御取持衆御直し置、相公様御勝手へ被為入候、御相伴衆へハ数之御土器出之、御肴御取持衆御引下被成候

一、御盃事之内、宝生太夫等罷出、小謡うたひ被仰付候

一、讃岐守様ヨリ年寄中・御家老ヘ被下候御土器一向御肴共出之、讃岐守様御まへ之御土器三方ハ三尺計上之方ヘ直し置、御肴ハ讃岐守様御まへ之御肴三方ト引替、玄蕃助三之間御敷居際迄罷出控罷在、御取持衆御取合、讃岐守様御土器御銚子役持、添ニテ御敷居之内竪畳二畳目上ニ直之、玄蕃助御三方際ヘ進寄、御土器頂戴、御肴モ被下復座、かへ有之候上御土器可指上旨被仰聞、御土器ヲ持御勝手ヘ退、坊主衆取持御三方ヘ被載之、御銚子役持添ニテ上之、玄蕃助御同断三之間御敷居之際ヘ罷出、御土器御取上之節御礼申上相披、次ニ不破彦三ヘ被下、御土器御敷居之内竪畳壱畳目上ニ直之、頂戴、御作法右同断相済、御土器三方御銚子役持添入御肴三方引之、追付御納之御土器三方・御肴三方出之、讃岐守様御まへニ有之候御土器三方ト引替、相公様御出、御挨拶之上讃岐守様御初、此時従相公様御肴被進、御加へ有之、御土器相公様ヘ被進、御肴モ被進、御納被遊、御土器三方・御肴三方共讃岐守様御まへヘ御取持衆御直し置、相公様御勝手ヘ可被為入候、但達テ御挨拶、相公様御初ニ相成候得共被召上被進、御肴モ被進、御加ヘ相公様被進、御肴モ被進、御加へ、御納可被遊候

一、御取持衆御挨拶有之、御土器三方ヨリ段々引之、御湯出、御茶請ト御本膳・後御菓子・御薄茶迄段々引替出之、御取持衆御指図ニテ後御菓子引之、御たはこ盆出之可申候

一、讃岐守様御披之節、御両殿様御出御挨拶、追付御披、相公様御使者之間御杉戸之外迄御送、夫ヨリ御順々下ヘ御出、御取持衆鑑板ヘ御出、年寄中・御家老以下最前之通

一、御家老三宅伊織・矢野源右衛門・間宮武右衛門罷出候節、取次御小将誘引、御広間上之間ヘ

相通、組頭罷出、年寄中等モ罷出可申候
一、御前様御供番頭瀧川八郎大夫御広間溜、御用人宮本権大夫、御留守居山口隼人罷出候節、取次御小将誘引御広間二之間へ相通、物頭間番罷出可申候
一、御小書院誘引、茶相済御大書院へ相公様御出、三宅伊織組頭誘引ニテ罷出二之間御敷居之内竪畳一畳目中程ニテ御礼申上、献上之御太刀御敷居之内竪畳二畳目之上ニ置、組頭披露、次ニ矢野源右衛門・間宮武右衛門順々ニ罷出御礼右同断、相済相公様被為入
一、佐渡守様御出、伊織献上之箱肴御大小将持出、御敷居之内、竪畳二畳目上ニ置、伊織同竪畳一畳目中程ニテ御礼申上、組頭披露、伊織進箱肴御大小将引之、次ニ源右衛門・武右衛門順々御礼等右同断相済候上、伊織等最前之席ニテ御料理被下之候
一、御用人・御留守居モ御礼相済候後、御料理最前之席ニテ被下之候
一、御小書院御盃事相済、重テ相公様御大書院へ御出、御土器・御肴・御したみ共御表小将持出、相公様へ出之、御銚子役出、御取持衆之内二之間御床際へ御出座組頭誘引、伊織二之間御敷居之外ニ控罷在相公様御土器被召上、御三方ニ御指置御銚子役持添ニ仕、御敷居之内竪畳一畳目之上ニ直之、伊織内へ入、御土器頂戴、御意有之、進み出、御肴御手自被下、元之座へ直り候時、御刀彦三持出相済、御次へ退、重テ御刀帯之罷出、二之間御敷居之外ニテ御礼、御取持衆御取合、又退き、御次ニ御刀置之罷出、御加へ有テ御土器持退候時、御意有之、御次ニテ御土器御坊主衆取次、御三方ニ居之、御銚子役持添ニ仕、相公様へ上之、御取上被遊、伊織御敷居之外ニテ御礼申上退き、次ニ矢野源右衛門・間宮武右衛門

順々御盃被下候、御作法右同前相済、御三方等引之

一、飛騨守[1]様御出之節、中ノ口ニ物頭罷出、直ニ御小書院溜ヘ御誘引可仕候

一、前田安房守[2]殿等御出之節、御鏡板ヘ御小将罷出、安房守殿ニハ御小書院溜ヘ御誘引、武藤[3]庄兵衛殿等ハ先御勝手座敷ヘ御誘引、御料理前、御相伴之御方々御小書院ヘ組頭御誘引仕候

一、御小書院向詰出候時分見計、御小書院溜御料理出之、御引菜飛騨守様ヘ相公様御持参、御相伴衆ヘハ御取持衆御引御酒之上御肴佐渡守様御引、御相伴衆ヘハ御給事人引之可申候事

但、佐渡守様御出、御挨拶之上飛騨守様ト御盃事被遊相済被為入、御相伴衆ヘハ数之御土器出之申候

一、御取持衆御隙明次第御勝手座敷ニテ御料理出之、御引菜御取持衆御引、御酒之上御肴御給事人引之申候

一、飛騨守様等其外ヘ御早く御出之方々ヘハ御様子次第御料理前御湯漬出之候

一、常御使者ハ裏御式台ニテ取次之事

一、御見廻衆御通可被成旨被仰聞候ハ一往及御挨拶、夫共御通候ハ御勝手座敷三之間御椽頬屏風囲之内ヘ御誘引之事

一、御一門様方御附使者有之候得ハ御勝手座敷三之間御屏風囲之内ヘ相通御料理被下之候

一、出雲守[4]様御附使者竹之間屏風囲ニテ御料理被下之候

一、御客附外紙之通ニ候

1前田利考（大聖寺藩八代）
2前田矩貫（寛17 294頁）
3武藤安貞（寛14 7頁）
4前田利謙（富山藩八代）

右之通御承知取次御小将中ヘ夫々御申談可有之候、以上

十一月四日　河地才記

御番頭衆中　宮井典膳

右御客方才記等ヨリ夫々ヘ申談、且御附人御案内御両殿様ヘ申上候義モ申談有之、将又揃刻限五半時之義モ夫々申聞有之候事

御小書院御給事役附

御熨斗三方御表小将　井口勇次郎

御土器三方　飯田半六郎

御肴三方　前田義四郎

小幡余所之助　数之御土器　篠嶋頼太郎

数之御肴　加藤直次郎　引物役　御表小将

平御給事　井口勇次郎　飯田半六郎　前田義四郎

小幡余所之助　篠嶋頼太郎

御小書院溜

御熨斗三方　加藤直次郎　御土器三方　山口左次馬

御肴三方　高畠彦之丞　数之御土器　山東久之助

数の御肴　加藤余所助　引物役右五人

平御給事新番

附、右之通ニ候処、飛騨守様御断ニ付御用無之、御小書院平御給事申談之有、且新番ハ御用

無之外事

御勝手座敷

御熨斗三方　辻　晋次郎　数之御土器　宮井伝兵衛

数之御肴　岡嶋左平太　引物役右二人ト永原七郎右衛門

平御給事　青山五左衛門

新番河地松之助　才記嫡子御雇

御大書院

披露役出方　篠原与四郎　引方　辻　晋次郎

松原安左衛門　宮井伝兵衛

讃岐守様御刀直　前田義四郎

附、右出方ハ佐渡守様御出無御座ニ付御用無之、御小書院平御給事申談有之

一、廿二日ハ敷附上之分敷之、且裏御式台ニテ取次ニ付其段御歩頭ヘ申達、御歩詰所之内屏風囲之義前々之通相心得候様坊主小頭ヘ申渡、将又裏御式台小口明置候義等夫々御大小将御番頭ヨリ向々ヘ申談

廿二日　九半時頃讃岐守様御出、其節御取持衆御使者之間御杉戸之外掛板之処ヘ御出、其外都テ前記御作法書之通御都合克被為済、佐渡守様ハ少々御風気ニ付御出不被遊候、且御取持衆ヘハ御料理前、御餅菓子・御吸物・御酒等出之、讃岐守様七半時頃御披之後、御勝手座敷ヘ相公様御出御挨拶、御城坊主衆溜ヘモ御通り懸り御意有之、御使者モ御通り懸り御目見、

被為入候御客衆惣様六時過御披、万端御首尾能、夜四時頃迄ニ夫々相済候事

同日

御客附

（御断）飛騨守様[1]　（御断）前田安房守殿[2]　（御断）武藤庄兵衛殿[3]
山本伊予守殿[4]　（御断）市岡丹後守殿[5]　彦坂九兵衛殿[6]
曲直瀬養安院[7]　前田又吉殿[8]　本多帯刀殿[9]
横山右近殿[10]　斉藤長八郎殿[11]　斉藤主膳殿[12]
（御断）曽根孫兵衛殿[13]　能勢市兵衛殿[14]　筒井左膳殿[15]
佐野六十郎殿[16]　彦坂平六郎殿[17]　東儀幸次郎殿[18]
井戸左次馬殿[19]　増田寿徳老[20]

御席附

御小書院
讃岐守様　山本伊予守殿　本多帯刀殿
曲直瀬養安院　増田寿徳老

同断御取持
彦坂九兵衛殿　斉藤長八郎殿
曽根孫兵衛殿

御勝手座敷
横山右近殿　東儀幸次郎殿　前田又吉殿

1 前田利考（大聖寺藩八代）
2 前田矩貫（寛17 294頁）
3 武藤安貞（寛14 7頁）
4 山本義孫（寛22 257頁）
5 市岡房仲（寛7 27頁）
6 彦坂忠篤（寛6 27頁）
7 曲直瀬正雄（寛10 94頁）
8 前田矩方（寛17 294頁）
9 本多政房（寛11 296頁）
10 横山知雄（寛10 102頁）
11 斉藤総良（寛13 161頁）
12 斉藤総苗（寛13 161頁）
13 曽根次彭（寛3 275頁）
14 能勢能弘（寛19 169頁）
15 筒井正盈（寛17 83頁）
16 佐野運髙（寛14 37頁）
17 彦坂重教（寛6 27頁）
18 東儀兼善（寛22 327頁）
19 井戸弘光（寛17 73頁）
20 増田良香（寛21 121頁）

斉藤主膳殿　　筒井左膳殿　　彦坂平六郎殿
能勢市兵衛殿　　此御席御取持御兼 井戸左次馬殿

同日　御大書院等御飾、且御表向御料理左之通

三幅対　中太公望　友松筆　御卓　螺鈿文字
　　　　左右鵁鵒鴨　　　　御香炉　鷺
御棚下御硯箱瀬田蒔絵　御料紙紅青白
同二之御間
二幅対　梅花　友雪筆
御小書院
三幅対　中　福禄寿　雪舟筆　立花　二瓶　銅車口
　　　　左右龍　　　　　　　　　　　　木地台
御棚
　御香炉　銅龍馬　御軸物　四季山水
　　　　　　　　　　　　　御盆青貝龍
御棚下
　御硯箱紅葉賀　御料紙紅青白
御広間
一幅　鶴　王若水筆
御勝手座敷

一幅　寿老人　養朴筆
御棚
御香炉　青磁口寄八卦　御盆堆朱橘人形
御料理　二汁六菜　塗木具
熨斗木地三方敷紙
鱠　鱸　きより　くり
　　せうが　金かん
香物
御食
御汁　つみ入　地紙大こん　小な
　　しいたけ　いもの子
二
杉箱
杉箱　はた白　くわい
　　芭（苞）とうふ　こくせうニして
御汁　小鯛　こんふ
　　山せう
煮鳥　鴨　ちりめんふ
　　長いも
指味　鯉子付　玉子煎餅　かくてん小みる
　　久年母　わさひ　南天葉
煎酒
八寸
小鯛焼て　御引菜　小持筋はへん
御肴　車えび
御吸物　松菜貝
　　尾ひれ
　　いとな
御茶請　養生餅
　　坪しいたけ
御濃茶
後御菓子　養老糖　紅おだ巻落雁
　　貝尽し

1宗辰室常（会津保科正容女）

御土器　木地三方　御取肴　巻鯣 干はむ　木地三方内枇
御下捨土器　木地三方　数之御土器　木地三方
数之御肴　巻鯣　木地三方
御納土器　木地三方　御取肴　から墨　木地三方

廿四日　於金沢左之通、御用番**又兵衛**殿ヨリ御触出

△ **梅園院**[1]様五十回御忌御法事当月廿九日於江戸表御執行有之候、御作事・御普請其外三御丸御射手・御異風稽古、諸組弓・鉄砲稽古之義相止候ニ不及候事

一、御家中普請ハ不及遠慮候、諸殺生・鳴物等之儀ハ、当廿九日自分ニ遠慮可然候事右之通、組・支配之人々ヘ可被申渡候、且又組等之内裁許有之面々ハ其支配ヘモ相達候様被申聞、尤同役中可有伝達候事、右之趣可被得其意候、以上

十一月廿四日　**村井又兵衛**

諸頭御用番連名殿

付札　御横目ヘ

於実検之間、月次経書講釈之義、是以後普請・鳴物等遠慮中ニハ指止可申旨被仰出候条被得其意、夫々向寄ニ可被申談候事

甲寅十一月

右、於御横目所披見申談有之

1前田利道（大聖寺藩五代）側室
2治脩婚約者
3宗辰室常（会津保科正容女）
4戸田氏教（寛14 379頁）
5桑原盛員（寛22 252頁）

同　日　於江戸**円成院**[1]殿**正姫**[2]様御実母也、去十日於大聖寺御逝去御死去ニ付普請ハ今日一日、鳴物等ハ
明後廿六日迄遠慮之旨小屋触有之

廿九日　江戸下谷広徳寺ニおゐて、**梅園院**[3]様五十回忌御法事御執行

△
大目付へ
諸秤之儀古来ヨリ**守随彦太郎**役人相廻改候処、近年私事之様ニ心得候哉、諸秤数多致所持候者モ秤少々出し見せ、不宜秤ハ隠置、或秤所持不致旨ヲ申、改不受者モ有之様相聞候、前以相触候通、**守随**方ヨリ役人相廻改候節、諸秤不隠置、不残出し改受候様可致候、尤紛敷秤ハ取上候筈ニ候、此旨急度可相守者也右之趣東海道・東仙道・北陸道并丹波・丹後・但馬、都合三十三ヶ国、御料ハ御代官、私領ハ地頭ヨリ可被相触候、右之通先年相触候処、可取上秤モ**守随**方へ不相渡場所有之、猥ニ秤致売買緒等モ手前ニテ取替、懸目不同之秤遣候者モ有之趣相聞不届ニ候、前々相触候通、**守随**方役人相廻改候節、諸秤不残改ヲ受、西三十三ヶ国之秤、東三十三ヶ国ニテ通用無之、取上ニ相成候筋之秤ハ、**守随**方へ可相渡、諸秤新古ニ不限、**守随**方之外ニテ売買致間敷、手前ニテ衡并錘・緒等取替申間敷候、若諸秤隠置改不受、猥ニ売買致し或手前ニテ衡并錘・緒等取替候者有之候ハ急度咎可申付候
右之通、先達テ相触候向々へ猶又可被相触
十月
右之通可被相触候
戸田采女正[4]殿御渡候御書付写壱通相達候間、被得其意、答之義ハ**桑原伊予守**[5]方へ可被申聞

候、以上

十一月三日　　大目付

御名殿留守居中

諸秤之義ニ付、従公義相渡候御書付写一結弐通相越之候条被得其意、組・支配之人々へ可被申渡候、組等之内裁許有之面々ハ其支配へモ相達候様被申聞、尤同役中可有伝達候事、右之趣可被得其意候、以上

甲寅十一月廿七日　　**長**　**大隅守**印

本多安房守印

諸頭御用番連名殿

六組御歩居宅御小人町**谷口弥八郎**、前月八日夜夢ニ居屋敷之内、乾之隅ヲ二門[1]四方、二門余計可穿之、判金五百枚可有之旨異人之告有之、依之則掘穿之候処、長さ二間余・太さ二抱計之紫檀ヲ取揚たり、右ニ付御上へ御用有無伺候処、御用ニモ無之旨遂吟味候処、極上之赤栴檀ニテ高価之物ト云々、被仰出候ニ付売払候処、左のみ高価ニハ求候者無之、併掘出候日雇賃計ニハ売払候由、将又猶掘見候得共、判金ハ一円無之候由之事

閏**十一月**大　　御用番　**長**　**九郎左衛門**殿

朔日　初雪降、二日三日四日雪降、五日六日七日快天、八日雨、九日晴、十日十一日十二日十三日十四日十五日十六日連日雪降尺余積寒気募、十七日十八日十九日快天、廿日廿一日

1門は尋か（尋は両手を広げた長さ）

廿二日雪、廿三日廿四日廿五日廿六日廿七日快天、廿八日廿九日雨、晦日雪降

同　日　於江戸小石川御前[1]様御婚礼被為済候御礼被仰上候様、昨日御老中方御連名之趣御達書、御登城可被遊候処、少々御風気ニ付、御名代佐渡守[2]様六時御供揃ニテ御登城御礼被仰上、御下り御老中方并御同格ヘモ為御名代御廻勤右ニ付御表向平詰之事

七　日　御意之趣有之候条、布上下着用、今日五時過登城可仕、病気等ニテ難出面々ハ名之下ニ其段可書記旨、一昨五日就御用番九郎左衛門殿ヨリ人持頭分ヘ御廻状、則各登城之処、於御式台御帳ニ附、柳之御間ニ一統列居、御年寄衆等御列座、左之通御用番御演述、藤姫[3]様前月十九日御引移、御婚礼御首尾能相整候、此段何モヘ可申聞旨被仰出候事

右畢テ今日登城之面々、為御祝詞今日并当十日両日之内、年寄中等宅ヘ相廻可申候、幼少・病気ニテ登城無之面々ハ今般之御様子夫々向寄伝達、為御祝詞御用番宅ヘ以使者可申越候旨、如例於横廊下申談有之候事

十五日　於江戸、上使御使番片桐新之丞[4]殿ヲ以、御拳之雁御拝領、御作法前々之通、且俄ニ御疝積気ニ被為在候ニ付、御老中方御廻勤ハ御名代佐渡守様御勤之事

十八日　於江戸、今度従讃岐守[5]様被進皆子餅、今日御殿当番切一統頂戴被仰付、頭分以上ハ長囲炉裏之間、平士ハ御台所、平日頭分御賄席ニテ被下之、何モ服紗小袖・布上下着用也、御礼ハ御近習御台所御用兼帯之勝尾吉左衛門・石黒小右衛門之内ヘ申述候様ニト前日御横目中ヨリ申談之事

1治脩養女藤（高松侯徳川頼儀室）
2前田斉敬
3治脩養女
4片桐佑賢（寛6 238頁）
5徳川頼儀（藤姫婚約者）

御大小将組
林　清左衛門

会所奉行
京都詰人

前月三日、定番御馬廻組津田直記・杉岡為五郎義、一類津田勇八出奔躰ニ付行衛為尋、右両人へ公事場ニおいて京大坂尋候様、申渡有之則発出、京都相尋候得共行衛不相知ニ付、同月七日京都発足大坂へ罷越候段、為五郎義同所御屋敷へ罷出相届、其節申聞候ハ大坂ニ四五日逗留仕、勇八行衛相尋不相知候ハ直ニ金沢へ罷帰度候、可成事ニ候ハ承置くれ候様ニ申聞候ニ付、左候ハ京着之日図り何日頃之心得ニ可致哉ト清左衛門申候処、為五郎答ニハ十二三日頃ニハ大坂発足仕候、若相延候ハ以紙面可及案内旨申聞候ニ付、同月十五日便迄見合置、其上大坂詰人ヨリ直記等十三日致発足候旨申越候故、同日出公事場奉行中へ直記等勇八行衛京大坂相尋候得共、相知不申趣及案内候旨返書ニ申遣候義、重き御格モ有之処、取計ニ相成不都合之趣迷惑仕候、依之自分ニ指控罷在候旨、頭大屋武右衛門へ之紙面十二月十日便ニ指越、同廿日来着、則御用番大炊殿へ武右衛門添書ヲ以御達申置候、然処翌寛政七年正月廿八日、御用番長大隅守殿以御覚書委曲相達御聴候処、取計之首尾甚不都合ト被思召候、御咎モ可被仰付候得共、其段ハ御用捨被成候間、自分ニ指控罷在候ニ不及候、以後之義入念候様可申渡旨被仰出候段被仰渡候ニ付、則頭大屋武右衛門ヨリ其段申渡有之候事

丁丑十二月小　御用番　前田大炊殿

朔日　雪風強巳上刻地震、今日暦書之表、辰二刻ヨリ巳四刻迄九分之雖日蝕、於加陽[1]聊無虧(かけ)、二日三日雪、四日晴、五日六日七日八日雪降、此間寒威烈積雪二尺余、九日ヨリ十八日迄快天打続長閑也、十九日雪、廿日廿一日快天、廿二日雨雪、廿三日廿四日快天、廿五日廿六日廿七日雨雪、廿八日快天、廿九日雨雪、今月気候例年ヨリ寒気和柔、立春以来弥穏和也

同日　月次出仕、就日蝕、暁天七半時ヨリ六時迄之内御帳出、同刻過年寄衆等謁各退出、且左之通被仰付

来年江戸御留守詰　御留守居　織田主税

同日　江戸殿中出仕モ蝕ニ付四時揃之旨、前日大御目付衆ヨリ御書付到来、御両殿様共少々就御不例御登城御断也

白銀一枚宛　松原安左衛門
御目録　井口勇次郎
飯田半六郎

右

小石川御前[2]様へ先頃上使之節、御給事御用ニ罷越候ニ付拝領被仰付候段、広瀬武大夫ヨリ宮井典膳迄申来、組頭席ニテ申渡有之、且御礼之義典膳引取申上ニ付同人御小屋へ迄御礼勤申談有之

1 加州のこと
2 重教女藤（高松侯松平頼儀室）

七日　二條様[1]御使者西村東市正・松井内記来着ニ付、御用懸り左之通被仰付

主附組頭　御馬廻頭　中村九兵衛
　　　　　御小将頭　高田新左衛門
御馳走番　御大小将　湯原友之助
　　　　　　　　　　坂井権九郎

右於御使者宿角屋伊右衛門堤町宅、御家老奥村左京殿御口上被取次、早飛脚ヲ以江戸表ヘ言上有之、御答相済候迄東市正等逗留、否之御答承候テ帰京之筈ト云々、御口上之趣ハ、飛騨守[2]様御妹女様ヲ、此方様之御養女ニ被成候テ、二条様ト御縁組被仰合候様ニ被成候度旨被仰込ト云々、且年寄中ヘ御掛物一軸一箱宛被下之、尤御意之趣有之、各東市正等旅宿ヘ罷越拝聴等有之

二条様御使者西村東市正・松井内記参向ニ付、於旅宿御馳走之覚

御使者旅宿ヘ相詰、挨拶取持等可仕人々

町奉行両人　御使番両人　御横目壱人

御馳走方
御大小将両人　御医師壱人
是ヨリ以下旅宿役懸り

御歩小頭壱人　御給事
　　　　　　　御歩五人　御茶堂方
　　　　　　　　　　　　坊主壱人

1 二条治孝
2 前田利考（大聖寺藩八代）

軽き用事為承相詰
坊主壱人

一、旅宿ニおゐて御料理一汁五菜、香物・御茶漬・御濃茶・後御菓子出可申候、後段ニハ不及候事
附、夕飯以後夜食迄之間、様子次第麺類等出候義ハ格別、夜中ハ一汁三菜外香物・御濃茶ニハ不及候事
但、到着発足両度ハ、二汁五菜・香物共出可申事
一、家来若党体ハ一汁三菜、外香物、小者ハ一汁二菜、外香物之事
一、町宿前不作法ニ無之様、町足軽等相廻可申事
一、御使者逗留之内、御歩毎度給事仕等ハ窮屈ニモ可有之候間、心安くまいり候様挨拶仕、坊主通ひニテモ出し可申事
一、旅宿へ年寄中、宜時分見計被罷出候事
一、御使者登城無之ニ付、旅宿へ御家老壱人罷越御口上承、追付江戸表へ可相達旨可申述候事
但、表向御口上之外、御内用筋御口上有之候ハ、御用人罷出取次可申事
右之通ニ可有御座旨詮議仕候、二条様初他国ヨリ之御使者旅宿ニテ相勤候儀、先例見当り不申候事

十二月

中村九兵衛
高田新左衛門

右之通ニ候処、今月廿九日切ニテ御馳走方相止、来元日ヨリ御使者東市正等之自分旅宿之

趣ニ相成候段、御用番大炊殿夫々へ被仰渡候ニ付、只今迄懸り之御役人等廿九日切ニテ御用相済、于時翌寛政七年正月十六日西村東市正ヨリ、御用人小川八郎右衛門ヲ旅宿ヘ招、為致内見候書面左之通り

御趣意書左之通

一、年寄中ヨリ小川八郎右衛門ヲ以答之趣ニテハ、其御地へ各ヲ御指向被為在、年寄中へ別段ニ御内慮御頼之詮モ無之欤、右八郎右衛門持参之手控書面之趣ニテハ、書状往来ニテモ可相済哉、此度各ヲ御指向被為在、御遠慮之深思召通し被仰付候所、詮之御内慮申解不行届儀ニ思召候事

一、宰相様ヨリ表向御返答ハ、別ニ御使者為御指登ト申、御指事様子ハ兎モ角モ被思召候事

一、各心配可有之、肝要ハ年寄中へモ日々ニモ遂応談御内慮之至極ヲ申解、御内定被為在候処ヲ承り帰京可有之儀ニ候事

一、此度之事御治定ト申儀、容易ニ御承知難被成御振合モ可有哉、於年寄中モ其遠慮可有之哉ト其意味推察之大旨被申上候得共、此段ハ全各心得違ニ可有之候、聊モ左様之義ニ不相拘、御重縁のみ御懇望被為在候得ハ、外ニ聊之御物好不被有之旨申解、是御内慮之第一ニ候事

一、宰相様へハ先達テ御頼之御書モ被進候、猶又江戸表ヘモ如何様ニモ御頼被仰進候、深き思召被為在、此度右之段水戸様ヘモ格別御取持被進候様御頼被仰進候間、各ニハ数月滞留ニ相成候テモ、目出度御内定承候上帰京可被致候、聢ト御内定被為在候迄ハ勿論、此上帰京之義被仰下候迄其御地ニ御滞留、如何様ニモ年寄中并御用人小川八郎右衛門へ、一向熟談可有之

候、其上ニモ対談不行届隙取之模様ニヨリ、別々思召モ被為在候事
一、其御地ニテモ、御馳走御丁寧之御取扱之義ハ御断被申上候旨、此義勿論之義ニ候、出立前被
仰付候通、御断可被申度候、長滞留御成候テハ、御城下之事故御指支モ可有之哉、遠慮之
趣逗留之事ハ若指支候事モ候ハ、金沢近辺ニテ差構ニ不相成所ニ、必滞留可有之候事
右之條々御含ニ候事
十二月廿九日
隠岐刑部少輔[1]・津幡民部少輔[2]
河野大炊頭[3]
西村東市正[4]殿
松井内記[5]殿

右同月廿日二條様御使者旅宿へ、翌廿一日御家老横山蔵人殿御返答被申演ニ被参候間、廿
一日切先達テ御使者相勤候節之振ヲ以御馳走方相立候旨、御用番長大隅守殿夫々へ被仰渡、
則翌廿二日旧臘之通、御馳走方相立御役人等夫々相詰、蔵人殿被参、左之通御答之御口上
被申述
以御使者御口上之趣承知仕、被為入御意ニ御儀ニ奉存候、御請之儀ハ京都へ以使者可申上
候
一、御使者へモ御意有之、左之通拝領被仰付、是御使番御使者ヲ以也
生絹三疋・白銀五枚・御目録　西村東市正
白銀五枚・御目録　松井内記

1 隠岐広明（二条家臣）
2 津端泰古（二条家臣）
3 河野通和（二条家臣）
4 西村世庸（二条家臣）
5 松井邦章（九条家侍）
「以上『地下家伝』」

右之通ニ候得共、帰京之義京都ヘ伺ニ遣置候由ニテ滞留

一、同月十七日村井又兵衛殿、右旅宿ヘ御越御見廻一通り之旨也、前洩爰ニ記之

一、同月元日ヨリ同廿日迄ハ、西村東市正等自分於旅宿之趣ニ相成候ニ付、東市正・内記ヘハ一ケ日三十目宛、家来侍分ハ同拾匁宛、小者ハ五匁宛之図ヲ以御内々被下之候処、旅宿ヘハ至テ少銀ヲ以食餌申付、余分自分々々之貯ニ致候由、両人之家来数侍分五人・小者九人也

附、東市正等逗留中、卯辰観音院・宮腰等所々見物被遊行、御使者宿ヘ為取持罷越候テ近付ニ成候町人共モ同伴罷越候事

一、同年三月二日東市正・内記近々発足ニ付、旅宿ニテ夫々御馳走方相建、内記ハ翌三日発出、東市正ハ同月十七日発出罷帰候事但、東市正義越前路迄退罷在、御帰城之上重テ罷越候体ト風説有之、附此次翌寛政七年四月十四日互見、二月廿八日モ互見

御家中之人々并町方之者致嫁娶候節、石打候義堅不仕様前々ヨリ申渡置候得共、近年別テ猥ニ相成、往来之者曁近隣ヨリ石打、右ニ事寄せ帯刀人モ入交、不法之族有之体相聞、御縮方ニ指障候義モ有之候間、以来右之族有之候ハ急度相咎、交名等相糺又ハ召捕候様、盗賊改方廻役人ヘ可申付旨、今般伊藤平大夫ヘ申渡候条被得其意、此段組・支配之面々ヘ可被申渡候、組等之内才許有之人々ハ、其支配ヘモ相達候様被申聞、尤同役中可有伝達候事、右之趣可被得其意候、以上

十二月九日　　前田大炊

1治脩室
2荻野清浮（寛22 40頁）
3治脩（十一代）
4前田斉敬（重教男）
5徳川家斉室寔子（篤姫）
6原田種芳（寛9 414頁）
7松平（保科）正富（寛4 357頁）
8諏訪忠粛（寛6 177頁）

諸頭御用番連名殿

十一日　於江戸、従御台様[1]御使御広式番之頭荻野小左衛門[2]殿ヲ以、歳暮為御祝儀御例之通、干鯛・白銀御拝受、相公[3]様少々就御疝邪ニ、為御名代佐渡守[4]様御拝聴、御用番御勤モ被遊候、且御広式ヘモ公方様・御台様[5]ヨリ御例之通、紅白縮緬二十巻・干鯛一箱、上使御広式番之頭原田半兵衛[6]殿ヲ以御拝領、上意御附頭寺川斧右衛門拝聴、佐渡守様御出御挨拶、御請ハ大女臈ヲ以被仰上候義等、都テ御例之通ニ候事

十二日　於江戸左之通

付札　御横目へ

松平越前守[7]殿奥方様、今十二日御卒去ニ付、御屋敷中普請ハ明後十四日迄三日、鳴物等ハ当廿一日迄御忌日数遠慮候様可被相触候事

十二月十二日

右御横目ヨリ如例廻状有之、右ニ付当十五日常服之筈之義モ翌十三日廻状出

十四日　御籐中為御尋、上使御奏者番諏訪因幡守[8]殿ヲ以被為蒙御懇之上意候、少々就御疝邪ニ御名代佐渡守様御拝聴并御老中方御同格ヘモ御廻勤

十六日　跡目等左之通被仰付

千五百石之三ノ一
五百石

図書養子
加藤廉之助

末期願置候同姓加藤甚右衛門嫡子五郎左衛門儀致病死候ニ付、内存願置候通、同姓加藤嘉孟嫡子廉之助養子被仰付

百五十石　組外へ被加之　弥三兵衛せかれ　原　弥三郎

二千三十石 内三百三十石与力知　御馬廻へ被加之　要人養子　長屋平次郎

二百石之三ノ一 六拾石　次兵衛せかれ　駒井安次郎

六百石之三ノ一 二百石　左平太せかれ　浅加貞三郎

左平太願之趣有之候ニ付、貞三郎成長之上左平太弟庄三郎へ御配分可被仰付候

四百石　猪兵衛養子　津田猪藤太

三百石　弥六養子　服部清左衛門

同　権大夫せかれ　田辺清蔵

同　義右衛門養子　福田直吉

末期願置候通、養父方おち原田又右衛門三男直吉養子被仰付

二百石　勘左衛門せかれ　永井彦九郎

同　覚左衛門嫡子　山田平助

同　庄助養子　横山養蔵

末期内存願之趣被聞召届候、依之二番目弟養蔵養子被仰付

同　戸左衛門嫡子　伊藤牛之助

二百石　団助二男　玉木与三之助
百七十石　六郎左衛門養子　寺西亥一郎
末期願之趣被聞召届候、依之同姓寺西弥八郎弟亥一郎養子被仰付
百五十石　清左衛門嫡子　原　治太郎（六）
同　助三せかれ　松平順作
同　八郎兵衛嫡子　堀　小左進
百石　五兵衛養子　佐竹嘉藤次
同　右兵衛嫡子　河地右仲
五十石　五郎左衛門養子　坂井八十八
末期願置候通、多田左守三男八十八養子被仰付
百五十石　弥左衛門嫡子　不破平兵衛
同　助左衛門養子　広瀬富三郎
末期願置候通、深谷孫八二男富三郎儀妹へ婿養子仰付
二百三十石之三ノ一
七十石　権之助嫡子　片岡喜三十郎
百三十石　甚大夫養子　不破忠兵衛

百石　紋左衛門嫡孫　山岸紋太郎
同　亦一養子　竹内直作
直作ヘ被下置御切米、御扶持方ハ被指除之組外へ被加之
三百五十石　左源太嫡子　矢野判六
百石　庄大夫養子　池守長三郎
末期願置候通、野尻次郎左衛門次男長三郎義娘ヘ婿養子被仰付候
百五十石　和兵衛嫡子　山森伊八郎
伊八郎ヘ被下置候御切米、御扶持方ハ被指除之、組外ヘ被加之
百石　右同断　直右衛門せかれ　大平欣大夫
百石ノ三ノ一
三十石　采男嫡子　橋爪栄九郎
五人扶持　玄廸せかれ　関　玄郁
御加増
二十俵　先御切米都合六十俵　紋大夫養子　竹内善八
亡養父紋大夫ヘ最前被下置候御加増米善八ヘ被下之
十八日　縁組養子等諸願被仰出
松平越前守殿奥方様、去十二日御卒去之旨申来候、依之普請ハ今日一日、諸殺生・鳴物等ハ明後廿三日迄三日、遠慮之筈ニ候条、被得其意、組・支配之人々ヘ可被申渡候、組等之内

才許有之面々ハ其支配ヘモ相達候様可被申聞候事
右之趣可被得其意候、以上
十二月廿一日　　前田大炊
一役宛連名殿

廿二日　小松御詰米下才許御歩**鈴木故兵左衛門**跡目被仰付候筈ニテ御呼出置之処、昨日ヨリ鳴物等遠慮中ニ付御指留可被仰渡候処、其義相洩、則今日御城ヘ罷出候ニ付御横目ヘ小紙ヲ以名書御渡、追付可被仰渡ト別立候上遠慮中之義御心付有之候ニ付、今日ハ御用無之旨ニテ御返有之候、依之御用番**大炊**殿御自分指控可被成哉ト御同席方ヘ被遂御相談候処、其義ニハ及間敷旨御一統御申、併**本多安房守**殿今日登城無之ニ付、執筆ヲ以被及御相談右御答有之候迄半時計門建、御自分御指控之格ニ候処、追付**安房守**殿ニモ御一統御同存之御答有之ニ付、門明御控無之、且右跡目ハ左之通廿五日ニ被仰付

六十石　　兵左衛門せかれ　**鈴木長右衛門**

廿七日　**成田勘左衛門**一件去年十二月廿八日等互見・**石倉市郎(ママ)左衛門**一件今日夫々落着被仰付

廿八日　御用番**大炊**殿ヨリ左之通被仰聞候旨等、如例御横目回状出

付札　御横目ヘ

先頃以来之雪ニテ往来之人々指支候体ニテ相聞ヘ候間、屋敷廻之雪早速除之、致道広、往来

△

つかえ不申様可相心得候

右之趣被得其意、組・支配之人々ヘモ申渡候様、夫々可被申談候事

十二月

△かけの諸勝負ハ御制禁之旨等、寛政元年以来被仰渡候通、猶更遺失無之様、急度可申渡旨被仰出候段等、御用番大炊殿ヨリ昨廿七日御触有之、例年之通同文ニ付略ス、前記互見

御作事所御横目　御馬廻組　高山才記

御普請会所道具調奉行并渡奉行　組外　谷　猪左衛門

外作事奉行御免除　岡田茂右衛門

渡辺源三

内作事奉行御免除

能美郡御代官ハ最前ヨリ之通相勤候様被仰渡　松野源左衛門

右之通被仰付

今月十五日　於江戸、就御忌中ニ追儺之御規式無之候事

同断　左之通被仰渡

付札　御小将頭へ

聞番見習御大小将役用金等格別御省略ニ付、半減ニ被仰付候段当夏被仰渡候通ニ候処、本役役用金之儀、段々願之趣有之、無拠義ニ付前々ヨリ被下候役用金之分テ是迄之通被下候趣ニ申渡候、依之見習之分モ是迄之通り六十両被下之候、且又月割ヲ以半減被下候分ハ、先達テ申渡候通候条、此段可被申渡候事

寅十二月

同月廿二日　御忌明、佐渡守様四時前御供揃ニテ為相公様御名代御老中方御廻勤被遊候

同月廿三日　芝通玄院今度御宿坊ニ被仰付候ニ付、御両殿様御目通被仰付、於御広間上之間ニ二汁五菜之御料理等後御菓子迄出

同月廿六日　御煤払御規式有之、但就御忌中十九日相延

同月廿九日　左之通

私儀兼役方御用之儀ニ付不念之趣御座候間、委細之趣御年寄衆ヘ御達申置候、依之先自分ニ指控罷在候、猶更被仰渡次第相心得可申候、以上

十二月廿九日　　　　　　　　　仙石兵馬判

宮井典膳様

右水野次郎大夫組会所奉行仙石兵馬、兼役方役筋不念之趣御座候ニ付、紙面指出候間上之申候、指控罷在候様申渡候ニ付、御達申上候、以上

宮井典膳判

本多玄蕃助様

不破彦三様

右兵馬不念之趣ハ兼役御預地方御刑法者之義ニ付、御勘定所ヨリ被仰渡之趣御席ヘ相達、御年寄衆ヨリ被相伺、御国表ヘ可申遣筈之処、指急候義ニ付兵馬ヨリ直ニ伺御国表ヘ申越、御年寄衆ヘ御達申義前後共相洩候、依之御刑法等之義品不軽事故、自分指控相伺可然ト之事

ニテ右之通ニ候処、即刻左之通被仰出候段、玄蕃助殿被仰渡、則典膳御小屋ニテ申渡之

付札　宮井典膳へ

仙石兵馬

右兼役方御用之儀ニ付不念之趣有之、自分指控罷在候旨紙面指出候ニ付、御手前添書ヲ以被指出、達御聴候処不念之儀ニ候得共、如在モ無之義ニ候間、自分指控罷在候ニ不及候、以後之義入念候様可申渡旨被仰出候条、此段可被申渡候事

寅十二月

寛政七年

1 前田斉敬（重教男）

● 寛政七乙卯歳 戊寅正月大　御用番　長　大隅守殿

朔　日　風雪春寒甚、二日三日同、四日五日快天長閑也、六日七日風雪、八日九日快天、十日微雪、十一日ヨリ十七日迄晴陰交余寒和也、十八日雨雪、十九日廿日廿一日廿二日微雪、廿三日晴、廿四日雨雷昼ヨリ快天、廿五日廿六日快天風立、廿七日昼ヨリ雪降、廿八日雨、廿九日快天夕ヨリ雪降、晦日折々雪降、今月気候、上旬下旬余寒強、中旬暖和長閑也

同　日　例年之通、頭分以上熨斗目・半袴ニテ登城、五時ヨリ同半時迄御帳書附之、四時過於柳之御間、御年寄衆等謁退出之事

同　日　於江戸、六時御供揃ニテ同刻過御登城、都テ御例之通、四半時頃表御式台ヨリ御帰殿、其節階上板之間上之方ヘ佐渡守[1]様御出、鏡板ヘ玄蕃助・彦三、敷附ヘ御近習頭等罷出、御先立彦三、御通懸り御目見等都テ御例之通、夫ヨリ九半時過ヨリ年頭御礼被為請、鶴之包丁御料理頭長谷川宇左衛門勤之、御覧等都テ御例之通ニ候事

二　日　佐渡守様六時御供揃ニテ御登城

三　日　上野御参詣、其外年頭御勤御規式等都テ前々之通

　但、御服就被為在候、御宮御参詣無御座候事

十八日　左之通御用番大隅守殿被仰渡

　当年　御留守詰被仰付　御小将頭　遠藤両左衛門

同断　　　　　　御歩頭　井上井之助
同断　　　　　　御用人　岡田助右衛門
同断　遠藤両左衛門ヨリ申渡　御大小将御番頭　古屋也一
同断　　　　　　同御横目　丹羽六郎左衛門

十九日　於江戸、御三家様へ四時前御供揃ニテ御勤、夫ヨリ讃岐守[1]様へ被為入、御広式へモ被為入、暮過御広式へ御供人相廻、夜八時前御帰、御広式ヨリ直ニ御帰之節、御乗用所之義御供御番頭平田三郎右衛門ヨリ御附物頭広瀬武大夫ヲ以相伺候処、武大夫等手前ニテ僉議之上、讃岐守様へ伺有之候処、従讃岐守様被仰進、御白洲中程ニテ御乗用之筈ト武大夫申聞候ニ付三十人頭等へ平田ヨリ申談候事

但、御番頭・御横目一席、新番以上一席、御歩以上一席ニテ一汁二菜之御湯漬、足軽・小者へハつくね飯被下之、於御広式モ右同様三席ニテ一汁三菜之御料理等、御歩へハ一汁二菜等、足軽・小者へハ一汁一菜等被下之、佐渡守様ニモ御出之処、暮頃御先へ御帰被遊候事

廿一日　於江戸、上使御使番徳永小膳[2]殿ヲ以御鷹之鶴御拝領、御作法都テ前々之通、御痂邪気ニ付都テ御名代佐渡守様御勤之事

廿三日　左之通、於御前被仰渡

当春御帰国御供　本多玄蕃助
　　　　　　　　不破彦三

1 高松侯徳川頼儀
2 徳永昌常（寛17 129頁）

廿四日　左之通、玄蕃助殿被仰渡

御帰国御供御道中奉行等

御馬廻頭　河地才記

御歩頭　在江戸中御用人　前田甚八郎

廿六日ヨリ御道中所相建、且左之通

御帰国御供

会所奉行　仙石兵馬

割場奉行　白江金十郎

同　日　八時之御供揃ニテ新御居宅へ為御年賀被為入、御駕籠敷附へ横附、同所ヨリ佐渡守様御先立ニテ御通、御盃事相済、無程御帰殿之事

付札　佐藤勘兵衛等へ

学校銀御貸付方、是以後組柄・知行之高下ニ不限、勝手向何とか様子有之、甚難渋之人々曁不時御用等ニ付テ格別難渋之人々へ御貸付可有之候条、頭・支配人於手前能々相糺候上紙面可差出候、只今迄一通り勝手難渋之人々へ致借用候得共、右之並へハ御貸渡無之候右之趣無急度、以向寄諸頭等へ各ヨリ可被申談候事

正月

右今月廿七日、佐藤勘兵衛ヨリ諸頭等御用番連名之廻状出、組々筆頭へ迄写相渡、向寄ニ同組等夫々可有伝達旨申談有之

廿八日　左之通被仰付

宇出津奉行

御普請会所横目ヨリ　蜂谷太郎左衛門

付札　定番頭へ
他国詰人御用相済罷帰、又ハ気配相滞、或為看病御国へ之御暇相願罷帰候節、御扶持方代本勘指引相極、不足之分ハ受取、過渡之分ハ於其所々可致返上筈ニ候処、其時々於御国返上之趣ニ相願罷帰候テモ、年賦等相願候人々モ有之、彼是返上指支候間、是以後罷帰候節、於其所々厳重ニ一時ニ取立候様夫々申渡候条兼テ左様相心得可申事
右之趣被得其意、組・支配有之面々へ夫々可被申談候事
卯正月
右、**大隅守**殿於御勝手方御席御渡之旨等、定番頭**武田喜左衛門**ヨリ例文之廻状有之、正月晦日

己卯**二月**小　**御用番　村井又兵衛殿**

朔日　二日快天、三日風雪、四日五日快天、六日雨、七日快天夕霰降、八日九日十日快天、十一日ヨリ十六日迄陰雨、十七日十八日快天、十九日廿日同夕方微雨、廿一日廿二日廿三日快天、廿四日廿五日雨、廿六日晴、廿七日雨、廿八日廿九日快天、今月気候暖和之方、春寒時々気候不斉(ひとしからず)

同日　例年之通、江戸御登城無之

二日　学校へ出座、論語為政之篇之内、**新井升平**講釈聴聞

同日　左之通被仰渡

御帰城之上、江戸表へ為御礼被指出候御使　人持組　上坂平次兵衛

△公事場奉行中ヨリ例之通、当年為御用江戸等へ罷越候面々、一季居奉公人居成可召置旨等之廻状出

三日　於江戸、左之通被仰渡

当春御帰国御道中御筒支配　大組頭　松平才記

同断　御弓支配　聞番物頭並　坂野忠兵衛

御帰国御供　御大小将横目　横地茂太郎

四日　同断

御帰国御供　御近習御用　石野主殿助

勝尾吉左衛門

石黒小右衛門

宮井典膳

関屋中務

玉川狐源太

七日　同断

御帰国御道中御近習騎馬　御発駕御着城之節本役騎馬　御大小将御番頭　人見吉左衛門

平田三郎右衛門

同断　御長柄支配　御大小将　水原五左衛門

十三日　於江戸、前々ヨリ江戸御供等ニテ罷越候人々へ致餞別、又ハ罷帰候節土産物無用可仕旨

被仰出、仮令身近き親類縁者たり共、右之沙汰ニ及間敷旨等、且御発駕・御着城之節、衣類等見苦敷義不被及御貪着候条、不及相改旨被仰出候段等、**玄蕃助**殿被仰渡有之
但、餞別等之義於金沢モ今月廿七日御用番**村井又兵衛**殿ヨリモ御触出有之、附文段去々年同断ニ付略ス互見

十六日 御用番**又兵衛**殿ヨリ火之元之義、厳被仰出之趣御触出、御城代**前田大炊**殿ヨリモ御城中所々御番所火之元之義被仰渡候旨、今月十八日御横目廻状出、例年同文段ニ付略記ス
三月十九日江戸御発駕ト今月九日被仰出、前洩爰ニ記ス

廿四日 於神護寺、**孝恭院**[1]様御十七回忌御法事御執行、御奉行**長九郎左衛門**、都テ前々之通ニ付略ス、前記寛政三年二月互見

同　日 於江戸、上野御法事ニ付可被遊御予参候処、就御疝邪ニ御断、**佐渡守**[2]様御予参被遊候処、御成御延引ニ付常御参詣ニ相成候事

廿七日 江戸、**公方**[3]様千駄木筋御成、染井植木屋ヘ被為入、千駄木御鷹部屋御膳所ニ相成、夫ヨリ所々御廻り、根津社之内御通抜ト申名目ニテ御参詣、夫ヨリ還御

廿八日 左之通被仰付
今般従**二条様**[4]御使**西村東市正**等下向ニ付右為御答京都ヘ被遣候御使　御先手物頭 **上月数馬**
但三月十三日発足、四月四日帰着、前記旧臘七日互見
学校御用　寄合 **戸田斎宮**

1 徳川家基（十代将軍家治男）
2 前田斉敬（重教男）
3 徳川家斉
4 二条治孝

御普請会所横目　蜂谷太郎左衛門代　　山田七左衛門

廿九日　当御留守詰之人々・御小将頭等発足
　但、三月四日・六日迄ニ追々発足之事

庚辰**三月大**　　御用番［（空白）］

朔　日　風雨、二日快天、三日風雨折々霰、四日昼ヨリ霽、五日快天、六日雨、七日八日九日十日十一日十二日晴、十三日十四日十五日十六日十七日十八日十九日廿日雨天、廿一日陰、廿二日廿三日廿四日廿五日廿六日廿七日廿八日雨天、廿九日晦日快天、今月気候春寒強

二　日　学校へ出座、論語為政之篇之内、林柏堂[1]講釈聴聞

付札　御横目へ

△ 尾坂御門脇御石垣御修覆中、往来指留置候得共、当月六日ヨリ右往来不指支候条、夫々可被申談候事

　　三月二日

右御城代安房守殿被仰聞候旨御横目廻状出

五　日　小金ケ原へ為御鹿狩、公方様御成、依之昨四日暮六時ヨリ還御迄、此方様御邸例之通御門留、火消方間廻遠方御成格ニテ出、其外ニ相替御作法モ無之、且右御成御供揃夜前九時ト云々

右御狩場十里四方、一方ハ海、三方ハ去年春ヨリ網ニテ囲之、諸獣都合千余疋、生捕次第

1 林翼（明倫堂読師）

追々於之入有之候処、今度御狩之節減数至極、是勢ひ猛き獣ハ網ヲ喰破り、或飛越へ、又ハ海ヲ游等しテ、多分出奔、左之御獲物之百余疋ハ不残足等ニ疼ニ有之獣也、夫故今度生捕等モ自由ニ候由、但右網ト申ハ七寸廻り程之苧縄ニテ組候網也、右御狩ニ付テ之御入用金都合十万両余ト云々

一、御老中御供之松平伊豆守[1]殿へ、於御成先、白羅紗陣羽織被下之

一、御獲物数左之通

御突留鹿五疋、鹿壱突留　松平伊豆守、鹿一宛突留　御書院番四人、

鹿一生捕　御勘定柘植又左衛門、同上　御鳥見見習大岩又太郎、

同二生捕・二突留　大御番上田乙之助、

鹿十六突留　御勘定奉行等　　鹿五生捕　御鳥見等

同五猪壱　御犬噛つぶし　　鹿三生捕　御勘定奉行等

同三突留　御小納戸等　　同一宛組留御書院番

同五突留　御代官等　　青木小左衛門[2]殿

本多安之助[3]殿

同四十六打倒し姓名不知

猪一射留　御小納戸等四人　　猪壱突留　御小姓等四人

同一突留　御小姓二人　　同一打殺　姓名不知

同一行倒　　同一突留　姓名不知

1松平信明(寛4 410頁)
2青木政豊(寛21 357頁)
3本多正永(寛11 316頁)

兎六生捕　柘櫃又左衛門等　雉子一羽打倒　姓名不知
狸三打倒　大岩又太郎　狐三打倒　姓名不知
都合百十五疋

一、於奥、被下之
鹿壱宛　松平伊豆守殿[1]　井伊兵部少輔殿[2]　堀田摂津守殿[3]
立花出雲守殿[4]　御側衆四人

一、御懸り若御年寄出雲守殿[5]ヨリ左之通被下候段被仰渡
鹿十六疋　三番頭十六人　同四疋　両番組頭十一人
同六疋　御持頭等十人　同上ニ同　中奥御小将十二人
同四疋　御先手十二人　同十一疋　御目付御使者廿六人
同廿六疋　御歩頭・三十人頭等・御鷹匠頭・御船手・御鉄炮方・
三御番方・御小将頭等ヘ

九日　於江戸、当御在府中米穀ハ下直ニ候得共、去春相減候御扶持方高ニテハ引合不申、詰人一統難渋ニ付、去春被仰渡置候通、壱人扶持ニ銀三十目宛被下候テハ中々不行届、段々頭等ヨリ願ニ付、御歩並以上壱人扶持ニ金二歩宛、去秋以来相詰候者ヘハ三歩宛、足軽・小者・古詰之者ヘハ四十目宛、去秋以来到着之者ヘハ五十目宛、御貸渡被成候条、旅用不差支御供可仕義肝要之旨、玄蕃助殿被仰渡候旨組頭ヨリ諸頭演述、廻状前之通可有之候事

十一日　於江戸、慶次郎[6]様初テ御出、御両殿[7]様ヘ御太刀馬代御持参、披露組頭、御両殿様御盃

1 松平信明（寛4 410頁）
2 井伊直郎（寛12 310頁）
3 堀田正敦（寛11 9頁）
4 立花種周（寛2 379頁）
5 前田利謙（富山藩八代）
6 南部利敬（盛岡藩侯利正男）（寛4 109頁）
7 前田重教と治脩

事被遊、御刀統行[1]被進之、畢テ二汁六菜御料理等、御引菜御持参、御酒・御肴ハ佐渡守[2]様御持参、頭分以上并御給事人熨斗目着用、其外御一同様御出之節之通ニ付略之
但、南部公也、往昔ヨリ御字利之字被進義等、右御刀被進義等御旧例也

一、左之通、於御前被仰付
定番頭並御近習御用ヨリ
横浜善左衛門
五百石御加増、先知都合千五十石ニ被仰付、人持末席ヘ被加之、佐渡守様御附御用

一、於御席被仰渡
只今迄御用人並也
千羽津大夫
松寿院[3]様附御用人本役

十三日 同断、上使御老中安藤対馬守[4]殿ヲ以、御国許ヘ之御暇被蒙仰、御例之通巻物・白銀御拝受、従御台様モ御使御広式御用人小笠原久兵衛[5]殿ヲ以、御巻物五御拝受、御作法都テ御例之通、十五日御登城御暇之御礼、御懇之上意、御手自御熨斗鮑・御鷹同日渡・御馬栗毛八才・月毛五才 御拝領、玄蕃助・彦三御目見、御拝領物等都テ御例之通、同日旧臘御拝領之御拳之鷹御披、是又御作法等都テ前々之通

十五日 左之通被仰付
大かね奉行 渡辺源蔵代
御大小将
野村伝兵衛

十八日 御大小将撰有之

十九日 夕七時前江戸御発駕、御作法前々之通、且御泊附左之通

1藤原統行（豊後高田の刀匠）作
2前田斉敬（重教男）
3重教女穎（保科容詮室）
4安藤信成（寛17 178頁）
5小笠原義武（寛19 63頁）

浦輪　熊谷　板鼻　追分　榊　牟礼　荒井
能生　泊　魚津　高岡　津幡

廿八日　於学校、儒学入情之者三十人余へ五嶋点[1]五経一部宛、拝領被付

辛巳 四月小　御用番　長　九郎左衛門殿

朔　日　二日雨、三日ヨリ七日マテ快天、八日九日雨陰、十日晴、十一日十二日雨、十三日ヨリ十六日マテ晴陰交、十七日十八日雨、十九日ヨリ廿三日マテ晴、廿五日昼ヨリ雨、夫ヨリ廿八日迄陰、廿九日快天、気候寒暖交不正

同　日・二日　例年之通長谷観音祭礼能有之、番附書洩無之、十五日寺中祭礼能同断、番附書洩下帳ニ無之

相公[2]様昨夜津幡御泊、今暁七時御供揃ニテ今日四時前御着城、御作法都テ前々之通ニ付略ス、且為御礼江戸へ之御使人上坂平次兵衛御目見後拝領物可被仰付候処、去々年暮ヨリ格別御省略ニ付、御使人へ之被下物当分相止候事、但野田泰雲院[3]様御廟へ御着後御参詣ト昨夜被仰出置候処、雨天ニ付御延引、宝円寺へ御参詣、自分[4]御供

四　日　前記ニ有之通、京都二条様へ之御使人上月数馬、御使御用相済、今日帰着、附二月廿八日ト互見

但、在京九ヶ日、且三汁九菜之御料理等被下之、公家衆筆之物二通り、白銀二枚、従二条様被下之

1 漢文訓読法の一つで、後藤芝山が四書五経に点けた訓点
2 前田治脩（十一代）
3 前田重教（十代）
4 政隣

附発足前、御定之金小判七十両等之外、学校銀二貫目・産物銀壱貫五百目借用

六　日　左之通

組外御右筆　土師清大夫
組外　中西順左衛門

遠慮御免

十三日　左之人々御大小将ニ被仰付、但昨夜被仰付、今日御請也、

千百石　二十歳　岡田蔵人　正聡
六百石　廿五歳　奥村半五兵衛（改右門）　信之
五百石　廿四歳　藤掛亥三郎　喜頼
同　廿九歳　永原勘右衛門　孝升
四百五十石　十九才　中村兎毛　保直
三百石　二十才　吉田辰之助（改直九郎）　定静
二百五十石　十八才　奥田金大夫　知英
同　廿五才　桑嶋織人　貞長
五百石　十六才　津田和三郎　近英

十四日　従二條様[1]為御使者西村東市正・松井内記、当月八日京都発足、於越前二三日逗留、夫ヨリ此御地ヘ御指下之筈ニ付左之通今日被仰渡、前記去年十二月七日互見

主附組頭　御馬廻頭　多田逸角

1 二条治孝

御馳走方
　　御小姓頭　水野次郎大夫
　　御大小将　和田知左衛門
　　　　　　　佐藤八郎左衛門

十五日　右御使者西村東市正等今日参着、旅宿菅波屋三郎兵衛、御作法書前記之通幷登城之節御作法書　登城無之ニ付不記之モ出候得共、登城ハ無之、今日廿二日夕七時頃ヨリ東市正義、村井又兵衛宅へ罷越、本多安房守殿・前田大炊殿モ御越、人払ニテ御対談有之候、右ニ付主附組頭多田逸角・水野次郎大夫、町奉行青地七左衛門、御使番山路忠左衛門モ相詰、暮前東市正退出之事

但、東市正へ菓子・吸物等被出之、松井内記ハ当病ニテ不罷越候事

同月廿五日、松井内記、本多玄蕃助殿御宅へ罷越、大炊殿・又兵衛殿御越、御対談人払ニテ有之、依之町奉行高畠五郎兵衛・御使番永原佐六郎相詰、五月十六日東市正発足帰京、内記ハ未罷帰、まいど御断申上候ニ付同十九日ヨリ御馳走方御役人等旅宿へ相詰候事相止、町奉行御使番等折々見廻りニ相成、尤御馳走方御作法相止有之候之処、七月十五日内記モ発出帰京、其砌御忌中等ニ付御馳走方之御作法等一円無之事

廿六日　左之通、被仰付
　　御作事奉行　御馬廻組　丹羽伊兵衛
　　金銀入立奉行　御武具奉行ヨリ　本保七郎左衛門

廿七日　左之通夫々御組頭御指図ニ付
亀万千[1]殿御抱守
土田栄之助
役筋之義ニ付不念有之、自分指控
御用人御先手
庄田要人
小川八郎右衛門
同断御用番御指図
御用所執筆
牛円新左衛門
松永軍平
右不念之趣ハ京都御所司代堀田相模守[2]殿江戸表へ御出府中ニ候処、御呈書相洩候故也、併
江戸ニテ心付御判紙ヲ以取計御勤ハ不欠
廿八日　御用人両人共昨日ヨリ自分指控ニ付、今暁御用番九郎左衛門殿於御宅、左之通被仰付
御用人当分加人
御歩頭
前田甚八郎
御先手
奥村十郎左衛門
同　日　夕七時頃九郎左衛門殿於御宅、左之通被仰渡
此度之義ハ御免被成候条
指控ニ不及旨被仰出
庄田要人
小川八郎右衛門
廿九日　左之通被仰付
御大小将組ニ被仰付　堀三郎兵衛支配へ
佐渡守[3]様御抱守御馬廻組
飯尾半助
江戸詰御小将頭遠藤両左衛門浮腫等煩、御国へ之御暇願、今月廿一日江戸表五月四日帰

1前田斉広（十二代）
2堀田正順（寛116頁）
3前田斉敬（重教男）

着、同廿四日病死、右ニ付代詰**水野次郎大夫**へ被仰渡、五月十日発同廿日江戸着

壬午**五月**小　　　御用番［（空白）］

朔　日　陰、二日三日四日雨、五日六日快天、七日八日雨、九日十日十一日十二日晴陰交、十三日ヨリ廿日迄雨天、廿一日ヨリ廿五日マテ晴、廿六日雨、廿七日快天、廿八日同、廿九日雨、気候中旬迄冷、下旬湿暑強

同　日　月次出仕御目見等且今般出府ニ付大坂町人**辰巳屋久左衛門**於桧垣之御間御目見、献上物熨斗鮑壱箱・紅白紋紗綾三巻・内々五色之塩瀬服紗廿五上之、翌二日於虎之御間、二汁五菜之御料理等被下之、才許御大小将両人・御歩小頭壱人・御歩横目壱人・給事坊主、将亦八講布十疋、御内々白銀十枚拝領、委曲別冊諸御作法書ニ有、互見

同　日　左之通被仰渡

御用人、当分加人御用無之　　**前田甚八郎**　**奥村十郎左衛門**

三　日　左之通

指控御免許　　**牛円新左衛門**　**松永軍平**

九　日　**飛騨守**[1]様昨八日御着、今日八時過御登城、御作法都テ前々之通、且依御願両学校へ被為入、稽古中之処ヲ御見物、但前月廿四日江戸御立之処、川支ニテ御逗留

1前田利考（大聖寺藩八代）

十日　御帰国御礼之御使上坂平次兵衛、前月廿六日江戸発今日帰着右平次兵衛河北御門へ向御奉書有之候間、御門開申義ニ候哉ト相尋候処、前々右御使人帰着之節、右様之義不申聞ニ付、御門開不申候得共、御奉書有之候段申聞候ニ付何そ格別之趣モ有之候哉ト而已心付穿テ不及詮議、御門開之不念之仕合ニ付、三之御丸当番御馬廻組中村九兵衛組左之人々、先自分指控可罷在哉之旨同月十三日紙面指出、則頭九兵衛ヨリ御城代安房守殿へ相達候処、其通ト御指図有之、河北御門当番与力モ才許菊地大学ヨリ御城代へ相達候処、右同断、但同月廿九日十一人共急度指控被仰付候段、六月廿四日御免許被仰付

今村喜大夫　石黒孫九郎　磯松頼之助　中村三郎兵衛
奥村主馬　津田善助　瀬川又九郎
与力
多田権八　竹中太兵衛　杉江宇八郎　山内権丞

十一日　左之通被仰付
能美郡御代官
改作奉行
新庄金山才許
当月朔日被仰付
御馬廻組役銀奉行ヨリ
久津見左次馬
御馬廻
江上清左衛門
組外
深谷孫八

十三日　同断
不届之趣有之、御扶持被召放
定番御徒
仲　喜平

十四日　同断

小石川御前様[1]御用人　二ノ御丸御広式御用達ヨリ
井上太郎兵衛

今年

家康公天下統一之干支ニ付今月十一日於殿中御祝御能有之、諸侯方等見物被仰付、御料理被下之、佐渡守[2]様ニモ御登城、御料理ハ御連枝方ト御同席ニテ御頂戴、右ニ付十日五時不遅御供揃ニテ御登城、十一日六時過御供揃ニテ御登城、御供人昼九時代り合、夕七半時過御帰、十三日五時御供揃ニテ御登城

御能御番附

弓八幡　金剛太夫　彦太郎　九郎兵衛　左吉
　　　　　　　　　六蔵　熊八郎
　間　仁右衛門弟子　岡村茂左衛門

田村　熊八郎　彦十郎　三郎四郎　甚次郎
　　　　　　　万吉
　間　八右衛門弟子　日吉長三郎

熊野　観世太夫　久右衛門　三太郎　広兵衛
　　　　　　　　新九郎

船弁慶　七太夫　万作　助五郎　権八郎
　　　　　　　　　　権三郎　小八郎
　間　仁右衛門弟子　岡本助次郎

融　宝生太夫　新之丞　市郎兵衛　惣右衛門
　　　　　　　　喜太郎　又六郎
　間　八右衛門弟子　藤井七十郎

麻生　八右衛門

唐相撲　仁右衛門

日本人　仁右衛門弟子　矢田清右衛門
通詞　同断　長命勘蔵

1 重教女藤姫（高松徳川頼儀室）
2 前田斉敬（重教男）

帝鑑間御料理本膳木地足打

鱠　たい　くり
　　せうか　金かん

煮物　焼きす　長いも
　　　塩煮貝　漬蕨

汁　つみ入　なすひ
　　松茸

香の物　飯

二之膳
丸杉箱　半へん　くわゐ
　　　　ふ入焼玉子
　　　　わさひみそ

梅煮　くるみ

当座鮨　なよし
　　　　車えひ
　　　　たて

汁　塩煮　鯛
　　青山せり

三之膳
杉地紙
刺味　鯉子付　白うり　割海走(カ)
　　　白め鱸　くらけ　小ちよく
　　　わさひ　改敷南てん　熊笹　いり酒

汁　小な

向詰　小鯛かけ塩

酒肴一魚でん(ママ)

吸物　いか　ひれ
　　　品川のり

重引　一にしめ麩
　　　平ふし

菓子　やうかん　まんちう　ひわ
　　　あるへい　巻せんへい

已上

廿三日　御居間書院へ御出之御定日、以後左之通ト被仰出、五日・十七日・廿四日、但是迄ハ毎度御出之処、是以後如茲被仰出

癸未六月大　　　御用番　長　九郎左衛門殿

朔　日　快天、二日雨、三日四日五日六日陰、七日雨、八日昼后雨、九日十日十一日十二日陰、十三日陰昏前大雨一頻降、十四日十五日陰、十六日十七日雨、十八日モ雨天朝夕大雨雷鳴、十九日ヨリ晦日迄晴陰交烈暑、廿七日ハ夕立一頻降、今月気候下旬大暑

三　日　於御次左之通、石野主殿助ヲ以被仰出拝領物被仰付、御目録主殿助人々ヘ被渡之

八講布　　御大小将

白銀二枚　壱疋宛　火消取次六人
八講布　三疋宛　取次役六人
同　二疋宛　御供役等八人

去る御在府中御人数少之処、御婚礼御用等、彼是入情相勤候旨被聞召、依之右之通拝領物被仰付

附今月十九日於江戸モ御在府ヨリ詰延之御大小将六人ヘ右同趣ニテ拝領物被仰付、青山五左衛門江戸定府組外御大小将御勝手役加人ヘモ金小判壱両拝領被仰付

五　日　暑気為御伺、公儀ヘ被指出候御使人御馬廻組渡辺嘉聞、今朝発足十六日江戸参着

六　日　左之通被仰付

御武具奉行　　御馬廻　脇田延之助

佐渡守[1]様御抱守　　御馬廻組南御土蔵奉行ヨリ　戸田伝太郎

1前田斉敬（重教男）

1前田斉広（十二代）

2重教女藤姫（高松徳川頼儀室）

七日　同断

亀万千[1]殿御抱守

改作奉行本役

定番御馬廻
木梨左兵衛

定番御馬廻
長田久太郎

御馬廻組改作奉行加人ヨリ
小谷左平

同断
野村忠兵衛

二之御丸御広式御用達

御馬廻組
田中半助

十五日　左之通、於御前被仰付

御小将頭　遠藤両左衛門代

御表小将御番頭ヨリ
関屋中務

御近習御用　石野主殿助同事

御持頭ヨリ
富永右近右衛門

御歩頭　神保儀右衛門代

御先筒頭水野次郎大夫代

御奥小将御番頭ヨリ
河内山久大夫

御近習頭ハ御免除

小石川御前[2]様附物頭並

御大小将御番頭ヨリ
安達弥兵衛

於御席、御用番九郎左衛門殿、左之通被仰渡

御用人加人兼帯

御歩頭
前田甚八郎

御異風才許被仰付　御先手　窪田左平
金谷御広式御用御免　大組頭　松平才記
金谷御広式御用御免除　組外御番頭　佐藤治平衛
御近習御用御免除　御小将頭　宮井典膳
脚痛依願　御大小将被指除　組外へ被加之　田辺佐大夫

十六日　左之通被仰付
江戸御広式番　定番御馬廻組　大村武次郎

十八日　夕七時前、暑御尋之宿次御奉書到来之事
但、去十三日江戸発、且翌十九日御馬廻頭渡辺主馬へ御礼之御使被仰渡、廿一日発足、日図之通参着之処、就御凶事御使控、御忌明之上相勤、八月廿七日江戸発、九月九日金沢着

同日　左之通被仰付
会所奉行本役　御馬廻組会所奉行加人ヨリ　岡田又右衛門
内作事奉行　定番御馬廻組　大嶋忠左衛門
外作事奉行帰役　同　副田佐次馬
役銀奉行　同　中村八兵衛

廿四日　左之通被仰付
改作奉行加人　定番御馬廻組　加藤与兵衛

廿五日　同断於御前
　御先筒頭　本保故十大夫代（御表小将横目ヨリ）　玉川孤源太（改七兵衛）
　御近習只今迄之通
　御表小将御番頭　佐渡守[1]様附御大小将御番頭ヨリ　関屋中務代（御表小将配膳ヨリ）　樫田折之助
　御表小将横目　玉川孤源太代　林平二郎（改十左衛門）
同　日　於御席御用番九郎左衛門殿被仰渡
　小石川御前様附御用人並、　加須屋金左衛門（定番御馬廻組二ノ御丸御広式御用達ヨリ）
　御格之通役料五十石被下之
廿八日　左之通被仰付
　奥取次　林　十左衛門
　奥取次御免除　久能吉大夫（御近習御使番）　中村才兵衛
今月朔日　夜、江戸御上邸東御門外之辻番所近辺ニ、至テ粗相成拵大小之古ひ候両刀落し有之、夫々御届有之候処、同三日為見分御小人目付四人罷越、御使者之間ニテ御料理被下之、給事坊主、取合聞番
今月十四日　於江戸左之通

1 前田斉敬（重教男）

外作事奉行兼内作事中山儀大夫
浮腫煩金沢ヘ之御暇願帰候ニ付
右代役当分加人
御大小将 氏家九左衛門

同十五日 朝五時過御供揃、御忍御行列ニテ寿光院[1]様為御行歩、浅草辺ヨリ両国橋筋ヘ御出、同夜暁七時頃御帰、于時同夜九時頃甚強雷鳴、近年無之程之雷、依之御用人ヨリ為伺御容体、御大小将前田義四郎、佐渡守様ヨリ御附御番頭音地清左衛門ヲ以御伺、両人共彼筋ヘ罷越候処、筋違橋辺ニテ奉出会、尤御取次ヲ以、御船中ヘ申上之帰、右雷所々ヘ落、松平陸奥守[2]殿厩ヘモ落候テ、馬壱疋斃し、鉄砲洲筋海中大船之上ヘモ落、帆柱裂ケ船中ニ六人在之候処、三人ハ聾の如く相成、又中橋町櫓ヘモ落、半鐘飛失行方不知、其外所々ヘ落候テ家蔵破損夥敷、近年無之雷ト云々、且同月廿八日夜五時頃大雨、十五日夜之雷ヨリハ甚強大之雷鳴数声、本郷辺等数ケ所ヘ落、破損所モ夥敷有之

同月十九日 五時過御供揃ニテ佐渡守様御下屋敷ヘ被為入、翌廿日九時御供揃ニテ 上野有徳院[3]様御霊屋ヘ御参詣

同月晦日 於江戸、佐渡守様不被為叶御療養、卯上刻御逝去、委曲之義七月朔日等記ス互見、
但御実ハ今月廿七日卯ノ二刻御逝去之事

今月上旬 於能登浦、大魚ヲ捕得テ近江町魚問屋ヘ出之、一角魚歟ト云々、二間計無鱗、味不宜候、角長サ六尺計、元ハ六七寸廻り、先ニ随ひ細し、状(かたち)一角ノ如し、俗名カチ通し[4]、本名不知、

1 重教室千間
2 伊達斉村（寛12 341頁）
3 徳川吉宗
4 カジキは舵木通しともいう

甲申 七月小　御用番　村井又兵衛殿

朔　日　二日大雨、三日昼ヨリ晴霽、四日快天、五日陰、六日同両夜共雨降、七日八日雨、九日陰、十日十一日十二日十三日快天、十四日雨、十五日快天、十六日ヨリ廿四日迄陰雨交、廿五日昼ヨリ霽晴、廿六日快天之処夕方雷雨、廿七日快天、廿八日雨、廿九日快天、今月気候涼冷、併時々蒸暑混雑

同　日　四時過御出、出仕之面々御目見、役儀之御礼等被為請、且才川上ヘ御行歩被仰出置候処、御供人揃候上俄ニ御延引

同　日　半納米直段左之通、余ハ准テ可知之
　地米五十五匁、羽咋米四十四匁五分、井波米四十二匁五分

佐渡守[1]様前月廿五日宵ヨリ俄ニ御煩出之処、不一通御様子ニ付、御抱守高畠源右衛門ヘ指急之御使被仰付、廿六日夜九時前江戸表発出、今朔日九半時頃御城ヘ到着、同夜四時頃御返答被仰出、御拝領物モ被仰付、追付発出帰府
右ニ付御年寄衆等追々登城之上、為御見廻指急御使御近習御使番久能吉大夫并御医師内藤宗安・久保江庵・中野又玄随安せかれ也ヘ、道中指急可罷越旨奥村河内守殿御部屋御用主付故也被仰渡、今夜五時前ヨリ同半時頃迄追々発出之事、但指急ト被仰渡候得共、皆々早打ニテ罷越

同　日　於江戸ハ、前記前月晦日記之通、御凶事ニ付、御殿向一統常服着用之事、但御殿向一統平詰日数之儀ハ追テ可申談旨御留守居織田主税ヨリ申談之事

1 前田斉敬（重教男）

二日　前月廿七日卯中刻、江戸発之早飛脚足軽、今二日午中刻到着
佐渡守様御容子、御喘気甚敷、御難儀至極ニテ御急変之処、只今又難計、衆医之案無之旨
申来候事
佐[1]御容体前月中旬ヨリ御足ニ少々御浮腫有之候処、無程御快然、嘉祥御登城、其後前月廿八日互見九日・廿日御出モ有之、何之御替モ不被為在、廿五日夜御休被遊候処、御嘆息之上御吐瀉有之、御胸膈ヘ指込御苦痛至極、次第ニ御倦ニモ甚被相成、依之御医師ハ不及申ニ、公義御医師**橘宗仙院**[2]等ヲ初、町医者ニ至迄、名之鳴り申者共数医奉診候処、何モ御病名難号、先御脚気腫上并衝心[3](疝カ)ト申御症ニテ霍乱[4]モ御兼候奉診察、御三里ニ御灸仕候所処、少々御苦痛退き、御飯二十目計被召上候処ヲ奉見受候テ**源右衛門**発出、昨日同人ヨリ申上之、然処右早飛脚今日到着、本文之通不御宜旨申来候事
右ニ付為御見廻御近習御先手**青木与右衛門**ヘ早打御使被仰付、従**正姫**[5]様モ御広式御用達**石川太郎右衛門**、従**亀万千**[6]殿モ御抱守**坂井小平**ヘ為御見廻早打御使被仰付、今夜五時前迄ニ皆々発出、且**前田大炊**殿医師**松原柏庵**モ今夕早打ニテ被遣之候事
三日　右ニ付、**奥村河内守**殿モ再往願之趣御聞届有之、今朝六時過発出、江戸表被罷越、執筆両人被召連
　但、**永原将監**等御附之人々モ江戸表ヘ罷越度段相願候得共、御指留之事、此次九日互見
同日　前月廿七日申中刻江戸発之早飛脚足軽、道中川支ニテ隙取、今日巳下刻参着、**佐渡守**様次第ニ御指重り、衆医御薬剤難附、半夏湯等指上候得共、最早被及御大切至極ニ候段、

1 佐渡守（重教男斉敬）
2 橘元周（寛20 363頁）
3 衝疝は「小腹ヨリ上り心ヲ衝キ痛ム」『江戸病名録』
4 （かくらん）暑気あたり
5 治脩正室
6 前田斉広（十二代）

1土井利和（寛5 254頁）

先早飛脚ヲ以申来候事

四　日　前月廿八日夕発之足軽早飛脚、姫川等洪水ニテ逗留、今暁来着、左之通申来佐渡守様御煩之処、次第御指重り之段廿八日御届有之候処、同日上使御奏者番土井大炊頭[1]殿ヲ以、御尋之被蒙上意候段申来候事

同　日　御大小将鈴木左膳、前月晦日暁丑中刻江戸発早打為御使罷越候処、姫川満水ニ付三時計逗留、今日九時過御城へ到着

佐渡守様最早被及御大切候段御案内有之、御小将頭詰合無之ニ付、当番御大小将御番頭田辺善大夫義御席へ誘引、御用番又兵衛殿へ左膳演述、夫ヨリ御次へモ善大夫誘引、関屋中務ヲ以左膳申上、夕七半時過又兵衛殿御返書御渡、押返早打ニテ同刻発出十日江戸へ帰府筈之事之事、但拝領物之義ハ追テ御詮議有之

附左膳義宅へ相返、駕籠修復等申付、右之間二之御丸ニ致附人置、御席ヨリ呼ニ被来候節可申達候間、早速罷出候様善大夫ヨリ申談

右ニ付富山・大聖寺ヨリ早打御使者追々登城

右ニ付、御大切為御見廻、御使番永原佐六郎表之御使番也へ早打御使被仰付、暮頃発出之事

右ニ付、早速江戸表へ可罷越旨被仰渡候人々左之通

但五人共六日暁天
発出之処、廿日ニ参着

御家老役　西尾隼人殿

北村三郎左衛門

木梨助三郎
柘植儀大夫
本保六郎左衛門

同日 於江戸、上使御奏者番**有馬左兵衛佐**[1]殿ヲ以、御香奠白銀三十枚御拝領、上意**前田大和守**[2]殿御拝聴

但御悔之御奉書ハ聞番へ御渡、同人ヨリ御用人へ相達、夫ヨリ御国へ上之候事

七日 例月出仕之面々七夕為御祝詞登城之処、少々御勝れ不被遊ニ付御目見不被仰付、年寄衆謁ニテ四時過退出之事

佐渡守[3]様御所労不被為叶御療養、前月晦日卯上刻就御逝去、為御案内早打御使御大小将**山崎弥次郎**同日未中刻江戸発之処、信州筑摩川高水ニ付松代へ相廻候処、是又船留ニ付川田ニ二日二夜逗留、今七日巳二刻御城へ到着、御小将頭**宮井典膳**いまた退出以前ニ付、御席御次へ誘引、夫々御達相済申上刻頃、御返書御用番**又兵衛**殿御渡旅中早打ニ不及候、指急可致帰府旨被仰渡、同刻発出之事

但、右記之外、前條四日**鈴木左膳**到着之節同断、互見

附、姫川々支、其外人馬支等ニテ十六日午二刻江戸帰府之事

佐渡守様御気色御滞被成候処、段々御指重不被為叶御療養、前月晦日御逝去被成候段申来候、依之諸殺生・普請・鳴物等可有遠慮候、日数之義ハ追テ可申渡候

---

1 有馬誉純（寛12 194頁）
2 前田利以（七日市藩九代）
3 前田斉敬（重教男）

一、御家中さかやき可為遠慮候、又者ハ及其儀不申事
一、御先祖様方御忌日、御寺へ参詣之義モ当分指控可申事
一、右ニ付頭分以上之面々ハ為伺御機嫌、明八日五時ヨリ可有登城候、幼少・病気等之人々ハ御
用番宅迄以使者可申越候
右之趣被得其意、組・支配之人々へ可被申渡候、組等之内才許有之面々ハ其支配へモ相達候
様可被申聞候事
右之趣可被得其意候、以上
　　七月七日　　　　　　　　　　　　　　　　　　　　　　村井又兵衛
　　一役宛連名殿

同　日　於江戸、今般就御凶事ニ平詰無之、一統常服之事
　曹渓院殿　**佐渡守**様仮御法号広徳寺ヨリ奉号、
　　且又従天徳院奉号候御法号十日ニ記之

八　日　昨日御用番**又兵衛**殿依御廻文、今日五時ヨリ四時迄頭分以上登城、御帳ニ附退出、尤
常服着用罷出候事

△
佐渡守様御逝去ニ付、普請・鳴物等遠慮日数之義、追テ可申渡旨先達テ相触候通ニ候、依之
不押立普請ハ昨七日ヨリ十三日迄七日、諸殺生・鳴物等ハ当十九日迄御忌中日数遠慮可仕候
事
一、御家中之人々御目見以上月代剃申義、昨七日ヨリ十三日迄七日、御歩以下ハ三日遠慮可有

之候、又者ハ不及其義候事
一、御附之面々頭分以上ハ五十日、平士等御目見以上三十五日、御歩並并御居間方等坊主ハ廿一日、足軽小頭以下二七日月代剃申間敷候事
但、本文日数相済候共、御葬式相済候迄ハ相控可申候
一、頭分以上当月十三日五時ヨリ、為伺御機嫌可有登城候、幼少・病気等ニテ登城無之人々ハ、御用番宅迄以使者可相伺事
但、御近習之面々ハ拙者共於席、可相伺御機嫌候
一、当十五日例年之通出仕無之、出勤之面々着服之義ハ都テ例年之通ニ候事右之通被得其意、組・支配之面々ヘ可被申渡候、且又組等之内才許有之人々ハ其支配ヘモ相達候様被申聞、尤同役中可有伝達候事、右之趣可被得其意候、以上

七月八日　　村井又兵衛

一役宛連名殿

但、同役中伝達ト之御文面ニ候得共、一役宛連名也

付札　御小将頭ヘ
此節方々ヨリ御使者可有之候間、御馳走方御小将可被申渡置候、尤相知次第可申達候得共、町奉行ヘモ各ヘ及案内候様可申聞置候間、不指支様可被相心得候事右御用番被仰聞ニ付、左之人々ヘ申渡有之

1前田斉敬（重教男）
2えんかん（高貴な人の死）
3佐渡守へ広徳寺よりの仮法号

他国御使者御馳走人　前田牽治郎
　　　　　　　　　　宮崎磯太郎

九日　左之通被仰付

佐渡守[1]様御葬式等主付御用　前田大炊

同断　御大小将横目　永原半左衛門
　　　　　　　　　　水越八郎左衛門

奥村河内守殿義前記三日ニ有之通発出之処、佐渡守様御逝去之旨、於糸魚川ニ被奉承知候
ニ付今日夕方帰着之事

十日　左之通被仰付

佐渡守様御葬式等主付御用　奥村河内守

右ニ付大炊殿へハ右御用無之段被仰出

佐渡守様御法号　捐舘[2]　観樹院殿故正四位下羽林次将法山道輪大居士　神儀

盆中廟所へ切籠燈し候事不苦、（自）寺分寺等へ参詣之義ハ無用之事

△右、若相尋候者有之候ハ右之通可相答旨、御用番又兵衛殿御横目へ被仰聞候事

同日　於江戸左之通

曹渓院[3]様御国へ被為移候ニ付御道中役附

御旅館取次　辻晋次郎

宿割并御宿拵　葭田左守
　　　　　　　氏家九左衛門

1 高松侯徳川頼儀（重教女藤姫婚家）

十一日　左之通

歩御供　（岡嶋左平太／前田義四郎）

御長柄支配　篠原与四郎

讃岐守[1]様御使者来候筈ニ付主付御用

前月廿八日、上使ヲ以佐渡守様御所労御
尋之御礼江戸表へ之御使
　但今月五日被仰渡、廿一日発八月四日江戸着、川支逗留有之、同月十七日江戸
　発廿八日金沢へ帰着之事

佐渡守様就御逝去、以御奉書被蒙上意候、為御礼
公辺へ被指出候御使、但廿一日発之処、川支逗留八
月五日江戸着、同月十七日江戸発廿八日帰着之事

右同断従若君様御諚之御礼
但佐藤勘兵衛同断

十二日　左之通

今月四日、以上使御香典
御拝領之御礼使、但佐藤治兵衛同断

御馬廻頭　今井甚兵衛

御小将頭　宮井典膳

組外御番頭　佐藤治兵衛

御馬廻頭　佐藤勘兵衛

御小将頭　宮井典膳

定番御馬廻御番頭　遠藤次左衛門

役筋不念之趣有之ニ付今日ヨリ　　御馬廻頭　今井甚兵衛
自分指控、附十四日御免許之事
但右ニ付讃岐守様御使者主付御用御小将頭大屋武右衛門へ被仰渡

御用人岡田助右衛門浮腫煩御国へ之　　御用人　庄田要人
御暇願帰候ニ付、為代江戸詰
被仰渡十九日発足之処、川支等ニテ逗留八月四日参着

御用人加人　　御先手　奥村十郎左衛門

喧嘩追懸者役　奥村十郎左衛門代
例之通矢部ヨリ廻状出　　七月十二日ヨリ只今迄之通　｛矢部七左衛門　小原惣左衛門

十三日　前記八月之通ニ付、五時ヨリ四時迄之内頭分以上登城御帳ニ附退出、尤常服之事

同　日　夜六時過久能吉大夫帰着、但七日江戸着、同夜発出、附去朔日互見

十四日　就御忌中、盆中御参詣并御名代参詣モ不被仰付、且左之通
天徳院・宝円寺・如来寺・経王寺・
実成寺・桃雲寺へ御水向料
御使番御使ヲ以被遣之　　御使番指支候ニ付御大小将　成田長大夫

同　日　従讃岐守[1]様之御使者御使役小笠原惣大夫今朝参着、旅宿堤町八田屋平右衛門也、十六日四時半頃御馳走方御大小将前田索治郎同道ニテ登城、町奉行青地七左衛門階上へ出向取

1　松平頼儀（高松侯）

次、御大小将岸忠兵衛誘引、虎之御間二之間御屏風囲之内へ相通、御奏者番へ及案内、前田兵部罷出御口上承之、達御聴、御茶・たばこ盆御歩指出、御用番又兵衛殿被出、御使者平士ニ付、外御年寄衆等ハ不被罷出、御用番御一人被出候也、挨拶・御答兵部申述退出、其節兵部并主付組頭両人・聞番恒川七兵衛・最前誘引之岸忠兵衛階下迄送之、階上列居御番頭・御横目一人充、当番御大小将之事、右御使者退出後、旅宿へ御使御大小将篠嶋頼太郎（布上下着勤之）ヲ以就之白銀五枚被下之、翌十七日発罷帰候事御使者登城等之御作法書八月晦日ニ有之、慶次郎[1]様御使者之分ト互見

付札　御横目へ

拙者共月代御忌中たけ剃不申儀御噂有之候、依之当十五日着服之義、都テ例年之通ト相触置候得共、右之趣ニ候間、出勤之面々可為常服候条、夫々可被申談候事

右今十四日九時頃、御用番又兵衛殿御渡之、急速御横目中ヨリ夫々へ申談有之、組・支配へ急触出之候事

相公[2]様御忌中日数、御近習向ハ都テ月代剃不申筈ニ相成、御祐筆中等へモ剃不申様ニト御近習頭ヨリ申談有之

同　日　朝五時過、前記二日ニ有之青木与右衛門等帰着之事

但七日江戸着、同夜発出之事

同　日　此度御凶事ニ付御大小将之内三人急速発出、江戸表へ罷越古詰之者ト為致交代候様、当八日御用番又兵衛殿御小将頭へ被仰渡、助者平岡次郎市・岡田徳三郎・池田三九郎へ申渡

1 南部利敬（盛岡藩南部利正男）

2 前田治脩（十一代）

1前田利考（大聖寺藩八代）
2はすのね（レンコン）
3前田利久（富山藩七代）
4前田斉敬（重教男）

有之、今朝発足廿五日参着
右同断、会所奉行伴采女・割場奉行塩川和一郎急発

十六日 飛騨守[1]様ヨリ御使者御歩頭安達伝左衛門八半時頃登城、為御見廻草藕[2]一箱被進之、従出雲守[3]様モ一昨日足軽飛脚ヲ以為御見廻御呈書・蕨粉・砂糖漬一箱宛被進之候事、但従御両方様御悔之御使者ハ去七日登城之事、前洩ニ付爰ニ附記ス

十七日 普請鳴物等遠慮日数之義、先達テ相触候通ニ候、しかし御尊骸此表へ被為移候義ニ候間、鳴物等之義ハ御葬式相済候迄自分ニ遠慮仕尤ニ候事、右之趣等御用番又兵衛殿ヨリ御
△用番連名之御廻状今日出

十八日 朝四時頃、前記四日ニ有之永原佐六郎帰着之事
但、十日夕方江戸着、同夜発出之事

付札　御横目へ
御先祖様方御忌日御寺へ拝参之義、当分指控可申旨、先達テ相触候通ニ候、御忌明之上ハ
△勝手次第御寺へ可致拝参候事、右之趣夫々可被申談候事

七月

右、例之通御横目廻状出、且左之趣於御横目所申談有之事月次登城、佐渡守[4]様御葬式相済候迄ハ伺御機嫌之名目ニ相成、服ハ布上下着用之筈、且又月次於実検之間ニ之経書講釈、
△右御葬式相済候迄相止候事

廿一日 前記十一日ニ有之佐藤勘兵衛・宮井典膳・佐藤治兵衛・遠藤次左衛門今朝発足、但佐藤

勘・宮井ハ五日江戸着

同　日　天徳院ヘ為内見分、奥村・佐藤治・遠藤ハ四日江戸着、河内守殿并主付御横目両人、道中川支等ニテ逗留故也　被罷越候事

同　日　荻野典築大兄、昨廿日来着、今日登城、裏御式台ヨリ御次へ、町同心水野左衛門事　典築頭次列ト云々、次郎兵衛[1]誘引、尤診被仰付、於御次御酒・御吸物等被下之、給仕坊主、八時過参上七時頃退出、且荻野装束裏附上下、総髪也、翌廿二日モ四時過登城、裏御式台ヘ坊主出向有之、御次ヘ誘引、尤診被仰付、御菓子等被下之、九時頃退出、当分毎日登城之筈ニ候事

但、御容体御替モ無御座、併此侭御鬱滞募り候ヘハ最早御半白モ被為越候事故、不可然候間、度々御鷹野或御能等被仰付、何分御順気之御工夫御専要被遊候様ニ被為在度旨申上候ト云々

付札　御横目へ

覚

観樹院[2]様御尊骸、天徳院ヘ被為移候時分并御寺ニ被成御座候内罷出候役人、頭分・平士共ニ

△不残染帷子・布上下之事

但、御棺被成御座候御間ニ并御次之間等勤番之人々ハ白帷子、上下ハ何色ニテモ可為勝手次第候

1水野

2前田斉敬（佐渡守）（重教男）

1（こくもち）定紋の部分を白抜きにしたもの

一、御葬式并御中陰御法事之節、御寺曁御廟所へ罷越候役人・御番人等御徒並以上之面々、白帷子・無地浅黄石[1]餅布上下之事
但、御寺へ相詰候頭分以上之面々ハ長袴可致着用候
右之通夫々可被申談候事
七月
付札　御横目へ
観樹院様御尊骸江戸表ヨリ天徳院へ就被為移候、金沢之内御道筋
かなくさり　春日町　かれ木橋　尾張町　吉田八郎大夫前
水越八郎左衛門前　岩田内蔵助　御普請会所横通
奥村源左衛門前　前田内蔵太前　石引町　天徳院山門
右之通御道筋相極候条、掃除等之義指支不申様夫々可被申談候事
七月
観樹院様御尊骸御道中御供ニテ罷越候人々、御葬式之節御供等ニ罷越候者、着服用意之儀代判人等ヨリ留守へ申達候様夫々可有伝達候事
七月
別紙三通之趣、夫々可申談旨、御葬式等御奉行河内守殿被仰聞候段等御横目中ヨリ例文廻状出
毎月晦日、但小ノ月ハ廿九日

観樹院様、右御忌日御家中諸殺生指控可申旨被仰出候事

右廿四日御用番又兵衛殿ヨリ御用番諸役連名御廻状出

覚

一、閉門　　一、逼塞・蟄居之者

一、遠慮等并自分ニ指控罷在候者　　一、流刑并在郷ヘ被遣置候者

一、押込置候者并乱心者之外、一門ヘ御預之者　　一、陪臣ニテモ上ヘ懸り候儀ニ付遠慮等申付置候者

右之通被仰付置候者、組・支配之内有之候ハ、如何之子細ニテ何年何月ヨリ如斯ト其罪之様子モ委細ニ相調、来月十日迄之内、有無之義紙面可被指出候、且又組等之内才許有之面々ヘモ被申渡、是又有無之義、右日限ニ夫々紙面直ニ指出候様被申渡置、同役中可有伝達候事

右之趣、可被得其意候、以上

七月廿七日　　村井又兵衛

諸頭御用番連名殿

観樹院様御国ヘ御移ニ付十五日御泊附

八月七日
江戸御発棺　九り二丁　桶川　八里三十二丁　深谷　六り七丁　倉ケ野
六り七丁　松井田　七り六丁　追分　十一里十八丁　榊　十里十八丁　牟礼
三里　野尻　六里二十四丁　荒井　十一里十八丁　能生　三里十八丁　糸魚川
六里三十四丁　泊　八り廿丁　滑川　九里廿九丁　高岡　七り十七丁　津幡
二里十八丁　廿二日金沢御着棺

今月十六日　左之通被仰付　但前洩ニ付爰ニ記ス
今般御凶事方御用　**永原将監**
寺社奉行へ加り可相勤候
天徳院増火消　**大野木隼人**
但、本役ハ**富田権佐・奥村源左衛門**当分都合三人也

同月廿九日　夜、於江戸在府御小将頭**水野次郎大夫**、御貸長屋南御通り町也ヨリ夜九時頃、不斗東之方ヲ則**次郎大夫**詠入候処、御用人小屋之窓ヨリ大ニ火煙候処見へ、**岡田助右衛門**煩ニテ御暇願帰候後、当時明小屋故不思議不少、併御用人**庄田要人**近々参着之筈ニ付御小屋受取置番人入置候故、火ヲ焼候哉ト存候得共、余り之大火故、火之許モ無心許ニ付使ヲ以可申遣哉ト存候内、火モ無程相見へ不申ニ付使不指遣、然処暫有之右小屋之屋根之上当り大キ成赤色之火玉見へ候故、月之出汐歟ト存候得共、廿九日之夜ニ満月可出様モ無之怪敷存候内、暫時之間ニ、右火之玉段々落下り、右小屋之屋根へ落ち屋根ニ当るト其侭火之玉下り之方ヨリ半月形りニ次第々々ニ欠ける如く消失候ト云々、右半端之時分ヨリ**次郎大夫**家来共ヲモ呼

1徳川治宝

候テ為見、主従五六人モ慥ニ見請之候、于時同夜右小屋ヘハ番人モいまた不指置候由云々

附、**紀州様**[1]ヨリ御附人**山川八左衛門**義、御邸内北隅ニ御小屋受取、先年以来妻子引越居住、則御広式御用也、先妻ハ去年病死之処、右亡霊前月中旬ヨリ毎夜顕れ出候テ、当時之後妻等ニ見へ、同下旬以来ハ昼ニテモ陰雨之日等ハ顕れ来り、妻子等ヲ悩せ候由、是古狸之所為体ニ付色々ト除方致し候得共、兎角止み不申候処、種々之呪法等之内何れカ中り候哉、此間ニ至り、右幽霊出候事止み候由云々、右火之玉ハ妖怪モ同畜之所業欤ト云々

任晶紙、依因附記

御館御大小将溜之内御給事役着座上之方柱ヲ枕元ニ致臥候得ハ、必眠中ニ足ヲ首之所へなし、首ヲ足之所へ出し臥有之、目覚て其所為ヲ不知、能心得テ雖臥ト、往古ヨリ如斯又或ハ怪事モ有、依テ泊番之御小将モ右柱ヲ除テ休臥ス、明和九年之夏、泊番取次役御大小将**竹田源右衛門・高山彦四郎**態ト右柱ヲ枕元ニ致し枕返り不成様ニ箱葛籠等ヲ左右ニ置臥候処、両人共夢ニ鬼形之者胸上ニ跨り候ト見、組合其音叫ひ等余程之騒動ニテ物頭溜泊番御先手**松崎喜兵衛**眠り覚め、襖越ヨリ何事ニ候哉ト声懸候得共答ハ無之ニ付、溜懸り坊主呼為見ニ遣候処、**源右衛門・彦四郎**夢中之体ニテ組合有之、詞ヲ懸候得共正気付不申段右坊主申聞候ニ付**喜兵衛**右之所へ罷越見受候処、両人共眠りハ覚め不申、夢中体ニテ上ニ成下ニ成、双方乱髪大童ニ成候テ組合、余程大き成叫声ニテ組居候故、坊主両人曁**喜兵衛**三人ニテやう〱左右へ分け候テ呼起し候処、眠り覚め大嘆息ニ付水等与へ正気ニ復し候上、様子尋候処、前記之通夢中ニ鬼形来り組合候ト覚候処、互ニ組合候段等委曲ニ話し候由也、其後ハ右柱ヲ枕元ニ

致候テ臥候人絶テ無之
右之後、谷猪左衛門泊番之節、寝入兼九時過迄モ目覚め居候処、溜入口之唐紙襖明き候、声モ無之処、七八才計之小坊主来り、台子之湯ヲ汲、茶碗ニ入、手ニ持候テ入口之方ヘ立戻り候由、其頃詰人之内七八才之小坊主ハ居不申候処、甚怪敷事ト云々、又往古ヨリ御大書院之方ニ当り、うめき声聞ヘ候事邂逅(たまさか)ニ有之、其声ヲ慕ひ罷越見候得ハ何モ無之、是又怪事也、又御邸内南御門続御貸長屋之内、会所之手前隅ヲ化物小屋ト云々、享保之頃、詰人御持方頭郡弥三兵衛右小屋ニ居住之処、或夜八時過迄眠り兼恍[1]聰居候処、甲冑ヲ帯し候武者顕れ出候ニ付姓名ヲ尋候得ハ内蔵助苗字モ申候得共聞留不申由也ト答へ、壁之内ヘ入候由、其以後右小屋ヲ化物小屋ト云々、右之外怪事ハ無之候得共、兎角於今ニ右小屋ヘ入候人々ハ持馬斃れ候事度々、或ハ狂馬ニ相成
但、人之起居候内ハ馬寝入候得共、人寝入候テハ馬必眠り得不申、是怪物馬眠ニ遮り候故歟ト云々、夫故近年詰人ヘ割渡無之明小屋ニ相成居候処、及大破建修理有之、壁等モ塗直し有之ニ付、此以後ハ　怪事有間敷歟ト云々

1 恍惚カ

乙酉 **八月大**　　御用番　**長　九郎左衛門殿**

朔日　陰俄ニ冷気催、二日三日四日五日六日七日八日九日十日晴陰交、十一日昼ヨリ雨、十二日十三日十四日陰、十五日十六日十七日十八日雨天、十九日廿日廿一日廿二日秋冷弥増廿三日晴陰交、廿四日廿五日廿六日廿七日廿八日廿九日晦日雨天、今月気候、上旬・中旬

（八日九日：昼后時雨）（廿八日廿九日：大雨降続川々高水）

秋冷、下旬却テ暖気也

同日　例月出仕之面々、為同御機嫌登城、御年寄衆謁ニテ四時退出

付札　御大小将御番頭へ

観樹院[1]様御葬式并御中陰御法事之節、御代々様之振ニ被相心得、各之内壱人宛御寺へ可被相詰候事

八月

右当番人見吉左衛門へ河内守殿御渡、且御着棺ヨリ御葬式相済候迄御寺詰之義ハ追テ可被仰渡旨被仰聞候事

同日　江戸御館、前々之通平詰

四日　当七日御発棺ニ付今四日御宿拵・宿割之御大小将葭田左守・氏家九左衛門へ江戸発、十九日帰着

五日　左之通被仰付

今般御凶事ニ付御留守居詰ニ被仰付、先年之通御用人両人相詰候筈ニ付用意出来次第発足

御用人加人
奥村十郎左衛門

六日　於江戸、四半時頃品川東海寺御出、御大書院へ御通り、夫ヨリ新御居宅へ御越、御読経等有之、重テ御大書院へ御着座之上、一汁五菜之御料理等出、役僧等ヘモ於御広間溜ニ御料理等被下之、同晩下谷広徳寺新御居宅へ御越、御読経之上、勝手口通、表御式台通、御

---

1 前田斉敬（佐渡守）（重教男）

同　日　大書院ヘ御通り、御料理等右同断、役僧等ヘモ右同断
同　日　於金沢、左之通以御覚書**河内守**殿被仰渡
組外御番頭
御大小将御番頭
定番御馬廻御番頭
観樹院様御尊骸、天徳院ヘ御着棺ヨリ御葬式之日迄、各内壱人宛申談御寺ヘ可被相詰候事
八月
右夫々可致伝達旨ニテ御大小将御番頭当番**田辺善大夫**ヘ御渡之、且右詰ハ日之内迄也、詰割廿二日ニ有互見
七　日　左之通被仰付
御算用場奉行加人
御馬廻頭（十月廿三日御算用場奉行加人御免除）
小寺武兵衛
御倹約奉行只今迄之通
御勝手方御用兼帯
会所奉行
堀　与一右衛門
罷出
同　日　於江戸、卯上刻**観樹院**様御尊骸御発棺、其節御歩並以上、追分御門之内等ヘ為御見立
九　日　左之通被仰付

御倹約奉行当分加人

組外御番頭
井上勘右衛門

△

覚

観樹院様御尊骸、天徳院へ御着棺之節并御葬式御中陰等御法事中相詰候刻、召連候従者之

一、宿所ヨリ小将弐人・若党弐人・草履取弐人・鑓持・挟箱持之外、無用之事

但、裏門ヨリ内、小将弐人・草履取壱人・挟箱壱人・雨天之刻ハ傘持壱人、夜中ハ提灯持壱人

一、下馬下乗馬ヨリ内、小将弐人・草履取一人・挟箱持壱人、雨天之刻ハ傘持壱人、夜中ハ提灯持壱人

右之通年寄中召連申筈ニ候条被得其意、右之節役儀并御番等相勤候人々従者之義、年寄中召連候人数ヲ以、夫々応分限致減少候様可被申談候、以上

八月

奥村河内守

御横目中

追テ御寺詰等之人々、天徳院裏門ヨリ往来有之候様可被申談候、以上

付札　御横目へ

観樹院様御尊骸、当月上旬江戸御発棺、天徳院へ被為移候筈ニ候条、境御着棺之砌ヨリ、火元之義別テ入念可申上候事

右之趣、夫々一統可被申談候事

八月

1（こくもち）定紋の部分を白抜きにしたもの

2（だいなし）近世奴僕などの着る筒袖の着物

今般御歩以下ハ喪服代銀ニテ被下候間、其心得ニテ人数等御用所ヘ諸向ヨリ書出可申候、但先年ハ品物ニテ相渡候向モ候得共、此度ハ成たけ代銀渡ニ相心得可申候
右之趣、可申談旨河内守殿被仰聞候事

八月　　　　御横目

御横目へ　　覚

一、観樹院様御廟所御番人、御葬式幷御中陰御法事之節、白帷子無地浅黄石餅[1]布上下着用、御三十五日迄染帷子布上下着用、御四十九日・御百ヶ日之御法事幷御忌日ハ布上下着用、其外平日ハ袴迄可致着用候事
一、御葬式幷御中陰御法事之刻、裏門等御番人御歩並以上之面々、白帷子・無地浅黄石餅布上下可致着用候事
但、御尊骸天徳院ヘ被為移候日ヨリ勤番可仕候事、御葬式・御中陰御法事之節之外、染帷子・布上下可致着用候
一、御葬式幷御中陰御法事之節、御寺詰人等御歩並ヨリ以下之者、都テ上下致着用候者装束可為同前候
一、御棺舁・御鑓持・御挟箱持等上下着用不仕者ハ、白布たいなし[2]着用之事
右之通夫々可被申談候事

八月

別紙四通之趣、河内守殿被仰聞候旨等、御横目ヨリ例文之廻状五月九日出

八月十七日ヨリ
喧嘩追懸者役　小原惣左衛門代　河内山久大夫

△今月十一日如例河内山ヨリ　只今迄之通　矢部七左衛門
廻状出

△今般御歩以下喪服代銀ニテ被下候義触出有之候処、上下ハ品物ニテ被下候段、河内守殿被仰
聞候旨、御横目ヨリ重テ今月十一日廻状出

十二日　左之通、御大小将役附申談有之

観樹院様御中陰御法事　小泉権之助　永原七郎右衛門
等之節、御香奠才許　岸　忠兵衛　三浦重蔵
同断御香奠取次、且又　岩田是五郎　松原安左衛門
和尚等ヘ御時服被下候刻　井口勇次郎　石黒庄司郎
披露役　寺西平六郎　池田数馬

十三日・十四日　江戸於広徳寺、観樹院様御中陰御茶湯御執行有之

但、十四日御茶湯相済候後ヨリ十五日ヘ懸、主税[1]・頭分之面々拝礼可罷出候、平士・諸小
頭ハ不及拝礼ニ候、普請・鳴物十二日ヨリ十四日迄三日遠慮、御寺詰人・頭分以上染帷子・
半袴着用、且拝礼ニ罷出候人々半袴着用之旨織田主税申談候由、先達テ御横目廻状有之

一、御茶湯主付御用御小姓頭水野次郎大夫、且御大小将役附左之通

取次并御香奠才許相兼　山崎弥次郎　春日斧人
池田三九郎

1 織田

御給事　御香奠才許相兼　坂井平馬
御給事　加藤余所助　三輪政之助
長瀬善次郎
御給事　青山五左衛門

右等ニ付御人指支、御館御給事役御番ハ不残無息人御雇、取次ハ御中屋敷火消非番一人、大かね奉行役所仕廻ニテ両人都合三人共、今日切取次加人申渡有之、御手合候事

同　日　浜之御殿ヘ公方[1]様御成之旨、昨夜如例小屋触有之
但、名目ハ本文之趣ニテ、実ハ江戸中之内所々御巡見、神田明神ヘモ御成、本郷辺モ通御ニ付、御屋敷近方御成格ニテ有之、ケ様之義以前無之之事ト云々

今月上旬　武州・上州辺洪水、戸田川数日船止、下総筋モ洪水、上州高崎等ハ町中ヘモ三尺余溢水有之、船ニテ往来、尤田畠損亡夥敷候事
附、今年六月十八日夜、月ヲ星貫き人々見之、**池田弥十郎**江戸在住御帳附与力、天文猶学者考ニハ月ハ水也、星ハ木星ト見察之、然ハ水ヘ木之流込候理ヲ以洪水ト考之、将又右星ハ牛宿ニテ加賀・能登ヘ当る、若於此地ニモ如江戸ニ貫くト見候時ハ大分ノ凶変ト右之頃**弥十郎**云々、于時右武州等之水災、就中此地ニテモ同月同夜月ヲ星貫くト見候者数多有之候処、**佐渡守**[2]様之御凶変有之、両條共**弥十郎**勘考的中ス

十五日　例月出仕之面々、為伺御機嫌登城、年寄衆謁ニテ四時頃退出之事
付札　御横目ヘ

1 徳川家斉（十一代）
2 前田斉敬（重教男）

[1] 前田斉敬（佐渡守）

△観樹院[1]様御法事、二夜三日於天徳院御執行就被仰付候、頭分以上之面々勝手次第拝礼被仰付候条、各御法事満散日罷出拝礼可仕候、役儀并当病等ニテ難罷出人々ハ御三十五日・御四十九日・御百ヶ日之内罷出可申候事

但、白帷子・長袴可致着用候、御三十五日・御四十九日・御百ヶ日迄之内罷出候人々ハ熨斗目・長袴可致着用候、上下ハ何色ニテモ可為勝手次第候

一、観樹院様御附之人々ハ御側小将ヲ初、新番並迄御中陰満散日拝礼罷出可申候事

但、白帷子・布上下可致着用候、上下ハ何色ニテモ可為勝手次第候、当病等ニテ難罷出人々ハ御三十五日等御法事之砌罷出可申候、尤服ハ熨斗目・布上下可致着用候

一、人持・頭分之外、観樹院様御用相勤候者等ハ願次第拝礼被仰付候条、御三十五日・御四十九日・御百ヶ日御法事之節罷出可申候事

但、熨斗目・布上下可致着用候

一、御中陰御法事之節、組等之人々拝礼為指引、其頭・支配人罷出候面々ハ御寺詰人同事、御椽頬列居之義ニ候間、白帷子・無地浅黄石餅長袴可有着用筈ニ候事

但、御寺ニ相詰罷在候内、拝礼仕人々ハ御寺詰服之侭ニテ拝礼可有之候、其外万端前々之振ニ相心得可申候事

右之趣被得其意、夫々一統不相洩様可被申談候事

八月

右御横目ヨリ例文之廻状出

十八日　御通棺御道筋、町奉行両人・主付御横目両人、各同道ニテ今日見分有之候、最初ニ天徳院ヘ罷越裏門ヨリ出、夫ヨリ御道筋之通り大樋松之内迄見分之事

付札　定番頭へ

今般御中陰御法事等之節、平侍之人々御附之外ハ拝礼不被仰付候得共、観樹院様御用相勤候者等ハ願次第拝礼被仰付候条、右願人之分ハ御三十五日・御四十九日・御百ヶ日御法事之節罷出可申旨等御横目へ申渡候条、拝礼相願候人々ハ願紙面当月中可指出候

右之趣被得其意、夫々可被申談候事

八月

右定番頭不破和平以添廻状、例之通有之、且本文之通ニ候ヲ(カ)重テ詮議之上、御在世之内御供御使等相勤候者モ相願可申ニ付、組々一統触願紙面見当頭宛所ニテ当廿五日限指出候事ニ相成候事

十九日　左之通御番頭ヨリ申談、但先例之事

観樹院様御着棺ヨリ御遺体天徳院ニ被成御座候内　御大小将 披露役二人宛

右、朝五時前ヨリ暮前迄、代合相詰、御葬儀之節モ二人宛相詰

御葬式之節不残相詰

同　日　葭田左守・氏家九左衛門義、今般御棺宿割等為御用、去四日江戸発今日帰着之処、長髪ニ付指控、御成へ不罷出段当番頭迄以紙面届有之候得共、河内守殿等長髪之人々登城有

之事ニ付無構罷出候様、申談可有之処、及夕景御用番等モ御退出後ニ付其義無之、御用番ヘモ以紙面頭々ヨリ及御届曁言上モ頭々ヨリ有之相済候事観樹院[1]様御尊骸御着棺ヨリ御葬式迄并御中陰等御法事之節、平侍ヨリ御歩並迄ハ夕御賄被下、足軽・小者ヘハ朝夕御賄被下候、曁御着棺ヨリ御葬式迄ハ都テ夜中御湯漬被下候条、其手々々ヨリ御前日毎ニ人高等相調印形之以紙面、於御寺御賄所ヘ指出候様夫々被仰渡可被下候、且又夜中御湯漬之分、夜五時限り御賄所為相仕廻候間、其心得ニテ罷出候様、是又被仰渡可被下候、以上

八月十八日　**山口小左衛門**

奥村河内守様

付札　御横目ヘ

御賄等之義ニ付、御台所奉行別紙之通申聞候条、夫々可被申談候事

八月

付札　御横目ヘ

観樹院様御尊骸御着棺ヨリ御百ケ日御法事迄御寺ヘ相詰候平侍ヨリ御歩並迄ハ夕御賄被下、足軽・小者ヘハ朝夕御賄被下候、且又御着棺ヨリ御葬式迄致泊番候人ヘハ都テ夜中御湯漬被下候

右之趣、夫々可被申談候事

八月

右**河内守**殿被仰聞候旨等御横目廻状出

---

1 前田斉敬（重教男）（佐渡守）

覚

一、八月廿五日御葬式　　一、同廿八日ヨリ晦日迄御中陰御法事
一、九月三日御三十五日御法事　一、同五日御四十九日御法事
一、同七日御百ヶ日御法事

観樹院様来る廿二日天徳院御着棺左之通
御葬式等有之筈ニ候、依之御中陰御法事相済候迄鳴物等遠慮之義勿論候、且又御射手・御異風稽古并諸組弓・鉄砲稽古之義御三十五日御法事初日前日ヨリ御百ヶ日御法事迄相止可申候事

一、鷹野其外諸殺生、且又鳴物之義御三十五日等御法事之節右同様可有遠慮候事
一、普請作事之義ハ御着棺ヨリ御葬式迄且御法事初り前日ヨリ相止可申事
　但、指急候普請之義ハ不及遠慮候

右之通被得其意、組・支配之人々へ可被申渡候、組等之内才許有之面々ハ其支配へモ相達候様被申聞、尤同役中可有伝達候事、右之趣可被得其意候、以上

八月廿日　　奥村河内守

御用番連名宛殿

付札　御横目へ
観樹院様御尊骸、明後廿二日四時過天徳院へ御着棺之筈ニ候条、尚御待請人等一統同日朝六半時頃御寺へ相揃可申候事

但、右刻限ヨリ早く罷出不申テハ難相成人々ハ其心得可有之候
右之趣不相洩様可被申談候事
八月
付札　御横目へ
観樹院様御中陰御法事当月廿八日ヨリ晦日迄於天徳院御執行ニ付、御寺へ相詰候面々并奉行人諸役懸り曁御番人都テ六時過相集、御法事相済候迄相詰可申候事
但、御牌前、御番人・火之番人ハ格別ニ候、且又御用有之右刻限ヨリ早く不罷出候テ難相成人々ハ是又格別ニ候
右之通夫々可被申談候事
八月
付札　御横目へ
観樹院様御三十五日・御四十九日・御百ヶ日御法事御執行之節、御寺詰人等御中陰御法事之節之通ニ相心得可申候
一、右三十□(五脱)日御法事之刻、服之義熨斗目・布上下、頭分以上ハ長袴着用之事、但色ハ何色ニテモ勝手次第候
一、右三ケ日御法事之節、御寺へ相詰候面々并奉行人・諸役懸り曁御番人都テ六時過相集り御法事相済候迄相詰可申候事
一、右刻限ヨリ早く罷出不申候テハ難成人々ハ、其心得可有之候事

右之趣夫々不相洩様可被申談候事
右三通之趣、河内守殿被仰聞候旨等御横目ヨリ例文廻状出
廿一日　御着棺前之為惣見分、今日天徳院ヘ四時半頃ヨリ河内守殿等御越ニ付夫々罷越候、尤
布上下着用之事
御用人当分加人　大組頭兼御異風才許　古屋孫市
右ハ御用人前田甚八郎煩、小川八郎右衛門壱人ニ相成候ニ付昨廿日被仰渡
従御着棺御葬式迄於御書院諷経次第
卯刻献粥大悲神咒　辰刻読誦法華
午刻献供楞厳神呪　未刻金剛経
酉刻献茶湯遺教経
右之通、御留棺之間毎日相勤申候、尤昼夜不断僧中相詰申候
七月廿四日　天徳院役者
寺社御奉行所
御葬式之節、百五十僧　御中陰御法事之節、二百五十僧
御三十五日御法事之節、百僧　御四十九日御法事之節、七十僧
御百ヶ日御法事之節、七十僧

御葬式之節配役

鎖龕　蓮江寺　　起龕　瑞雲寺
念誦　長久寺　　献供　恩光寺
奠　　浄住寺　　奠茶　常松寺
度鑁　融山院　　挙経　光岸寺（カ）

御中陰御法事差定如后

寅刻転読般若　卯刻献粥諷経
辰刻懺摩法会　午刻献供諷経

第二日

寅刻転読般若　卯刻献粥諷経
辰刻歎仏勝会

第三日

寅刻転読般若　卯刻献粥諷経
辰刻薦抜上堂　午刻水陸勝会
括（香）番法語　献供諷経
立禅（カ）諷経　救済大赦
大施行会

1重教女穎（保科容詮室）
2重教室千間
3重教女藤（高松徳川頼儀室）

以上　　　　　　天徳院

御三十五日差定

御逮夜　楞厳遶行

御当日卯刻献粥諷経　辰刻法華第六　午刻献供諷経

御四十九日同断

御逮夜　仏遺教経

御当日卯刻献粥諷経　辰刻水陸勝会　午刻献供諷経

御百ヶ日同断

御逮夜金剛経

御当日卯刻献粥諷経　辰刻懺摩法会　午刻献供諷経

以上

九月三日従寿光院[1]様御附御法事差定

午下刻金剛経　大悲神呪　以上

同五日従松寿院[2]様・小石川御前[3]様同断

午下刻遺教経大悲呪　以上

同七日従亀万千[1]殿同断
午下刻法華第五大悲神呪　　以上

観樹院様天徳院へ御着棺御前後之次第

一、本多頼母儀御着棺御前日津幡迄御迎ニ罷越、同所ヨリ御供ニ加り可申事
一、永原将監・賀古右平太儀モ御着棺前日津幡迄罷越御待請申上、同所ヨリ御発棺前両人共御先へ罷越、於御寺之御待請モ相勤可申事
一、御名代大炊儀御着棺前御寺へ罷越、御待請可仕候事
一、附人、津幡・森下・金くさり・浅野川大橋・尻たれ坂・岩倉寺前ニ附置、時々可及案内候事
一、亀万千殿為御待請、御寺へ御詰可被成候事
　但、亀万千殿御待請ニ被為入候節、岩倉寺前附人罷越候旨割場奉行申聞候上、河内守義玄関へ向左之方階上へ出懸り罷在候所ニテ御会釈有之、御溜へ御越、河内守外ハ年寄中等罷出不申候、御戻之節河内守迄最前之所へ罷出、和尚モ御見送ニ被出候
一、惣御奉行河内守儀御着棺日御寺へ相詰御待請可仕候事
一、御着棺被遊候御様子河内守ヨリ御案内、御近習頭迄以紙面可申上候事
一、年寄中土佐守[2]・三郎[3]、御老中・若年寄中・大音南郊御寺へ罷越、御待請可仕候事
　但、年寄中等二之御丸出席時刻中ニ御着棺ニ候得ハ、御用番之年寄中曁主付御家老中・若年寄中ハ御待請ニ不及罷出候

1 前田斉広（十二代）
2 前田直方
3 横山

一、御行列御供人之義ハ御横目指引ニテ山門外ニ相残り、年寄中等ハ同所右之方ヘ罷出、堀三郎兵衛・神田吉左衛門内暨御附御横目之内壱人、同所右之方ヘ罷出御先ヘ相立、山門之内御火屋之縁右之方御通り、寺社奉行ハ右檀左之方白洲ヘ伺公、玄関鏡板左之方ヘ亀万千殿御出向、御棺玄関ヘ御向ヲ御見請御溜ヘ御越、御名代ハ右御出所之次ニ少し進罷出、右之方ヘハ天徳院和尚被罷出、河内守儀ハ玄関敷附之上右之方ヘ罷出、御棺石檀之上ヘ参候ヲ見受、御先立相勤、御附頭之内両人敷附左之方ヘ罷出、永原将監ヲ初御附頭分暨御側小将等御近辺之人々階上右之方ヘ罷出、箱檀之階之上ニ御手木之者十人計並居、御棺舁上ケ檀之高ニテ棒ヲ抜、此所ニテ御棺台ニ居御棺台ハ下白縁取二枚敷也、色[1]ヲ御棺ニ懸、御手木手舁ニいたし書院ニ御入、御近辺之人々御棺ニ指添罷越、河内守書院御着棺之間次之間ニ蹲踞、御棺此表ニテ用意仕置候、御棺台ニ奉戴四方ニ御白幕ヲおろし可申候事

但、夫ヨリ御尊骸被成御座候御間等勤番之義、御側小将ヲ初夫々相勤可申候

一、御棺、書院ヘ被為入候上、御霊供ヲ備、和尚追付被罷出候様、寺社奉行兼帯永原将監ヨリ相達、河内守致誘引罷越、書院次之間ニ相控罷在、将監義モ同所ニ控罷在、追付読経相初、御血脈被差上候事

一、寿光院様・正姫[2]様・祐仙院[3]様・松寿院様・小石川御前[4]様ヨリ御待請御使者、山門左之方ヘ罷出可申候事

一、出雲守[5]様・飛騨守[6]様ヨリ御待請御使者有之候ハ、如来寺下馬之辺ヘ罷出可申候事

一、下馬端、物頭ハ番所前ヘ罷出、蹲踞可仕候事

---

1 色着のこと（白衣の忌み言葉）
2 前田治脩室
3 吉徳女暢姫
4 重教女・治脩養女藤高松侯松平頼儀室
5 前田利謙（富山藩八代）
6 前田利考（大聖寺藩八代）

一、頭分以上御寺へ相詰罷在候面々ハ山門之外左之方へ罷出、蹲踞可仕候事

一、御飾奉行兼帯会所奉行、惣門之外右之方へ罷出可申候事

一、今般之御用ニ携候御馬奉行・御普請奉行・御作事奉行・割場奉行・御武具奉行・内作事奉行・改作奉行、且又御祐筆モ惣門之外右之方へ罷出可申候事

一、天徳院請取火消役ハ人数等為相詰置候町屋之前ニ可有蹲踞候事

一、金沢町奉行曁同心御通棺之節、出所之義等、**観樹院**様御在世御往来之節之振ニ可相心得候事

一、**前田式部・遠田誠摩**義ハ支配所へ罷越、御通棺之節出所等之義、**大応院**[1]様等御通棺之節之振ニ可相心得候事

一、加州御郡奉行等出所之義モ前条ニ准可相心得候事

一、御尊骸御供御附非番之面々御待請、御用等有之候間、津幡御泊ヨリ御先へ罷越可申候事
　但、御附ニテ無之面々ニテモ、御先へ罷越、於御寺御用有之人々ハ本文之通可相心得候

一、御尊骸へ**亀万千**殿御拝被成候義ニモ候ハ宜時分寺社奉行ヨリ**中村八兵衛**等之内ヲ以可申上候事

一、天徳院へ御着棺ヨリ御葬式迄之内、毎日御膳指上候儀、御側小将相勤可申候事
　但、出家之義ハ読経迄ニ罷出可申候

一、御葬式前日、年寄中等御棺前へ拝礼可仕候事
　但、寺社奉行依願拝礼可被仰付候

右之外、相洩候儀ハ、其時宜ニ寄り及指図可申候事
　観樹院様御尊骸、天徳院ヘ御着棺ヨリ御葬式日迄御寺ニ被為入候内、詰人等
　　　　　　　　　　　　　　　　　　　　　　　　　　　奥村河内守
惣御奉行
右日之内、罷出御用相勤可申候
　　　　　　　　　　　　　　　　　　　　　　　　本多頼母
　　　　　　　　　　　　　　　　　　　　　　　　西尾隼人
右同断
　　　　　　　　　　　　　　　　年寄中　御家老中
　　　　　　　　　　　　　　　　若年寄中
右毎日、二ノ御丸ヨリ退出後、暫宛相詰可申候
　　　　　　　　　　　　　　　　　　　　　　　　前田土佐守
　　　　　　　　　　　　　　　　　　　　　　　　横山三郎
右毎日昼之内、相詰可申候
　　　　　　　　　　　　　　　　　　　　　　　　寺社奉行
諸事御用
右毎日日之内、罷出御用相勤可申候
　　　　　　　　　　　　　　　　　　　　　　　　御奏者番
右日之内壱人宛罷出可申候、御用有之節ハ同役申談可罷出候
　　　　　　　　　　　　　　定番頭　御馬廻頭　御小将頭
　　　　　　　　　　　　　　新番頭　御歩頭
　　　　　　　　　　　　但内壱人宛

組外御番頭　御大小将御番頭
定番御馬廻御番頭
但内壱人宛

御横目

右毎日、日之内相詰可申候

永原将監　横浜善左衛門
堀　三郎兵衛　神田吉左衛門

右日之内、申談替々相詰可申候

北村三郎左衛門　柘植儀大夫
不破五郎兵衛　音地清左衛門
賀古右平太

右日之内、両人宛相詰夜中ハ泊番替々壱人宛相勤可申候

本保六郎左衛門　渡瀬七郎大夫

右昼夜替々両人宛相詰可申候

御側小将　御抱守
御近習之人々　御居間方

右昼夜替々壱人宛相詰可申候

御次番

右御棺前御番御在世之御振合ニ准し、昼夜替々相勤可申候

木村茂兵衛　安宅与右衛門
中村甚十郎

右書院三之間ニ昼夜替々勤番可仕候

御膳方御用

右昼夜替々相詰御膳方御用相勤可申候

右同断　　　　御膳所　御歩横目

右同断　　　　御附御料理人

御茶堂役　　高木吟夕　山本久甫

右昼夜替々相詰御茶湯方御用相勤可申候

御附御歩小頭三田八郎左衛門

右毎日日之内、折々罷出、夜中ハ泊番相勤可申候

御附御歩横目四人

右日之内二人宛相替、夜中ハ壱人宛替々泊番相勤可申候

御附奥附御横目足軽

右昼夜壱人宛替々相詰可申候

御手廻頭　　古沢貞右衛門　堀　直左衛門

右昼夜一人宛替々相詰可申候

御歩横目壱人宛

右昼夜相詰可申候

御横目足軽二人宛

右昼夜相詰可申候

御医者一人宛、御外料(科)一人宛

御鍼立一人宛

右昼夜相詰可申候

一、下馬縮　　　　物頭

但朝六時ヨリ夜中四時迄弐人宛

一、同所続番所　足軽小頭一人宛、足軽三人宛

但朝六時ヨリ夜中四時迄

一、下馬番所　御歩小頭一人宛、御歩二人宛

但同断

一、柵之外番所　足軽小頭一人宛、足軽三人宛

但同断

一、鎗留番所　御歩二人宛

但同断

一、鎗留続番所　足軽小頭一人宛、足軽三人宛

但同断

一、惣門之内番所　同断　同断

但同断

一、山門下　御歩二人宛、足軽二人宛

但同断

一、寺中火之番　昼夜共　御歩二人宛

一、階下番　同断　同断

一、裏門御番人　御馬廻三人宛

但朝六時ヨリ夜中四時迄

一、裏門続番所　足軽二人宛

但御着棺日ヨリ昼夜共

一、裏門鎗留番所　昼夜共　同断

一、書院掛塀外番所　昼夜共　同断

一、開山堂脇番所　昼夜共　同断

一、寺中足軽番人之義ハ前々之振ニ相心得可申事

一、右之外御用人・御台所奉行・御祐筆壱人宛昼之内相詰可申候、且又御作事奉行・御飾奉行兼帯之会所奉行・割場奉行・内作事奉行、其外御葬式等御用相勤候諸役人、毎日罷出可申候

但、御用人ヲ初、都テ二之御丸等御用有之節ハ御寺ヘ相詰候ニハ不及候

来ル廿五日

○**観樹院**様御葬式始終之次第

一、御葬式辰之上刻相初候筈ニ付、惣御奉行**河内守**六時頃、其外年寄中**土佐守**・**三郎**・家老中・若年寄中六半時迄ニ段々御寺ヘ罷越可申候事

但、御用番之年寄中、暨主付御家老中・若年寄中ハ御寺ヘ罷越、出席時刻ニ相成候ハ直ニ登城、退出ヨリ重テ御寺ヘ罷越可申候

一、御名代**大炊**儀六半時前、御寺ヘ可罷越候事

一、**亀万千**[1]殿ニハ六半時頃御寺ヘ御越之事

1 前田斉広（十二代）

但、山門ニ向左廻廊通り御越ニ候、岩倉寺前附人罷越候旨割場奉行申聞、**河内守**左廻廊之方へ出懸り候処ニテ御会釈有之御溜へ御越、**河内守**外年寄中等罷出候義無之候

一、御葬式御供人并御寺へ相詰候面々、六時頃御寺へ罷越可申事

但、御供人等御寺へ大勢罷越候儀ニ候間、為惣御縮方御横目両人相詰、諸事指引可仕候

一、**出雲守**[1]様・**飛騨守**[2]様ヨリ御使者有之候ハ、取次御大小将罷出、御使者之間へ致誘引置、其段御奏者番へ相達、御奏者番罷出御口上承可申候事

一、御棺龕前堂へ不奉移以前、於書院和尚諷経有之候事

一、右諷経相済、追付御棺龕前堂（がんぜんどう）へ奉移、於飾棺荘厳有之、御葬式為相初可申候、相初候趣、**河内守**ヨリ御近習頭迄以紙面御案内可申上候事

一、龕前堂ニ向右之方**亀万千**殿御着座、**御前**御名代**大炊**儀ハ、右御着座之次ニ少進出罷在候、且又**河内守**并外年寄中等モ玄関之上左之方ニ相詰、寺社奉行ハ其うしろ之方ニ列居、**安房守**并**頼母**・**修理**[3]暨**永原将監**・**横浜善左衛門**ハ、御巡堂之御供ニ罷出候故、階上右之方、常御法事之節寺社奉行等相詰候処、庫裏之方ヲ上座ニして列居之事

一、**寿光院**[4]様初御代香相勤候面々、玄関右之方ニ罷在可申候、将又**出雲守**様・**飛騨守**様御代香之御使者、年寄中等相詰候次ニ引離、可致列居候事

一、龕前堂之式済寄ニ**亀万千**殿ニハ御溜へ御越、御巡堂御供之御装束被成、御棺玄関御下り之砌、中場御溜へ左之回廊ヨリ御越、追付御供ト御出可被成候、御巡堂御供之年寄中等、右

1 前田利謙（富山藩八代）
2 前田利考（大聖寺藩八代）
3 修理不明
4 重教室千間

式済寄ニ右之方廻廊ヨリ中場ヘ相廻り、御供相勤可申候事
一、御棺玄関ヲ御下り被成候上、御名代大炊并河内守暨外年寄中等、右之方廻廊其小口ヨリ出、山門御火屋との間ヨリ左之廻廊前、大炊ハ御名代着座所ニ相詰、其次少し退き、河内守其次外年寄中等相詰、寺社奉行是又其次ニ相詰候、寿光院様初御代香之御使者ハ年寄中等列居後ろニ相詰出雲守様・飛騨守様御使者ハ其次ニ引離列居之事
但、御火屋之方ヲ上ニ仕、各列居ニ候
一、御巡堂御供人ハ色着用万字当テ可申候、尤刀ヲ帯し跣洗[1]ニテ御供可仕事
一、亀万千殿御用之万字モ御寺ニテ用意仕置可申候事
一、御大小将ト御側小将ハ龕(がん)前堂ニテ御棺之両脇ニ相控、御巡堂之御供可相勤候事
一、右之外、御巡堂御供之人々ハ御火屋両脇ニ控、右御供可仕候事
一、御巡堂相済、於御火屋御香炉之火宣旨、寺社奉行ヨリ御名代大炊ヘ相達、則御焼香相勤候事
一、寿光院[2]様・正姫[3]様御代香、御附之人々相勤可申候事
一、亀万千殿御焼香被成、一先御溜ヘ被為入候上、御供ニ御出可被成候事
但、御焼香之義、寺社奉行ヨリ可申上候
一、松寿院様等御代香之義、御附之人々等相勤可申候事
但、夫々御代香之義、寺社奉行ヨリ御附之人々ヘ可申達候事
一、出雲守様初、御使者御代香可相勤候事

1とせん(はだし)
2重教室千間
3治脩室

但、御使者詰方等之義ハ、都テ御奏者番指引可有之候
一、御葬式ニ付テ宝円寺等諷経被相勤、桂香院[1]モ諷経可有之候事
但、御巡堂之節、桂香院ハ御火屋横右廻廊前ニ罷在候
一、大炊儀御焼香相済、御廟ヘ御先ヘ可罷越候事
一、御棺山門御出之節、亀万千殿ニハ山門際迄御見送ニ御出、河内守并外年寄中・御家老中等并寺社奉行等・諸頭・御横目山門外右之方ヘ罷出蹲踞可仕事
一、河内守并外年寄中等御廟所ヘ御先ニ可罷越候事
但、寺社奉行、其外御附等之内、御用有之人々ハ、御廟所ヘ御先ニ可罷越候
一、御葬式相済、御火屋ニテ暫御猶予、御倭夫々相廻候上山門ヘ御出、山門ニテ右之方入口門ヨリ御出、夫ヨリ地内通り裏門ヘ御出、小立野新町通り石引町ヘ御出、天徳院柵門并惣門ヘ御入、夫ヨリ陽広院[2]様等御廟道筋ヨリ御廟所ヘ御移可被遊候事
但、御供都テ御行列附之通ニ候、御供落所ハ夫々絵図面之通ニ候
一、裏門御番人、御馬廻番所前ヘ罷出蹲踞可仕候事
一、御葬送之節、御供之人々一統、草履・甲懸、尤騎馬御供之分モ同断之事
一、雨天ニ候ハ年寄中・御家老中ハ長柄傘用ひ可申候事
但、新番以上ハ自分手傘用ひ可申候事
一、御葬送御行列、山門外并裏門外ニ相建候儀、絵図面之通ニ候事
一、御先乗等年寄中従者ヲ初、惣テ又者之分ハ裏門通り罷在候テハ可致混雑候間、がめ坂之辺ニ

---

1 万菊丸(四代光高男)
2 前田光高(四代)

為控置、御行列之順ニ随、夫々込合不申繰出し方、押横目指図ニ随可申候事
一、亀万千殿御供人ハ小立野新町上之方ニ罷在、裏門御出棺後、追付裏門へ相廻可申事
一、御廟所へ御着棺之砌、河内守并外年寄中等御廟横へ罷出蹲踞之義等、絵図面之通ニ候事
一、御廟所へ御着棺、御火屋前ニ奉居、此所ニテ御飾棺取払、御取払御箱之侭ニテ御火屋へ奉移、天徳院和尚等読経相済、追付御塚穴へ奉納、御血脈御位牌モ納候上、御葬馬一疋牽出、御塚前ニテ和尚誦文相済候上、御馬ハ牽退可申候、其砌永原将監モ傍ニ可有之候、御納り之上暫御火屋之内、御塚穴之上御天蓋釣り有之、追付焼所へ可遣候事
一、右相済、御名代之御焼香大炊相勤候事
一、寿光院様・正姫様御代香、夫々相勤候事
一、亀万千殿御焼香、被成候事
一、松寿院様等御代香、夫々可相勤候事
一、亀万千殿御焼香相済、追付御戻之節、河内守并外年寄中等詰所之前へ罷出可申事
但、御納候迄御詰不被成候ハ中村八郎兵衛等内一人御納り見届候テ其段可申上候
一、安房守等御廟所前拝礼仕、引離河内守・頼母・隼人拝礼可仕候事
一、御附永原将監ヲ初、御近習之面々御廟へ拝礼仕度旨相願候人々ハ勝手次第之事
一、御幡・天蓋等御寺境内ニテ焼払場相拵、焚立可申候事
一、御廟やらひ之口ヲしめ、御作事奉行并内作事奉行合封致させ、御横目見届可申候事
一、河内守儀夫々見届候上可致退出ヨリ、寺社奉行可致退散候事

一、河内守直ニ御城ヘ罷出、御廟ヘ御納り方無御滞相済候趣、御近習頭ヲ以可申上候事

以上

御葬式并御中陰等御法事之節、御寺詰人等

一、此條、大概前記之御着棺ヨリ御葬式日迄之詰人等ト同断ニ付略之、但定番頭ヨリ御大小将・御番頭迄一役一人宛相詰、組外御番頭・定番御馬廻御番頭ハ詰無之、御横目ハ両人相詰、御膳奉行**木村茂兵衛**等ハ御餝方ヘ加り可相勤旨、尤**永原将監**等泊番等相止、其外ハ右前記互見、取捨テ可見之候事

右今月七日御凶事方於御横目役所、諸向披見申談有之

御葬式之刻御作法書之内、用文抜書

一、御葬式辰之上刻相初候筈ニ付――――――

一、**出雲守**様・**飛騨守**様ヨリ御使者有之候ハ――――――

御葬式并御中陰御法事之節、御寺詰人等

御大小将御番頭壱人

御香典才許　御大小将　四人

披露役　御大小将　六人

以上

御着棺之節、桂香院・天徳院ニ被罷越候時分、取次与力山門ヘ出向、禅堂之方廻廊通溜ヘ誘
引、御棺書院ヘ被為入、寺社奉行桂香院溜ヘ罷越及挨拶候上、御奉行御出被及御挨拶候、
退出之砌寺社奉行玄関階上之辺迄送申候、取次御大小将ハ階下ヘ罷出申候、御葬式迄毎日
諷経ニ被罷出候間、送迎御大小将階下ヘ罷出溜ヘ誘引、夫ヨリ被及挨拶候義等前段之通ニ
候、右誘引之上寺社奉行ヘ相達可申候事
一、**出雲守**様・**飛騨守**様ヨリ御使者有之候ハ御使者之間ヘ誘引、御奏者番且御横目所ヘモ相達可
被申候事
一、右之外、御使者等有之義ハ時々可申談候、拙者共御寺ニ相詰不申刻、指懸り申義ハ御横目
中ニ可被及御示談候
右之通御承知有之候、以上
八月　　　　　　　　　　　　　御番
披露役御小将衆中
追テ当廿五日御葬式等之始終書用文、書抜指進候間、可被成御承知候、且右別紙ニ御葬式
之節、披露役モ不残御詰之趣ニ候得共、前々右之節ハ御両人御詰ニ付、其段**河内守**殿ヘ相達
置申候間、御両人御詰可有之候、併**出雲守**様・**飛騨守**様ヨリ御使者モ有之、御誘引等モ多候
間、御両人ニテハ致不足候ハヽ、三四人ニテモ御同役御申談次第ニ御詰可有之候、以上

1 盛岡藩南部利敬（寛
4 109頁）

慶次郎[1]様御使者近々来着之筈
ニ付御馳走方申渡有之之
前田牽治郎
宮崎磯太郎

亀万千殿明廿二日御着棺之節、為御待請天徳院ヘ御詰被成候筈之処、御風気ニ付御詰不被成筈ニ候事

覚

△一、御葬式御供人并御寺ヘ相詰候面々、当廿五日朝六時頃御寺ヘ罷越可申候

一、御葬式之節、御寺ヨリ御廟迄御供之人々御歩並以上、くくり股立、一統わらんし・甲懸之事

但、雨天之節、御供之人々新番以上、自分手傘用ひ可申事

一、御寺ヨリ御廟迄御供之人々ニ新番以上、自分手傘并家来之合羽・笠籠等為持不申人々ハ於御寺割場ヘ名札ヲ附差出可申事

一、惣テ御供之人之従者残所之義、御歩横目・御横目足軽指図之通相心得可申事

右之通ニ成御承知、御組・御支配之内御供等ニ罷出候人々ヘ御申談可被成候、且又組等之内才許有之人々ハ其支配ヘモ不相洩相達候様御申談可被成候、以上

八月廿日
永原半左衛門
水越八郎左衛門
御用番諸頭連名様

廿二日 暁八時津幡駅御発棺、朝六時過森下村ヘ御着棺之旨等附人追々告来、五半時過天徳院

へ御着棺、御次第書昨廿一日ニ記之通り無御滞被為済、且御供御家老西尾隼人殿初御附之人々等、御先三品・御筒押ハ御先手兼御附北村三郎左衛門、御弓押ハ聞番・物頭并交代聞番詰一人御減少ニ付、先長瀬五郎右衛門、御長柄押ハ御大小将ヨリ篠原与四郎、其外御大小将前記七月十日ニ有之役附ニテ帰着、将又御道中御供人装束御常道中之通也、御道具モ同断、但一統長髪、御棺へ御輿色ヲ懸け、辻々等ニテ拍子木打之数三ツ居之御香ヲ焼く

一、広徳寺塔中桂香院御供ニテ到着、旅宿小立野石引町越中屋［（空白）］参着後、右旅宿へ御使御大小将高畠彦之丞ヲ以遠路御大儀ニ被思召候、猶更近日御逢可被仰入旨之御口上被仰遣

一、前記六日ニ有之通、今日御着棺後ヨリ御葬式之日迄三御番頭打込之詰割、左之通示談之上相極

今廿二日御着棺ヨリ　後野村・前印牧・千田・中村・富田

廿三日朝五時前ヨリ井上・堀部・四時過ヨリ津田・人見・田辺・平田

廿四日同断　　土師・青木・金森・千秋・吉田・大藪

廿五日同断　御大小将御番頭一役当りニテ相詰候ニ付兼之

右先達テ被仰渡之御覚書ニ、日之内ト有之ニ付御横目方承合候処、則河内守殿へ相尋候処、朝五時前ニ御寺へ罷越、夕ハ二之御丸泊番交代之頃退出ト被仰聞候旨ニ付、都テ日之内詰人同様ニテ、夕ハ七半時致退出候事

1 前田斉敬（重教男）（佐渡守）

観樹院[1]様御尊骸御道中御行列附

押足軽　　小頭二人　小頭手替等之立様　玉薬箱
押足軽　　御持筒十五挺　　手替五人　頭之心得次第

一荷持者手替共二人　御持筒頭代御先筒頭**北村三郎左衛門**従者不定

合羽二荷　押者　押者　御持弓十張　小頭二人　手替三人　矢籠一荷　持者手替共二人

御持弓頭代聞番物頭並**長瀬五郎右衛門**従者不定合羽一荷

押者　押者　御長柄十本　小二人　手替三人　御長柄奉行　従者不定　御大小将**篠原与四郎**

合羽一荷　押者　押者　御中間小頭　○御馬壱疋　沓籠一荷

○本持筒小頭　御鉄砲　御鉄砲　御鉄砲　手替　手替　○本持弓小頭　矢籠立御弓　矢籠立御弓　手替　手替

玉薬箱一荷　持者・手替共二人　矢籠一荷　持者・手替共二人

○御長持一棹　足軽一人　持者・手替共四人　御長持一棹　同上　同上

○御具足櫃　御歩者　合羽八荷　押　押　御手廻小頭代　御挟箱　御挟箱　手替　手替

○御持鎗　手替　　御持鎗　　手替　○御竪傘・御着笠　手替
御持鎗　手替　　　　　　　手替　　　　　　　　　　　手替

○御刀筒　御手廻小頭代　　御薙刀　手替　　○御歩　御歩
御刀筒　御手廻小頭代　　　　　　　　　　　御歩　御歩
御歩

御歩小頭
(白)——　　御香炉　高橋伊右衛門　　御先角　御近習之内ヨリ
(白)——　　　　　　　　　　　　　　御先角　御近習之内ヨリ

(白)——　(白)——
　　御棺　　御右御抱守一人・御次番一人
(白)——　(白)——
　　　　　　御左御側小将等内ヨリ二人・御次番一人
　　　　　　三人之内ヨリ御先角代相兼申候

(白)御歩横目　　御持鎗　手替　　御草履取　○御陸尺　手替　御手木
(白)御手廻頭　　　　　　　　　　御草履取　　　　　　　　　足軽

御幕箱同串
○御棺台　○御合羽箱　手替　　唐油箱　手替　　御手廻小頭代
　　　　　御挟箱　　手替　　　　　　　　　　　御手廻小頭代

御茶弁当　手替　御茶堂　御小人小頭(ママ)　御中間小頭○御馬壱疋
　　　　　　　　　　　　御提灯焼ニ候内此所

○御馬壱疋　手替　沓籠一荷　押者　○歩御供之者草履取
　　　　　　手替　　　　　　押者

騎馬　**柘植儀大夫**等内　押者　○若党　○鑓　○挟箱　○合羽三荷

押者　　　　　　　　　　　　　　　　歩御供之平士　押者　御横目
押者　○御使馬一疋　沓籠一荷　乗馬沓籠　　押者

本保六郎左衛門内
　　　　　御番頭
　　　　　御発棺并御着棺之節曁　　　　　　　横浜善左衛門
渡瀬七郎大夫　城下・御関所前此所騎馬

御家老役西尾隼人　御歩横目　御道中奉行且又当日御用
　　　　　　　　　御歩横目　有之面々并御医師　　以上

御着棺ヨリ御寺ニ被為入候内、若火事之節
御立退御行列

○　足軽　　　　　　　　　御鉄砲
　　足軽　騎馬　○御持筒小頭　御鉄砲　○御持弓小頭
　　　　　　　　　　　　　　御鉄砲

矢籠立御弓
矢籠立御弓　　玉薬箱一荷　矢箱一荷　○御具足櫃　才許御歩

御挟箱　御持鑓
御挟箱　御持鑓　　御目印鎗　○御竪傘　御着笠　御薙刀

御徒
○御徒　㊐――　　　　　　　　　　　　　　　　御近習勤仕新番
御徒　㊐――　御香炉　高橋猪左衛門㊊　御位牌

御先角　御次番　㊐――　　　　　㊐――　御抱守　同　御脇刺
　　　　　　　　　　　御棺
御先角　御次番　㊐――　　　　　㊐――　御抱守　同　御刀

御側小将持之　御側小将　御歩小頭　御草履取
　　　　　　　　　　　　御歩横目　御持鎗
御側小将持之　御横目　　御手廻頭　御草履取

御合羽箱　　　　　　　　　　　御手廻小頭代
　　　御棺台　手木足軽　〇御菅笠籠
御唐油箱　　　　　　　　　　　御手廻小頭代

〇　口附
口附　御馬　御中間小頭　沓籠　御茶弁当　御茶堂

　　　　　　　　　　　御歩
御手廻小頭代　〇御道具持　此分御着棺之御間ニ　騎馬御供　押
従者又者　　　　　　　　有之御道具　　　　　　　　　　押

●若御近火急節之時
足軽　御歩　御鉄砲　御弓　御鑓
足軽　御歩　御鉄砲　御弓　御鑓　御目印鑓　御薙刀
　　　御歩　御鉄砲

御具足櫃　御刀筒　　　　(白)——御先角　御次番
　　　　　　　御位牌　　　　　　　　　　　御棺
　　　　　御刀筒　　　　(白)——御先角　御次番

(白)——御抱守　同　御脇刺　御側小将持之　御側小将
(白)——御抱守　同　御刀　　御側小将持之　御横目

御歩横目　右之外之御道具ハ追テ御跡ヨリ可相続騎馬
御歩横目　御供モ同前之事

●御葬式之節龕前堂ヨリ火屋迄被為入候御行列

午磬　出家　鼓同　鼓同　祓同　祓同
午磬　出家　鼓同　鼓同　祓同　祓同
火松明　御歩並　**中村源左衛門**

鍬　御附御歩　**出口直次郎**
御花　上ニ同　**岩田浅右衛門**　手盤僧　同同同同同同
御花　上ニ同　**高木孫助**　手盤僧　同同同同同同

御燈籠　御抱守**賀古群五郎**　御燈籠　御抱守**木村茂兵衛**
御燈籠　御抱守**高畠源右衛門**　御燈籠　御抱守**中村甚十郎**
御幡　**神田吉左衛門**　御幡　**柘植儀大夫**　御幡　**音地清左衛門**
御幡　**北村三郎左衛門**　御幡　**不破五郎兵衛**　御幡　**賀古右京太**
御幡　**本保六郎左衛門**　御湯次台三方　御側小将新番並**神田忠太郎**
御幡　**渡瀬七郎大夫**　御湯次台三方　御側小将新番**岡嶋直次郎**
御茶碗台三方　御側小将加人**蓑輪猪三郎**　御香炉　**堀三郎兵衛**
御茶碗台三方　御近習定番**久徳猪兵衛**　御香合共
御馬廻
四花　**横浜善左衛門**　御霊供　**津田修理**　御位牌　**本多頼母**
山岸善左衛門・井上善吉此二人ニテ昇申候
四角　御抱守**安宅与右衛門**
四角　御抱守**富永侑大夫**

1 前田斉広（十二代）

年寄中　本多安房守　御棺　御手木足軽小頭共廿二人
　　　　　　　　　　　　　御手廻り之者手替共廿四人
御脇指　杉江弥太郎
　　　　上坂久米助　永原将監
御刀　　松平康十郎　御天蓋　御手廻之者二人ニテ持申候、但右指引
　　　　中村玉次郎　　　　　為可仕御手廻頭古沢貞右衛門
亀万千殿[1]
●御葬式相済山門外ヨリ天徳院寺内通裏門
御出、惣門ヨリ御入、御廟所へ被為入候御行列
御先乗　長九郎左衛門　此間壱丁計　白高提灯　上下足軽
　　　　　　　　　　　　　　　　　白高提灯　上下足軽
此間十間計　白箱提灯　　　　足軽手替　イロ
　　　　　　白箱提灯　大松明　御歩小頭一人指添
　　　　　　　　　　　　　　小頭代御附御歩横目中村源左衛門
鍬　持人御附御歩　　白箱提灯　本御持筒小頭　御鉄砲　イロ
　　出口直次郎　　　　　　　　　　上下　御鉄砲　手替一人
　　　　　　　　　　　　　　　　　　　　御鉄砲
白箱提灯　尻籠立御弓一張　イロ　足軽小頭
　　　　　尻籠立御弓一張　手替一人　上下

玉薬箱一荷　矢箱一荷　玉薬箱・矢箱両様ニテ一人手替イロ　御着笠・御竪傘
御着笠・御立笠両様ニテ　押足軽　御附御歩横目一人
手替一人　イロ　押足軽　仮役御附御歩坪江円蔵　此間十間計
白箱提灯　御挾箱　イロ
御挾箱　手替一人
御附御歩　岸　七郎
御附御歩　山森貞助
御附御歩　長谷川永蔵
御附御歩　神田与大夫
御附御歩　北村勇蔵　御附御歩小頭　三田八郎左衛門　白箱提灯　御鑓　イロ
御鑓　手替一人
御附新番木村兵群
御附新番津田宇兵衛
御附新番渡辺次左衛門
御目印鎗　イロ
手替　白箱提灯
御薙刀　イロ　白箱提灯　御具足櫃　イロ手替共四人　御武具方　足軽二人
イロ　上下
御武具奉行不破七兵衛　御幡　イロ　御幡　御幡
御武具奉行脇田又八郎　御幡　足軽　手替一人　御幡　同上　御幡　同上
御幡　足軽上下　白箱提灯　御巡堂之時分　横浜善左衛門
御幡　同上　小頭一人　御役人之内五人　柘植儀大夫
神田吉左衛門　北村三郎左衛門　御抱守木村茂兵衛　御抱守賀古群五郎
賀古右平太　御抱守高畠源右衛門　御抱守中村甚一郎

白箱提灯　堀三郎兵衛　御花籠　持参人　イロ御附御歩二人
御香炉　御香合共　イロ　御花籠　持参人　イロ御附御歩二人
持人御手廻小頭代三人
岩田浅右衛門・橋爪半兵衛　白高提灯　御燈籠　イロ
高木孫助・大脇栄之助　御燈籠　足軽手替一人
御燈籠　御抱守安宅与右衛門　白箱提灯
御燈籠　足軽　イロ　手替一人　御抱守富永侑大夫　白箱提灯　御位牌
御近習新番山岸善左衛門　此三人ニテ二人宛　飯尾半助・戸田伝太郎
同　断　井上善吉　繰々持参　四花　別所宗右衛門
同御細工者松本幸助　新井升平
四角　与力堀勘左衛門・御算用者服部直助替々持参
四角　御手廻頭堀直左衛門・御算用者高橋猪右衛門替々持参　白高提灯
出家中　但御棺御先御跡　白高提灯　白箱提灯
十四人　御左右ニ並居　白高提灯　白箱提灯
御棺
御脇指持参人　杉江弥太郎　白高提灯
御側小将　上坂久米助
御刀同断　松平康十郎　白高提灯
同　断　中村玉次郎
御天蓋　御手廻之者　手替共　四人　イロ

永原将監　御持鑓一本 手替 イロ　御棺居 手替御扶持方御大工 イロ
御菅笠籠 イロ
御床机

白箱提灯　御側小将　神田徳太郎　御附御大小将　本保六郎左衛門
御側小将　岡嶋安次郎　御附大小将御番頭　不破五郎兵衛
御側小将　箕輪猪三郎

御附御歩横目　三橋安兵衛
御手廻頭　古沢貞右衛門
白箱提灯　御次番　石黒織人
御次番　平野是平

御次番　絹川団右衛門　御次番　中嶋小兵衛　御附 御大小将御番頭　音地清左衛門
御次番　浅加五兵衛　御次番　和田十右衛門

此間三四間計　白箱提灯　御附 御大小将横目　渡瀬七郎大夫

御居間方坊主　小頭等十三人 御茶堂共　御附御歩横目　山口伝左衛門

御唐油箱 イロ 手替　御小人頭　山岸八郎大夫　御小人小頭　御小人
御小人小頭　御小人

御草履取 イロ　御陸尺 イロ 手替　御手廻小頭代　上下押足軽　御馬
御草履取 イロ　御手廻小頭代　上下押足軽

口附之御中間イロ
上下御中間小頭　沓籠　白箱提灯　笠籠イロ
同　同　手替一人イロ　白箱提灯　上下押足軽　騎馬　本多頼母
白箱提灯　上下押足軽
御跡乗　村井又兵衛　此所御供人之家来五人並　箱提灯　箱提灯　御歩横目
押足軽　歩御供之面々乗馬　御引離御跡ヨリ被為入
押足軽　笠合羽籠
亀万千殿
以上

廿三日　於天徳院、当月廿八日ヨリ二夜三日観樹院[1]様御中陰御法事御執行之節、拝礼刻限晦日卯之刻ヨリ辰之刻迄人持、辰刻ヨリ巳刻迄組頭、巳之刻ヨリ午刻迄御番頭等之旨、着服先達テ御横目ヨリ申談通、役儀等有之、右刻限難罷出人々ハ御三十五日・御四十九日・御百ヶ日之内可罷出旨、病気等ニテ難罷出人々ハ其段可及御断旨、御小将頭・御番頭・御横目ハ辰刻ヨリ巳刻迄ニ、［　　］其外万端前々之振ニ可相心得旨、御奉行河内守殿ヨリ今日夫々御廻文ヲ以被仰談有之

廿四日　天徳院ヘ明廿五日御葬式之為惣見分、河内守殿等夫々九時揃ニテ参出、同役ヨリ自分[2]罷越、暮頃相済罷帰、但御香奠才許御小将両人罷出、披露役ハ詰番両人有之ニ付、別ニ参

1前田斉敬（重教男・佐渡守）

2政隣

出之義不申談候事

同　日　今般御尊骸御供ニテ帰着之御大小将中、当廿六日ヨリ追々夫々御番入申談

廿五日　前記ニ有之通ニテ今朝五半時頃御葬式相初り、詰人頭分以上太鼓堂之方後ろニ伺公、御巡同之間中場ヘ罷出、縁取之上庫裏之方廻廊後ろニ仕列居、夫ヨリ御出棺之節為御見送、山門之外勝手門之方ヘ罷出蹲踞、夫々四半時頃相済、御廟御納り暮頃相済、御寺詰人ハ九時過退出、同役ヨリ**田辺善大夫**相詰、都テ御次第等前記之通、且又**亀万千**殿就御風気ニ御詰無御座候事

同　日　**慶次郎**[1]様御使者物頭**加嶋舎義**二百石上下十五人当月十四日江戸発、今夕参着

但、晦日於御寺御代香勤之、九月朔日登城、此次本月晦日互見

同　日　前記之通**桂香院**[2]義、御葬式之節諷経ニ被罷出候ニ付送迎御大小将、且御出棺後、於溜御料理出候事

一、**出雲守**[3]様御使者御家老**村図書**、**飛騨守**[4]様御使者御家老**前田靭負**、**桐陽院**[5]様御使者惣頭**志村平左衛門**御代香ニ罷出、誘引御大小将前記之通、且中場ヘ相詰候節之誘引等都テ御奏者番暨為御見立惣門之内、門番所辺ヘ罷出候節之指引モ同断

一、宝円寺・玉泉寺・実成寺諷経ニ被罷出候事

附記

晦日御中陰御法事、中入之節、古国府勝興寺諷経ニ被出

但、旅宿ヨリ天徳院廻廊通、御堂前ニ被出、諷経有之、畢テ直ニ被帰候事

1盛岡南部利敬（利正男）（寛4 109頁）
2広徳寺塔頭僧、紀伊徳川宗直女久姫カ、千間の伯母（徳2 241頁）
3前田利謙（富山藩八代）
4前田利考（大聖寺藩八代）
5前田利幸（富山藩五代女豊）利物（大聖寺藩七代）室

廿六日　桂香院四時過、為伺御機嫌登城之刻、御作法
一、桂香院登城之刻、御式台階下ヘ御大小将罷出誘引、虎之御間上之間ヘ相通、尤寺社奉行モ御式台階之辺迄出向可申候、御茶・たはこ盆新番給事ニテ出之可申事
但、伴僧虎之御間二之間御屏風ニテ囲指置可申候、御茶等御歩給事之事
一、桂香院下乗之義、河北御門一之御門之外ニテ被下乗可有之候、其所ヨリ寺社方与力誘引可有之事
一、桂香院着座以後、年寄中之内壱人、御家老中壱人罷出、寺社奉行引合ニテ挨拶可仕候事
一、桂香院柳之御間上之間御椽頬迄、寺社奉行誘引可仕候事
一、桂香院於桧垣之御間二之間、御目見、献上物茶一箱 台居 御敷居之外、御立畳三畳目之頭ヘ御小将指出之置、桂香院ハ同下之方ニテ御目見、御奏者番桂香院ト披露、御意有之御用番御挨拶申上、桂香院退座、最前之所ヨリ寺社奉行誘引、虎之御間上之間ヘ着座
但、伴僧ハ御目見無之、遠路罷越候義ニ候間、寺社奉行ヲ以御意可有御座候事
一、桂香院御目見不被仰付候ハ、御家老中之内ヲ以御意可有御座候事
一、右相済、組頭罷出及挨拶、二汁五菜外御香物御料理、御茶請・御菓子出可申事
一、御料理之内、御家老中挨拶可罷出候事
一、伴僧ハ一汁五菜御料理、御茶・後御菓子出可申候事
一、桂香院登城ニ付献上物伴僧少先ヘ致持参、御玄関足軽受取、御廊下御勝手迄指参之事
一、御座敷方之義、諸事可申付候　御奏者番・御横目・

一、御座敷御馳走　　　御馬廻頭・御小将頭之内当番
一、御給事指引　　　新番小頭・御歩小頭
一、実験之御間御番人　　　御射手御異風五六人相詰可申候
　但、寺社奉行ヲ初携候人々布上下着用之事
桂香院退出之節、寺社奉行御式台階辺迄送、誘引之御小将階下迄送可申候事
一、桂香院登城之節、石川・河北両御門、橋爪御門開不申、御番人常服、御門之外腰懸縮足軽平日ニ二人計相増可申候、且御式台前腰懸縮り足軽二人指出可申候事
　但、所々足軽下座ニ不及候事
一、桂香院并伴僧ヘ御小将使ヲ以被下物可有御座候事
　　以上

右御作法書之内ニ所々足軽下座ニ不及候旨有之候得共、表御玄関番足軽之義ハ御大小将階下迄送迎有之候処、同所ニ罷在候義難成ニ付、右足軽ハ敷附ヘ出有之候様御横目ヨリ申渡有之

右之通御作法ニテ則四時過寺社方与力御玄関敷附之辺迄同道ニテ登城、都テ右御作法書之通、且御勝れ不被遊候ニ付御目見ハ不被仰付候処、何卒御目見御門拝見仕度段被相願候ニ付、桧垣之御間ヘ拝見有之

御料理左之通

御汁　丸焼とうふ　小かふ
　　　しめし

和交　はりこほう　刻み大こん　なし
　　　紅葉のり　木茸　青九年母
　　　なら漬瓜

香物

御めし

二

煮物　塩竹の子
　　　くわゐ
　　　細すいき

浸物　蓮根
　　　にんしん
　　　くるみ

御汁　おろしいも
　　　青こんふ
　　　塩松露

八寸

雲仙麩　さき松茸
　　　　大梅干

御肴　鞍間牛蒡
　　　山升溜り

御吸物　葛茸　糸な
　　　　紅かくてん

御茶請　紅ようせい餅
　　　　かわたけ

後御菓子　茶筋有平糖　紅墨形落雁
　　　　　霜柱

一、**桂香院**退出後、旅宿ヘ御大小将**坂井権九郎**御使者ヲ以、白銀三十枚・生絹三疋、伴僧両人ヘ小判五両宛被下之

一、**桂香院**翌廿七日発出、江戸ヘ被帰候事

廿七日　**東本願寺**殿ヨリ同御悔御使僧来、登城無之、寺社奉行宅ヘ相勤、右御使僧**樹心坊**ヘ遠路大義ニ被思召候由ニテ白銀三枚、御使御大小将**土方勘右衛門**ヲ以被下之、東本願寺ヘ相勤之

同　日　明日ヨリ御中陰御法事之為惣見分、諸役人等四半時揃ニテ天徳院ヘ罷越、**河内守**殿御

当病ニテ御越無之、諸習仕等万事**本多頼母**殿御見分有之候事

廿八日　御中陰御法事初日御執行、同役ヨリ**自分**御寺ヘ相詰七時過罷帰

廿九日　同断、中日御執行、同役ヨリ御寺詰**田辺善大夫**

晦　日　一昨日ヨリ今日迄、於御中陰御法事天徳院ニ夜三日御執行、無御滞相済、今日同役ヨリ御寺詰**平田三郎右衛門**、且御法事畢テ於客殿和尚ヘ御時服二重・白銀五十枚被遣之、披露御大小将、**寿光院**様等ヨリ被備候御香奠、夫々御代香前披露之、引離、**出雲守**様等被備候御香奠披露、右同断、将亦上座見八人ヘモ於客殿時服一重宛被下之、披露御大小将、下座見三人ヘハ於同断白銀［　（空白）　］御目録、寺社奉行相渡之、頂戴之、但和尚等御法事御奉行ヘ向御礼、退座之上右御品物共披露役引之

一、**出雲守**様御家老**村図書**・**飛騨守**様御家老**前田靫負**・**桐陽院**様物頭**志村平左衛門**御使者三ヶ日共、朝六時過ヨリ御法事終迄相詰、今日ハ御代香相勤、且年寄中等拝礼之次ニ自分之拝礼仕、**図書**・**靫負**ハ階上四畳目、**平左衛門**ハ三畳目ニテ拝礼被仰付

但、三ケ日共御菓子・御料理被下之、挨拶等都テ御奏者番之事

一、**慶次郎**[1]様御使者**加嶋舎**儀廿五日互見、御馳走方御大小将**前田牽治郎**同道ニテ五時頃天徳院ヘ罷出、誦経中ニ付廻廊禅堂之方ヨリ罷上り、夫ヨリ披露役御大小将出向、御使者之間ヘ誘引、御奏者番・寺社奉行罷出挨拶、其上ニテ**河内守**殿御出御挨拶、誦経中ハ**出雲守**様等御使者上ニ列し、聴聞畢テ惣御代香之次ニ御代香、尤夫以前御香奠披露、御法事畢テ本廻廊ヨリ退出、其節**河内守**殿并御奏者番・寺社奉行并最前誘引之御大小将共都合四人階下迄送之

---

1 盛岡藩南部利敬（利正男）（寛4 109頁）

1 前田斉広（十二代）

但、詰中御菓子・御料理等被下之、給事御歩之事
右夫々相済、年寄中等拝礼有之、附自分義前記廿三日之通ニ付、今日巳刻ヨリ午刻迄之内
拝礼ニ可罷出候処、二之御丸朝御番ニ付不罷出、九月三日辰之上刻熨斗目・長袴着用出宅、
御霊牌ヘ階上横畳於三畳目ニ拝礼仕候事
一、右御法事等相済、亀万千殿[1]御参詣御焼香之事
慶次郎様御使者物頭役加嶋舎、今日到着之段申来候ニ付、若登城有之節御作法之次第
一、御使者到着之旨町奉行ヨリ案内次第、御馳走方御大小将旅宿ヘ罷越挨拶可仕候、御大小将
御口上之振承申聞次第、聞番壱人旅宿ヘ罷越、猶更御口上之振モ承合、登城之義追テ可申
談旨可及挨拶候事
一、御寺ヘ御代香モ相勤候段申聞候ハ是又追テ可申談旨聞番ヨリ可及挨拶候事
一、登城ニテモ御寺ニテモ旅宿ヨリ同道人御馳走方御大小将可相勤候事
一、石川・河北両御門・橋爪御門、朔望之通開置、物頭ハ不罷出、足軽警固ハ可罷出候事
但、三之御丸橋爪御番人并両御門与力番所、御人寡く御座候ハ食代り共打込勤番可仕候
事
一、右御番所・両御門与力共、布上下着用可仕候事
一、所々御門番人足軽下座可仕候事
一、右御用携候頭分等モ都テ布上下着用可仕候事
一、御式台当番之人々、布上下着用可仕候事

但、前々御騰中御見廻御使者有之節ハ、御忌中ニ付常服ニ御座候得共、今般ハ御忌明之儀ニ候間、右之通可有御座候事

一、旅宿ヨリ御玄関迄御馳走方御大小将同道、先達テ町奉行一人罷出有之、御玄関階上ヘ出向可申候、御式台ヨリ虎之御間ヘ取次御大小将誘引、御奏者番・組頭・町奉行・聞番罷出可致挨拶候事

一、御奏者番罷出、御口上承、達御聴可申候事

一、御茶・たはこ盆出可申候事

一、御口上承御奏者番退候後、年寄中・御家老中罷出可及挨拶候事、付札　御中陰御法事中、若登城ニ候ハ御茶・たはこ盆迄指出申儀ニテ可有御座候事、但御料理等指出不申趣、組・頭聞番之内

一、右相済組頭罷出及挨拶、御料理二汁五菜外御香物、御濃茶・後御菓子出可申事

一、御料理之内、御家老中罷出致挨拶可申事

一、相伴新番頭・御歩頭之内壱人可相勤候事

但、御使ハ御家老之外延享四年伺被仰出候通相伴新番頭・御歩頭之内ト奉存候

一、給事御歩之事

但、虎之御間ニテ御料理出申ニ付、右之通ト奉存候、右給事指引御歩小頭之事

一、前々御騰中御見廻御使者有之節ハ、御茶・たはこ盆迄出候得共、今般之義ハ御忌明ニ付御料理出申義、右之通ト奉存候事

1会津保科容頌（徳3 221頁）
2盛岡藩南部利敬（利正男）（寛4 109頁）
3高松侯徳川頼儀（室は重教女藤）

但、御使者へ御挨拶之義、御家老之内罷出可申述候事
一、右相済、御奏者番罷出御返答可申述候事
一、御使者退出之節、御奏者番・懸り之組頭・聞番・最前誘引之御大小将、階下迄送可申候事
但、年寄中・御家老中ハ天明六年肥後守[1]様・慶次郎[2]様ヨリ之御使者登城之節之通、送申間敷候事
一、実験之御間、御射手・御異風勤番可有之事
一、所々御番所へ御使者時宜無之様、同道之御大小将可申達候事
一、御横目、所々見廻り指引可仕候事
一、虎之御間御椽頬、手水手拭懸指出可申事
一、御進物等御座候テ持参人等指支候ハ、割場ヨリ持参人才領等人数之義ハ、其時之取持人ヨリ可申談候事
一、御使者罷帰候以後旅宿迄以御使者被下物可有之候事
但、御使御大小将可相勤候事
一、御使者於旅宿、御料理被下候義、当時町奉行引請、御馳走方御大小将致指引候故、懸り等之儀伺不申候、以上
八月廿五日　　　**中村九兵衛**
一、前月十四日記ニ有之讃岐守[3]様御使者登城之節、御作法書モ右同断、併就御忌中ニ御料理ハ出不申、且平士ニ付御年寄衆不残ハ御出無之而已之違也

今月四日宝円寺役僧侍者和尚雄明ト申者、受取置候金小判百両余致取逃、越中高岡へ罷越、同所旅籠店沢田屋平助方へ罷越、致逗留候内、平助妻・娘・下女等同道、富山へ参り其所ニモ逗留、芝居致見物罷在候体相知れ候ニ付、盗賊改方手合足軽五人、則奉行伊藤平大夫申渡、十六日発出申渡遣候処、廿日ニ召連来り候ニ付、吟味有之候処、不届之趣共申顕ニ付、牢揚屋へ引置、追テ禁牢

但、右金百両余致懐中、今月四日致出寺候訳ハ去秋以来金沢卯辰新町等へ度々罷越、女参会致し候義、寺中ニ取沙汰有之、難佇ニ付、右金子為旅用、取逃致し信州辺へ可参ト存出立、右高岡平助方ニ逗留中、下女ト馴合、其内富山へ右女共同道罷越、其外去秋以来金沢町所々ニテ女数十人ト数十度参会之義及白状、右一件女共等モ追々改方役所へ呼出、預等ニ申付、十月廿七日雄明等一件之者共都合四十四人公事場へ引渡有之、右雄明年三十歳、越後国三嶋郡道平村出生、父ハ大庄屋高橋多喜右衛門ト申者ニテ両親共存命、九歳之時ヨリ致出家、同国潮音寺鉄雄和尚之弟子ニテ所々致偏参、去々年ヨリ宝円寺ニ罷在候処、方丈独龍和尚ハ越後之人テ俗縁有之候故、去年十月ヨリ侍者役ニ相成、諸向上金等取扱之用相勤候事

右雄明、翌寛政八年十二月廿一日刎首之上、於下口梟首被仰付、其外一件之者共御免許有之落着之事

前記ニモ有之通、御三十五日・御四十九日・御百ヶ日御法事之節、天徳院詰人等御中陰御法事

之節之通ト相心得可申旨、**河内守**殿被仰渡、触出置候得共、御香奠才許披露役共両人宛御寺詰可申談旨詮議之趣、**河内守**殿ヘ御達申、夫々御小将中ヘ当番**田辺善大夫**ヨリ以紙面申談有之

　但、御百ヶ日御法事之節、御香奠才許ハ不残四人共詰之義申談、且刻限朝六時過揃、三ヶ日共同断之事

丙戌**九月**大　　御用番　**前田大炊**殿

朔日　二日快天、三日四日時雨、五日快天、六日昼ヨリ時雨、七日時雨、八日快天、九日十日雨、昼ヨリ快霽、十一日十二日十三日十四日十五日十六日十七日十八日十九日廿日快天続、廿一日雨、廿二日廿三日廿四日快天、廿五日雨、廿六日快天、廿七日雨、廿八日廿九日晦日晴陰交、今月気候応時

同日　月次出仕之面々登城之処、少々御勝れ不被遊候ニ付年寄衆謁ニテ退出

同日　**慶次郎**[1]様御使者物頭**加嶋舎**今日九時登城、誘引御大小将取次役**坂倉長三郎**御口上承候、御奏者役（**横**）**山大膳**組頭**中村九兵衛**・**野村伊兵衛**、聞番**坂野忠兵衛**、御料理相伴御歩頭**和田采女**階上列居、御番頭・御横目一人宛、御大小将十三人、其外昨晦日記ニ有之御作法書之通ニテ八時過出、猶御料理等左之通り

御汁　小つみ入　地紙大こん
　　　しめじ

鱠 たい くり せうか 柚

香物

御めし

二

煎鳥 小鴨 批くわい すたれふ小口 わさひ

青和 くしこ にんしん 刻かや

汁 せきり 鯛 うめめ

一ツ焼鯛

吸物 のしはへん いとな

御酒肴 うなぎかは焼 山升

濃茶

茶受 紅薯預餅 坪しゐたけ

後菓子 筋有平糖 源氏紅 黄小りん

右御使者退出後、旅宿へ御大小将**水原五左衛門**御使ニテ、遠路大義之旨御意ヲ以白銀五枚・生絹三疋被下之并才領足軽一人へ金子二百疋、持参人小者両人へ鳥目壱貫文宛被下之、**五左衛門**一集ニ為持罷越、御使者懸り之給仕御歩へ相渡候筈、右御歩ヨリ**舎**之家来分迄渡候筈之事

一、今日従**慶次郎**様御進物、求肥飴一箱也

一、右**舎**義、翌二日暁六時前発出罷帰候事

三日 御三十五日御法事ニ付詰人前記前月廿一日記之通、且今日ハ前々月四日御拝領之御香奠白銀三十枚披露有之、寺社奉行ヨリ与力指添御香奠所迄指越、夫ヨリ御香奠才許指添、

太皷堂之辺ニテ披露役ヘ渡之、披露役壱人持出、出家ヘ相渡之、是御法事始り以前披露付紙台也、白銀ハ於御香奠所役僧ヘ相渡候事

同　日　御法事相済候後、亀万千殿御参詣、御焼香被成候事

四　日　稲実入之時節ニ付、今月八日ヨリ同廿日迄石川・河北両御郡御家中鷹野遠慮候様仕度旨、改作奉行申聞候間、夫々被仰渡候様仕度段、御算用場奉行中川四郎左衛門ヨリ前月廿九日指出候紙面ニ今日御用番大炊殿ヨリ御添書ヲ以、例之通御触有之

五　日　御四十九日御法事ニ付、天徳院ヘ詰人三日之通、御法事相済、亀万千殿御参詣御焼香、一統今日御菓子被下之

七　日　御百ケ日御法事ニ付、天徳院ヘ詰人五日之通、且御法事相済、亀万千殿御参詣、御焼香被成候、将今日ハ従亀万千殿詰人一統ヘ御菓子被下之候事

但、御法事相済候上、於天徳院詰合之頭分以上、御法事御奉行席ヘ罷出、夫々無御滞相済此上之御儀ト申述

同　日　夕方於天徳院、公事場牢舎人百人余、為赦出牢被仰付

同　日　為御大赦、左之通御免許被仰付

能州嶋配所御免　最前御大小将組佐渡守様御抱守　池田弘助

同断　弘助嫡子　池田十六郎

同断
佐渡守様御居間方
最前新番組 杉本新之丞

同断
同断
最前定番御歩 村田鉄平

同断
最前定番御歩 清水円右衛門

越中五架(箇)山ヘ流刑御免
最前横山蔵人与力 高橋仙之丞

同断
最前明組与力 嶋 正左衛門

遠慮御免
定番御馬廻 中村善兵衛

追放代三年禁牢被仰付
最前御算用者小頭并御家老方執筆 篠崎知大夫

実方兄浪人篠崎知大夫落着被仰付候ニ付、指控御免
組外 斉藤弥右衛門

妹婿浪人篠崎知大夫同断ニ付、指控御免
火矢方御細工者 吉田宇兵衛

急度指控御免
但御次并御広式御用ハ被指除之
御医師 内山養福

指控御免
明組与力 津田源助

一類ヘ御預御免、御扶持被召放　火矢方御細工者　小柳喜兵衛
兄御扶持方大工安田与一郎落着ニ付指控御免　御歩横目　安田吉左衛門
同断　御歩　安田勇左衛門
遠慮御免　御鷹方御歩　吉田新左衛門
一類之義ニ付指控御免　御算用者　小川清大夫
同断　同断　小川伊左衛門
右之外足軽・小者追込等御免有之

八日　於実検之御間、月次経書講釈六月廿三日以後無之処、今日ヨリ有之、自分当番ニ付聴聞孟子

同日　左之通、於御席御用番大炊殿被仰渡
役儀御免除　御馬廻頭　中村九兵衛

九日　例月出仕之面々、重陽為御祝詞登城、御年寄衆謁ニテ四時頃退出之事

十一日　於江戸、左之通夫々可申談旨、織田主税申聞候条、家来末々迄可申渡旨等、諸頭連名、御横目丹羽六郎左衛門ヨリ廻状有之当御留守中、別テ御人少之処、頃日次第ニ風烈敷

時節ニ相向候間、御殿中并御屋敷中火之元厳重ニ相心得候様可被相触候事

九月

十二日　宝円寺へ御参詣有之

十四日　左之通申談有之

十月朔日ヨリ金銀小払奉行　永原治九郎代　成田長大夫

大村七郎左衛門代　篠嶋頼太郎

十五日　月次出仕之面々一統御目見等、且左之通於御前被仰付

御引足

一、四千石　先知都合壱万石　奥村左京

内千五百石与力知

左京儀、家柄ニ付此度如斯御引足故、内膳知行高之通、年寄共同席ニ被仰付、加判是迄之通、暨月番被仰渡

三郎[1]　次

玄蕃助[2]　上　奥村左京

右為承知、御用番大炊殿被仰聞候由ニテ、於御横目所披見、申談有之

十八日　左之通

高岡町奉行当分加人

但岩田内蔵助煩ニ付　荒木五左衛門

1 横山隆盛
2 本多政成

廿三日　左之通
宗門奉行加人兼帯
御小将頭
宮井典膳

廿七日　左之通
観樹院様御葬式御中陰等御法事御用被
仰付候ニ付、紗綾三巻、御居間書院ニテ於
御前被下之、御広蓋披露、御表小将勤之
奥村河内守

右同断ニ付、於檜垣之御間、河内守殿御演述、左之通被下之、御広蓋披露、御大小将勤之

生絹二疋宛
寺社奉行
前田修理　菊池大学
品川主税　永原将監　此度御用迄加人

染物二端宛
御作事御用物頭並
高沢平次右衛門
御大小将横目
永原半左衛門　上ニ同　水越八郎左衛門
御台所奉行
沢田伊佐衛門　上ニ同　山口小左衛門

白銀二枚宛
御普請奉行
富田佐門
御作事奉行
浅加作左衛門
御作事奉行
丹羽伊兵衛
御飾方相勤候改作奉行
野村忠兵衛
割場奉行
里見孫大夫
内作事奉行
脇田瀬兵衛

内作事奉行
大嶋忠左衛門
河内守殿席執筆組外
小竹政助

右之外、御飾方相勤候会所奉行**岡田又右衛門**へも、白銀二枚被下之
但、京都為詰人発足後ニ付於京都頂戴之
右御礼勤ハ布上下ニ着改、**河内守**殿并身当り頭之事
右畢テ左之通御用番**大炊**殿被仰渡
役儀御免除被仰付
寺社奉行
菊池大学

廿八日 左之通被仰付
寺社奉行ニ被仰付
公事場奉行ヨリ
前田内蔵太
公事場奉行兼帯
寺社奉行并公事場奉行
品川主殿
公事場奉行御免

同　日 跡目等左之通被仰付
亡父**栄閑**隠居知
五百石
伴　多宮
本知都合五千石、内千五百石与力知
如元**栄閑**隠居知ハ本高之内ニ付テ御引足被下之
四千五百石、内五百石与力知
兵庫養子
深美主計助
七百石之三ノ一
二百三十石
両左衛門養子
遠藤猶次郎

三百石　与左衛門嫡子　佐久間大作
千五百石、内五百石与力知　弥助嫡子　前田木工
　仙石内匠等並ニ被仰付
五百石　清左衛門嫡孫　神戸左京
四百石　組外へ被加之　八右衛門嫡子　小幡次郎
千百三十石　斉宮跡相続　三輪仙大夫
仙大夫自分知百三十石ハ斉宮先祖之御配分ニ候処、本家相続ニ付都合千百三十石ニ被仰付、御馬廻へ被加之
七百石　御馬廻へ被加之　源蔵嫡子　渡辺与一郎
二百五十石　忠兵衛養子　上木左源次
左源次自分知八十石ハ忠兵衛先祖之御配分ニ候処、此度養子ニ相願候ニ付都合二百五十石ニ被仰付
四百石　与三大夫せかれ　三嶋安佑
二百五十石　右平次跡相続　不破与三太郎
末期願置候定番御徒不破藤左衛門四男幸左衛門義、不届之趣有之ニ付、右平次名跡之

不被及御沙汰ニ筈ニ候得共、一類共暨頭段々願之趣有之ニ付、旁格別之趣ヲ以、同姓不破宗助嫡子与三太郎ヘ相続被仰付、岩田平兵衛四番目娘ヘ娶合可申旨被仰出

二百三十石　半九郎養子　神戸左七郎

二百石　三郎四郎末期養子　有沢八三郎

今村亥十郎弟八三郎義、惣領娘ヘ聟養子

百五十石　三郎大夫せかれ　毛利与兵衛

同　孫右衛門嫡子　髙畠彦右衛門

百三十石　幸左衛門嫡子　神保三八

亡父善四郎知行百三十石并祖父善大夫知行高御減少之分

二十石御引足

百五十石　善四郎せかれ　小篠久平

祖父善大夫儀数十年長病罷在候ニ付、知行高百五十石之内二十石御減少、百三十石父善四郎ヘ相続被仰付置候処、善四郎儀役儀全相勤候、其上久平高祖父七郎右衛門兄善四郎義殉死仕候家筋之義ニ付、旁格別之趣ヲ以御減少被仰付置候弐十石御引足、如斯被仰付、久平ヘ被下置候御切米ハ被指除之、組外ヘ被加之

百二十石　半左衛門嫡子　荻原権五郎

権五郎ヘ被下置候御切米御扶持高ハ被指除之、組外ヘ被加之

百石　八左衛門嫡子　上村大次郎

百石之三ノ一　三十石　十右衛門嫡子　井上九郎太郎

二十人扶持　忠大夫せかれ　平松小左衛門

十人扶持　助太郎跡相続　岡田九七郎

末期願置候小松御馬廻吉見庄兵衛弟友左衛門義、不埒之趣有之候ニ付、助太郎名跡之不被及御沙汰ニ筈ニ候得共、一類共曁頭段々願之趣有之ニ付、旁格別之趣ヲ以同姓岡田八兵衛三男九七郎ヘ相続被仰付

二百五十石　才記末期養子小幡故八右衛門三男　岡田長三郎

二百石　作右衛門末期聟養子不破平兵衛弟　杉本次兵衛

百九十石　義大夫末期養子同姓明組与力中山直右衛門弟　中山武十郎

百石　長太郎跡相続　橋爪伊左衛門

長太郎父方又いとこ大嶋忠左衛門弟伊左衛門ニ相続被仰付

百二十石　吉大夫せかれ　河嶋要祐

十人扶持　宋右衛門末期聟養子猪俣吉郎左衛門弟　渡辺喜平

百石之三ノ一
三十石　新八郎末期養子同人弟　森口三之助

百□（石脱）　作兵衛次男　山田貞之丞

二百五十石　組外へ被加之　五郎左衛門嫡子　半井平蜂

百五十石　善助嫡子　坂倉猪之助

二百石　平馬嫡子　大久保直記

百五十石　庄大夫嫡孫　富田助市

百石　次六郎嫡子　広瀬太兵衛
太兵衛へ被下置御切米御扶持方ハ
被指除之、御異風ニ被仰

二百石　内五十石　八十世[1]茶湯料　源左衛門嫡子　相坂勝左衛門

残知
三千石　本知都合四千石　内千石与力知　三田村虎次郎

千六百石　本知都合弐千四百石　富田権三郎

三百四十石　本知都合五百石　太田兵之助

---

1 八十瀬トモ（年寄女中）

百七十石　本知都合二百五十石　長田庄一郎
七十石　本知都合百石　水野寅之助
六十石　本知都合八十石　大村駒之助
右之通夫々被仰付、且又此度相続可被仰付分、何等之御沙汰モ無之ケ所左之通り
神保儀右衛門去年二月病死跡　中村喜左衛門跡
辰巳元右衛門今年春病死跡　横山久兵衛跡
堀江庄兵衛跡

廿九日　縁組・養子等諸願被仰出、且其内左之通
白銀十枚　御羽織壱　御目録　附記、御小将頭　**大屋武右衛門**　年七十歳
御手前義、願之通役儀御免除被成候、当時厳敷御省略中ニ付被下物御沙汰ニ不被及筈ニ候得共、及極老候迄全相勤候ニ付、格別之趣ヲ以、御目録之通被下之候事
大応院[1]様五十回御忌、当十二月十二日御相当之処、来ル十一月十二日ヘ御取越、一朝於天徳院御執行ニ付、御奉行**本多安房守**殿ヨリ諸向夫々被仰渡有之

晦日　左之通
観樹院[2]様御牌前ヘ為御備之天徳院ヘ之御使　御大小将　**篠原与四郎**

1 前田宗辰（七代）
2 前田斉敬（重教男）

一、籠　なし　くり　かるしゆ（ママ）　九年母

多宮事　伴　八矢

左京事　小幡主計

今晦日改名有之

付札

宮井典膳へ　　　　　　　　　　　　**山崎弥次郎**

右**弥次郎**義、**観樹院**様御逝去之段、**織田主税**等ヨリ早打御使ヲ以及言上候ニ付、御使六月晦日昼八時江戸表発足、丹波嶋へ罷越候処川支ニテ松代へ相廻り、福島ニ二日逗留有之由ニテ、七月七日四時過致到着候、然処**飛騨守**様ヨリ為御悔御使者被進、七月七日此表へ到着ニテ、大聖寺へハ御逝去之義早く相知候体ニ候、左候得ハ**弥次郎**延着之義如何之訳ニ候哉、猶更逗留等之様子相尋、紙面取立可被指出候事

九月

右御用番**大炊**殿御渡之処、**弥次郎**在江戸ニ付、則頭**典膳**ヨリ昨廿九日便ニ江戸表へ申遣候処十月八日江戸着、**弥次郎**ヨリ指出候紙面左之通、私儀当六月晦日**観樹院**様御逝去之段、**織田主税**等ヨリ及言上候早打御使被仰渡、同日八時過此許（ママ）発足仕、七月七日四時過金沢表へ到着仕候、然処**飛騨守**[1]様ヨリ為御悔被遣候御使者、七月七日金沢到着ニテ大聖寺へハ早く相知候体ニ付、左候得ハ私延着之儀如何之訳ニ候哉、猶更逗留等之様子、委細御達可申上旨、**前田大炊**殿被仰渡候段承知仕候、前段之通御当地発足仕、七月二日信州矢代駅へ罷越候処、川支ニテ松代へ相廻り、福嶋駅へ七月二日暮前着仕候処、布野川舟渡指留、同四日申

1前田利考（大聖寺藩八代）

之刻迄逗留仕候処、同刻舟渡相立、一番舟ニ御国ヨリ之早打御使久能吉大夫并御医師中相越、右戻り船ニ私相渡り申候、私逗留中此方様ヨリ之早飛脚足軽追々罷越居申候処、私同船ニ相渡り申候、将又於糸魚川河内守殿ニ御出合申候処、御指留ニ付、暮六時頃ヨリ五時頃迄同所ニ罷在、夫ヨリ猶又指急津幡駅迄罷越、殊之外乱髪ニ相成候ニ付髪為結暫隙取、夫ヨリ指急金沢表ヘ着仕候、勿論福島駅ニテ逗留之様子問屋ヨリ一札取立置申候、尤武州・上州・信州等駅々ニテハ夜中等別テ墓々敷人足指出不申候、隙取申趣ニモ御座候、暫之義ニ付先達テ到着之砌御達不申上候得共、此度委敷御尋之義ニ付右等之趣御達申上候、以上

十月　山崎弥次郎判

水野次郎大夫様　附在江戸支配頭也

丁亥十月小　御用番　奥村河内守殿

朔日　快天、二日ヨリ五日迄雨或陰、六日晴、七日八日九日雨、十日ヨリ十三日迄晴陰交、十四日十五日雨霰風、十六日晴、十七日十八日雨、十九日初雪寒冷募頃日荒強し、廿日廿一日廿二日廿三日廿四日廿五日廿六日雨雪交折々烈風、廿七日陰、廿八日廿九日雨、今月気候応時

同日　為御奥書院代、於御居間書院、左之通御礼被為請

御加増之御礼、御太刀一腰并馬代目録　［（空白）］
巻物三

役儀之御礼　御太刀等同断　綿十杷　**奥村左京**

右奏ハ巻物等披露御表小将勤之、夫ヨリ於柳之御間、出仕之面々一統御目見相済、桧垣之御間ニ御着座、今度被仰付候残知・跡目之御礼等被為請

公事場奉行

於御前被仰付　人持末席　**原　九左衛門**

同　日　於御席、左之通御用番**河内守**殿被仰渡

列ハ只今迄之通　**横山大膳**上　土佐守組へ　**前田大学**

同断　**原　九左衛門**上　山城跡組へ　**横山大膳**

同断　**横山大膳**次　又兵衛組へ　**原　九左衛門**

同断　**原　九左衛門**次　大隅守組へ　**本多求馬助**

御手前儀、人持組被仰付、組入被仰付候、附四人共只今迄人持末席也

四　日　夜九時過江戸伝奏屋敷不残焼失、明ケ六時頃鎮火、類焼ハ無之候事

八　日　左之通被仰付

内作事奉行　**観樹院**[1]様御次番ヨリ組外也　**石黒織人**

観樹院様御遺物、今日左之通拝領被仰付

御刀清光　御掛物三幅対

紗綾二巻　**奥村河内守**

1　前田斉敬（重教男）

御印籠　御掛物三幅対　　本多頼母
紗綾二巻　　　宛　　　西尾隼人

右之外御着類等御取払物、横浜善左衛門等御附之人々并大音主馬・石野主殿助・関屋中務、且又最前御近辺相勤候堀部五左衛門組外御番頭・関沢安左衛門御膳奉行等へモ夫々被下之候事

[1]亀万千殿御出生後御虚弱ニ付、いまた公義へ御届無御座候処、今般御丈夫ニ被為成、今年御十六歳之段一昨六日御飛脚ヲ以御届有之、右之趣今八日亀万千殿へモ被仰進、且今年御十四歳ニ候得共、御十六歳ト御届之義モ被仰進候事

十日　天徳院へ御使御大小将小泉権之助ヲ以、観樹院様御百ケ日ニ付、御牌へ御干御菓子御所落雁・松風焼一箱御備

観樹院様御尊骸御国へ被為移候御道中御供仕候人々へ、御内々今日於御次、左之通拝領被仰付

白銀三十枚
御羽織　　西尾隼人

白銀十枚
生絹二疋　　横浜善左衛門

白銀十枚宛　堀　三郎兵衛
　　　　　　神田吉左衛門

白銀七枚宛　御附之諸頭

同　五枚宛　御抱守

同　二枚宛　御次番等

十一日　左之通被仰付

1 前田斉広（十二代）

小石川御前[1]様附御用人　半井故五郎左衛門代
観樹院様御抱守ヨリ　高畠源右衛門
御格之通御役料五十石被下之、御小将頭御用番支配ニ被仰付

同　日　左之通一類山路忠左衛門へ御用番河内守殿被仰渡
久世平助嫡子、当時御表小将久世平太郎方ニ致
厄介指置候　久世権太郎
右権太郎義、不縮無之様可相心得旨被仰渡、然処今月十八日無刀ニテ縮駕籠ニ乗せ家来迄
指副公事場被召呼、一往御糺之上禁牢被仰付

同　日　左之通
是以後江戸在住ニ被仰付
来春迄ハ此表ニ相詰可申候事　組外御馬役　有田佾右衛門

付札　御郡奉行へ覚
能美郡上吉谷村百姓清八後家てう
一、鳥目三貫文
右てう儀、夫清八病死後入聟之義、一類共申入候得共聊存念無之、対亡夫ニ実意ヲ尽し、
暨耕作方等出情仕、幼少之せかれ致養育、都テ所行之処、貞心至極稀成者之由、近在へモ
相聞へ候段被聞召、為御褒美如斯被下之候条可被申渡候事
卯十月　左京事　篠嶋典膳

十二日　宝円寺へ御参詣御供同役ヨリ自分[2]名替

1 重教女藤（高松徳川頼儀室）
2 政隣

1この年斉広13才

十五日　出仕之面々一統御目見、且於御前左之通被仰付

御家老役被仰付、若年寄兼帯　　　　今月廿四日改帯刀　大音主馬

御近習御用只今迄之通

於御席、御用番河内守殿被仰渡

御料理頭　　　　御料理人ヨリ　任田金蔵

同　日　与力跡十二人被召出

十九日　左之通御用番被仰渡

若君[1]様来月御髪置之御左右　　　　御馬廻頭　今井甚兵衛

相知れ次第、御祝儀之御使者御内意

右ニ付御拝領物之御礼同断　　　　寄合　前田木工

右之通ニ候処、翌廿日夜甚兵衛泊御番ニテ持病之脚気転筋張、甚難儀ニ付相泊之人々ヨリ御医師呼ニ遣、薬・針相用少々快、其内助泊多田逸角義并甚兵衛息荘九郎義モ呼ニ遣候故罷出、右等之趣、逸角泊番御横目永原半左衛門ヨリ達御聴、御城中駕籠乗用ニテ帰宅・役引之処、尓々不宜ニ付右御使御断申上、依之十一月朔日、高畠五郎兵衛へ御使御内意被仰渡

廿一日　左之通

病気ニ付依願御近習并組共

御免除、組外へ被加之

御表小将配膳役　高山表五郎

右之通被仰付候処、表五郎儀領地五百石ニ付、馬上以上ハ御馬廻組へ可被指加筈之処、御家老衆しらへ違ニ付、其段被達御聴候上、同月廿四日御馬廻組へ被加之候段被仰渡直し有之

但、右之節、御家老衆主付大音主馬殿ニ付廿二日ヨリ自分指控之処、廿三日晩不及指控段、御組頭大炊殿被仰渡

廿三日　左之通被仰渡、但前記八月七日互見

御馬廻御倹約奉行兼御算用場奉行加人　小寺武兵衛

組頭御番三人ニ相成候ニ付、当分御番ニ加り可相勤候、尤御倹約方へハ当分不及出座、且御算用場奉行加人ハ御免除被仰付

廿五日　左之通跡目被仰付候段、御用番河内守殿被仰渡

三百三拾石　本右衛門養子　辰巳勘七郎

末期願置候通、妹養女ニ仕、伴采女二番目弟勘七郎儀、右養女へ聟養子被仰付

付札　九里幸左衛門へ

辰巳元(本)右衛門跡目之義、横山三郎家来辰巳午右衛門義、本右衛門ト同姓之由、同人家来横山大膳ヲ以、後見河内守迄、内分相達候趣有之ニ付、先達テ相尋候処、本右衛門一類等手前モ被相尋、夫々紙面被指出候、且午右衛門手前モ相糺、紙面取立候処、本右衛門家ト同姓ト申義、前々ヨリ申伝候迄ニテ証拠ニ相成候品ハ所持不仕由申聞候、依之本右衛門末期ニ願置候通、伴采女二番目弟勘七郎末期聟養子ニ被仰付候、此段勘七郎へ可被申渡候事、右

御用番河内守殿、九里幸左衛門辰巳頭也へ被仰渡候事

廿六日　左之通被仰付候段、新番頭申渡

於御次、被仰付候御用方等閑ニ　御儒者新番
相心得、不応思召ニ付急度指控　**大嶋忠蔵**

廿八日　左之通被仰付

新知百五十石外ニ五十石役料　附記新番御歩ヨリ
新番組御歩小頭　**八嶋金蔵**

金蔵儀、先達テ重き御咎モ被仰付置候者之義ニ候得共、其後相慎候段被聞召候ニ付、今般新番組御歩小頭被仰付、如斯新知等被下之候事

廿九日　泊御番ニ出候処、暮前左之通封し御紙面到来ニ付及御応答代り人申遣、夜五時前致交代罷帰候事

津田権平[1]殿　**奥村河内守**

御手前義御用之儀有之候条、明朔日五時過可有登城候、以上

十月廿九日

今月朔日　本納米価左之通、但余ハ准テ可知之

地米　六十三匁五分　羽咋米　五十四匁五分　井波米　五十壱匁五分

今月上旬　従佐渡国江戸表へ坊主三人召捕来、右ハ於佐州、日蓮宗之僧共申談、蓮花往生ト

1 政隣

申、悪逆ヲ初め先つ金色之大き成蓮華ヲ拵、其内ヘ入、定之趣ニテ入候得ハ其侭往生ト名付、入用金七両二歩持参候得ハ早速ニ為致往生候、尤白装束ニテ幽霊之形ニ相成、蓮台ニ乗候得ハ数多之僧、殊太鼓等ヲ敲き立、大音ニ読経之内、右蓮華開閉自由之仕懸故、自由ニ一ヒラ宛閉、其音殊勝ト云々、暫有之、又一ヒラ宛開候処、往生ヲ望み候人、如最前其内ニ合掌して死し有之右蓮華ニ乗候前ニ於寺沐浴為致候由也、夫ヨリ遺骸ヲ直ニ棺中ニ納、葬式致し、夫ヨリ中陰之法会等モ寺ヨリ厚く執行候旨也、然処同国ニ母子暮し之貧人有之候処、右母彼ノ蓮華往生ヲ熟望、せかれヘ相頼候処、平生孝心ニテ難黙止存候得ハ、元来貧賤ニテ七両二歩之金調達可及延引之内、兎角母ハ一日モ早く蓮華往生致し度ト一向(ひたす)ら之願望故、色々ト工面ヲ以調達ニ取懸り候処、日頃孝心之奇特ニテ、金三両出来ニ付、彼道場ヘ持参、母之願懸等ヲ歎き、残り四両余ハ来年・来々年迄ニ可指上候間、先此金子ヲ以母之望ヲ御叶被下候様ニト段々頼込候得共、一円不致承引ニ付、無是非立帰り、段々工面調達致候処、弐両出来ニ付重テ寺ヘ五両持参、何卒跡二両二歩ハ来月迄、今二両二歩ハ来月貸ニ可申ト申者有之、待被呉候テ早速母ヲ往生為致給り候様ニト事ヲ訳、再三頼候得共、外ヘ障り候ニ付難承届旨ニテ無味ニ承引無之候ニ付、無詮方佐渡奉行ヘ、御威光ヲ以来月迄為御待可被下旨訴之候処、蓮華往生之為体逐一尋候ニ付、有之侭申演候処、其者ヘハ願之筋承届可申渡トテ相返し、扨下役人ヘ申含、往生人之様子見聞為致候上、右役人ヲ往生望人ニ仕立遣し被申候処、金七両二歩持参故、無異儀蓮台ニ乗り心ヲ付テ見候処、花ヒラニ環等色々有之、カラクリ有之候体、扨一二ヒラ閉候節、用意之懐剣ヲ以悉く截り破り候得ハ、如元ニ開き、元の如

く罷在候得ハ、僧共仰天、其侭右役人罷帰、兼テ用意之捕人ヲ指遣候処、坊主共早速ニ逃
行候得共、其内三人ヲ召捕、拷問之上委曲及白状ニ候ニ付、則江戸ヘ送越候旨也、右頭取ハ
先年以来江戸中徘徊之願人坊主ト云々、堀之内妙法寺モ佐州之出生ニ候処、御疑之趣モ有之
候哉、此間閉門被仰付候事
　但、右ハ蓮台之下ヨリ鎗ヲ以、尻之穴ヨリ突殺候共、又鉄之くさりニテ首ヲ〆候共、蓮華
　ノ花ヒラニテ〆殺す共云々、何れ三ケ条之内ト云々
右蓮華往生之事、往昔モ江戸谷中之寺ニテ有之、住僧等不残御刑法ニ被行、寺破却被仰付
候ト云々

戊子 十一月大　御用番　奥村左京殿

朔日　雨霰、二日三日四日雪、五日六日晴陰交、七日快天、八日雪、九日十日快天、十一日
十二日十三日雨、十四日十五日晴、十六日十七日十八日雨、十九日ヨリ廿五日迄晴陰交、
廿六日廿七日雨陰交、廿八日快天、廿九日晦日雪降、今月気候上旬中旬応時、下旬温和也

同日　昨廿九日、河内守殿依御紙面五時前登城之処、四半時頃於御前御居間書院ニテ御先筒頭
被仰付段等御意ニ付御請申上、誘引之左京殿ヘ向御礼申述候処、御取合言上、畢テ退候処、
於御席左之通御用番左京殿被仰渡
　御先筒頭　加藤図書代　　　　津田権平[1]
　当分盗賊改方御用兼帯
　　如御格御役料知被下之、先御役料知ハ被指除之
　　手替足軽二人

1 政隣

右ニ付、為御案内御用番左京殿組頭本多安房守殿へ罷越、夫ヨリ帰宅之上伊藤平大夫方ヨリ
兼役方御用引受、役所相建、夫々取捌之、都テ御隠密御用之趣ニ付不記之、本役方一件モ
別冊ニ就記之、此帳面ニ不記之

同　日　月次出仕之面々之内、左之両人御席へ御呼立、追付御前へ召候段左京殿被仰聞、左之
通於御前被仰付

御馬廻頭武田喜左衛門代　町奉行ヨリ　高畠五郎兵衛
但江戸御使今井甚兵衛代御内意
於御席左京殿被仰渡　御先手兼当分盗賊改御用ヨリ　伊藤平大夫

町奉行　高畠五郎兵衛代　神保金十郎

二　日　左之通被仰付
不応思召義有之候ニ付御大小将被
指除、組外へ被加之、急度指控

出羽国儒生原改造儀、来月三日朝於学校、大学講釈就被仰付候、人持并頭分之人々望次
第聴聞被仰付候条、四時ヨリ可有参出候事
十月
別紙之通可被得其意候、以上
十一月二日　本多安房守
津田権平殿

三日　昨日記之通ニ付学校へ可罷出候処、兼役方御用多ニ付不罷出候、且望次第ト有之ニ付不及御断ニモ候事

七日　左之通於御前被仰付

定番頭　津田平兵衛代　御馬廻頭ヨリ　中川四郎左衛門

御算用場奉行兼帯ハ御免除

御持弓頭　松田故清左衛門代　御先手ヨリ　中川平膳

御持弓頭　古屋孫市代　御先手ヨリ　上月数馬

御先手頭　伊藤平大夫代　佐渡守様附物頭並ヨリ　柘植儀大夫

御先筒頭　上月数馬代　組外御番頭ヨリ　印牧弥門

物頭並
御近習御用只今迄之通　御表小将御番頭ヨリ　前田権作

御奥小将御番頭　広瀬武大夫代　佐渡守様附御大小将御番頭ヨリ　不破五郎兵衛

御大小将御番頭　安達弥兵衛代　御大小将組会所奉行ヨリ　仙石兵馬

同断　津田権平代　同　割場奉行ヨリ　堀　八郎左衛門

八日　月次経書講釈、於実検之御間有之、孟子之内石黒源五郎講之、物頭以上聴聞ニ可罷出

筈ニ付五時過登城、四時過畢テ退出、且是迄モ当番之節ハ致聴聞候得共、今日切聴聞初テニ付御次へ出、御近習頭**不破五郎兵衛**ヲ以、御礼申上、将又左之紙面指出置候事

私儀月次経書講釈為聴聞可罷出候処、兼役方御用多ニ付難罷出候、尤御用透之節ハ罷出、其節御断可申候、以上

十一月八日　**津田権兵衛**判

御横目中様

十一日　暁卯上刻、熨斗目・長袴着用天徳院へ罷出、**大応院**様御牌前階上横畳三畳目ニテ拝礼仕候事

十二日　前記九月廿九日ニ有之通ニ付、今朝於天徳院、御取越**大応院**様五十回御忌御法事御執行有之、八時過御参詣

但御法事触、都テ前々之通ニ付略ス、前々御代御年回之分ト互見

十三日　左之通於御前被仰付

組外御番頭　**印牧弥門**代　**佐渡守**[1]様附御大小将横目ヨリ　**本保六郎左衛門**

御表小将御番頭　**前田権佐**代　御表小将横目ヨリ　**村　杢右衛門**

同　日　左之通、被仰付

祐仙院[2]様附御用人　**佐渡守**様御抱守ヨリ　**富永侑大夫**

1前田斉敬（重教男）

2吉徳女暢

佐渡守様御側小将ヨリ
高坂久米助
松平康十郎
中村玉次郎
此三人御大小将組ニ被仰付、御表小将加人

杉江弥太郎
御大小将組ニ被仰付、御近習番

蓑輪猪三郎
同　断　御表向勤仕

佐渡守様御次番ヨリ
木村兵群
山岸弁左衛門
渡辺次左衛門
此三人書写役

平野是平
御書物奉行并書写役兼帯

佐渡守様御側小将新番並ヨリ
神田忠太郎
井上善吉
此両人新番ニ被仰付御近習勤

久徳猪兵衛
御近習番

津田宇兵衛
御近習番御免除

十五日　自分義今日役儀之御礼被仰付候条、五時過登城之儀御用番**左京**ヨリ申来候条可被得其意旨、昨日組頭**本多安房守**殿依御紙面、則五時登城於御式台今日役義之御礼ニ付一統御目見之列居ニハ不加候事御帳ニ附、四時過於桧垣之御間御礼申上、青銅百疋献上、奏者**前田兵部**、右相済、御年寄衆等加判之御紙面不残可相勤筈之処、兼役方壱人役ニ付其段御達申、御用番**左京**殿組頭**安房守**殿迄ヘ為御礼相勤候事

同　日　左之通、於御前被仰付

加判并来春御参勤御供　御家老兼若年寄　**大音帯刀**

来春御参勤御供　同断　**前田図書**

御近習御用帰役　**佐渡守**様附御近習御用ヨリ　**横浜善左衛門**

御馬廻頭　**中村九兵衛**代　御小将頭ヨリ兼御近習御用　**関屋中務**

御先筒頭　**山崎茂兵衛**代　組外御番頭ヨリ　**井上勘右衛門**

御表小将横目　**村杢右衛門**代　御表小将配膳ヨリ　**山口新蔵**　改清大夫

御使番御近習頭兼　同断ヨリ　**加藤嘉孟**　改次郎左衛門

左之通於御席被仰渡

亀万千[1]殿御用
- **関屋中務**
- **高田新左衛門**
- **井上勘右衛門**

左之通頭々申渡

会所奉行加人　御馬廻組　**平田惣左衛門**

新番ニ被仰付、御近習番加人　**佐渡守**[2]様御側小将勤方新番並　**岡嶋直次郎**　久五郎息

---

1 前田斉広（十二代）

2 前田斉敬（重教男）

新番ニ被召出、御右筆見習
武兵衛二男
進士民男

二表御引足都合三十俵
御供押
南部右大夫

三十人小頭並ニ被仰付勤方只今迄之通
佐渡守様御手廻小頭ヨリ
古沢貞右衛門
堀　直左衛門

十六日　左之通藤被仰付

小石川御前様附御歩横目
御居間坊主小頭ヨリ
石橋宗碩

十七日　同断

定番御徒
御使者
永原佐六郎
児嶋伊三郎

不調法之趣有之自分指控
但不及指控ニ段被仰出

十九日　同断

奥御納戸奉行
佐渡守様御抱守ヨリ
中村甚十郎

三十人頭　御格之通御役料五十石被下之
佐渡守様附御歩小頭ヨリ
三田八郎左衛門

廿四日　左之通、於御前被仰付

若年寄
御奏者番ヨリ
前田大学

御小将頭　大屋武右衛門□（代脱カ）
御近習御用兼帯
佐渡守様附御小将頭ヨリ
堀　三郎兵衛

御小将頭　関屋中務代
御歩頭　佐久間与左衛門代
組外御番頭　井上勘右衛門代
御使番

同　日　左之通於御席、御用番左京殿被仰渡
江戸御留守居
御算用場奉行兼帯
三人共本役当り通、相勤
候様被仰出、但三人共是迄
佐渡守様御用兼帯也
表御納戸奉行
会所奉行
割場奉行
但、三人共御大小将頭御用番之頭へ被指加

御歩頭兼御用人加人ヨリ　前田甚八郎
佐渡守様附御歩頭ヨリ　神田吉左衛門
佐渡守様附御大小将御番頭ヨリ　音地清左衛門
佐渡守様附御大小将横目ヨリ　渡瀬七郎大夫
佐渡守様御用ヨリ人持組　永原将監
御馬廻頭兼御倹約奉行ヨリ　小寺武兵衛
御先手　北村三郎左衛門
同断　木梨助三郎
定番御馬廻御番頭　賀古右平太
佐渡守様御抱守ヨリ　飯尾半助
安宅与右衛門
木村茂兵衛

御近習番　佐渡守様御次番ヨリ　中嶋小兵衛

二之御丸御広式御用達　同断ヨリ　浅加五兵衛

昨廿三日御城へ被召呼候処、就忌中不罷出、但御大小将頭御用番支配ニ被仰付、附翌年二月廿八日御預地方御用被仰付、如御格御役料七十石、手替足軽被下之

右之外、御歩等并足軽夫々御表之勤仕へ被加之、御居間方坊主ハ剃髪、是又表坊主へ被加之、御宛行ハ是迄之通下置

表御納戸奉行御免除　御大小将組　宮崎清右衛門

亀万千[1]殿いまた御疱瘡不被成候ニ付、御家中之面々家内疱瘡病人有之候ハ、三番湯懸り候迄ハ金谷并二御丸へ罷出候義遠慮可仕候、且又御番人等ハ御目通罷出候義相控可申候

一、疱瘡病人ハ相見へ候日ヨリ三十五日過候ハ、肥立次第罷出相勤可申候、右之通被得其意、組・支配之人々へ可被申渡候、組等之内才許有之面々ハ其支配へモ相達候様被申聞、尤同役中可有伝達候事、右之趣可被得其意候、以上

十一月廿七日　奥村左京

別紙之通可被得其意候、以上

十一月廿七日　本多安房守

津田権平殿　但前田兵部等同組十四人連名

1前田斉広（十二代）

廿九日　左之通被召出

御知行九拾石被下之
御儒者ニ被仰付

附記
七十石
奥村河内守儒者領知
鶴見平八

同断

十人扶持
今枝内記儒者
林領
慶助

今月十九日、本役方寄合宿、同役中何モ出座、懸合等之義別冊寛政録ニ記之互見

已丑**十二月**大　御用番　**長　九郎左衛門**殿

朔　日二日晴、三日四日雨、五日陰、六日七日八日快天、九日ヨリ十三日マテ雨雪交、十四日十五日十六日快天、十七日十八日十九日雨雪交、廿日廿一日快天、廿二日雨、廿三日廿四日晴陰交、廿五日雨、廿六日晴、廿七日雨、廿八日廿九日晦日快天、今月気候例年トハ寒気穏和、下旬ニ至猶穏也

同　日　五時登城、於御式台御帳ニ附、夫ヨリ於柳御間人持・物頭以上列居、一統御目見御意有之、御年寄衆座上ヨリ御取合、御請言上、畢テ御襖建之、四時過各退出、且又於桧垣之御間役儀之御礼等被為請

横山三郎

右疱瘡ニ付為御尋御使御近習御使番**久能吉大夫**ヲ以串海鼠十桁被下之、御夜具ハ御時節柄故不被下之、御請名代**長大隅守**、且**吉大夫**ヘ菓子等左之通被出之

熨斗三方敷紙 花□のし 十三
薄茶

餅菓子 玉の井 神おろし
煮染 くしこふ 山のいも

塗木具
椀 金いかけ
香物 みそ漬刀豆

吸物 たい ゆ
引盃
重引 小板かまほこ 塩さんしやう

茶請 求肥飴 かわたけ
濃茶
後菓子 筋有平糖 御所落雁 まつ風焼

薄茶 以上

一、取持之面々へ左之通懸合等被出之

生盛鱠 いせこい 木耳 はりくり 金かん 敷せうか酢
汁 つみ入 しいたけ 葉付蕪

香物粕漬瓜
めし

焼物 ほうく 罘汁
重引 小板かまほこ 細板かまほこ 花塩

引盃 すまし 吸物 たいらけ ふきのとう
肴 せわた 花かつほ 酒懸て

右相済於居間

吸物（みそ） 鴨 はりごほう 柚

酒

中蓋 鷹羽 かまほこ かけの海老 にしめ麸 くるみ 塩煎れんこん 久年母

肴 きす細作り よりてん うとめ なんばん酢みそ

以上

二日 左之通被仰付、是御制禁之博奕参会等不行状故ト云々

御知行被召放

御馬廻組 長谷川八十左衛門

此五人閉門

定番御馬廻 永井儀右衛門
御射手 根来三九郎

此五人閉門

与力 青木友右衛門
御算用者 金岩与三左衛門
同断 今村三右衛門

遠慮

御馬廻組 大石儀右衛門

外出御指留

儀右衛門弟 同 半七郎

与力 平田半左衛門
御医師 奥田橘庵
此両人流刑

六日 左之通被仰付

人持組 深美主計助
定火消

人持組 前田権佐
奥野左膳
大野木隼人
来年頭御規式中仮御奏者番

十一日 左之通於御横目所、御城代前田大炊殿被仰聞候段申談有之
金谷御殿之義、是以後金谷御屋敷ト唱候様被仰出

同日 左之通被仰付

御小将頭 江戸助先 野村伊兵衛
御歩頭 和田采女
御道中奉行并御行列奉行
相兼来春御参勤御供
采女義ハ御道中切御用人加人

御供番 堀三郎兵衛組
順番之通御参勤御供
頭之義ハ追テ可被仰渡旨

詰番 高田新左衛門組
同断新左衛門義ハ兼役有之候ニ付
野村伊兵衛へ御供被仰渡

十二日 宝円寺・天徳院へ御参詣

十四日　夜、寒気御尋之宿次御奉書到来、翌十五日御礼使御馬廻頭多田逸角へ被仰付、十七日
発足

十五日　月次出仕、九時前一統御目見御意有之、御取合本多安房守言上

来年頭各御礼之節、目録迄御城へ被持参、御奏者番中迄可被相渡候、御太刀ハ御奏者番手前ニテ取捌候、依之御太刀ハ代銀ニテ上納可有之事

一、鳥目ニテ御礼之人々、独礼之分ハ披露有之筈候条、前々之趣ヲ以請取可被申候事

一、御太刀代銀・御馬代銀・青銅代金銀、座封之上、各名印被記、以使者可被持越候、手前へ被揃御進物裁許へ相渡候

一、無息之面々来年頭御礼被申上度方、歳付并嫡子・二男・三男等肩書ニ被記、来辰年付候条正月二日之日付ニ可被致候

一、献上之御太刀代銀・御馬代銀・青銅代金、是又座封之上、各名印准嫡子又ハ二男・三男等肩書ニ可被相記候、右之品々今月廿四日四時頃以使者拙宅迄可被指越候

一、各知行高・役附・歳付之帳面弐冊、来正月二日之日付、且又勝手方人馬数帳弐冊、同四日之日付ニテ当年中ヲ限可被指越候、重テ申触間敷候条可被得其意候、以上

卯十二月十六日　　本多安房守印

津田権平殿　但前田兵部等十四人連名

かけの諸勝負ハ御制禁ニ候処、近年（例歳同文略ス）かけの諸勝負等之儀ニ付寛政元年以来

別紙写之通一統〔例歳同文略ス〕尤同役中可有伝達候事

右之趣可被得其意候、以上

十二月廿日　長　九郎左衛門

別紙結両通之趣、可被得其意候、以上

十二月廿日　本多安房守

津田権平殿　但前田兵部等十四人連名

廿一日　左之通被仰付

御倹約奉行兼帯　定番頭　中川四郎左衛門

廿二日　同断

亀万千[1]殿御抱守　奥御納戸奉行ヨリ　小杉喜左衛門
内作事奉行ヨリ　脇田瀬兵衛
同断ヨリ　石黒織人

廿三日　於実検之御間、月次経書講釈聴聞、孟子巻之六告子章、同上之内鶴見平八初テ相勤之、且来正月八日講釈相止候段、於御横目所申談有之来年頭御礼人揃刻限元日

一番御礼人六半時揃　二番御礼人五半時揃

左之通夫々可申談旨、御用番九郎左衛門殿被仰聞候条御承知被成、御同役以御伝達可被成

1 前田斉広（十二代）

候、以上

十二月廿四日　　　　御横目

御先手物頭衆中

右之通申来候旨、同役筆頭小川八郎右衛門ヨリ同役廻状、且同組筆頭前田兵部ヨリモ同組廻状有之候事

廿四日　前記十五日ニ有之御触之通、今日御礼銭代金等上ケ切手ヲ添、以使者差出候処、廿七日判形之以紙面青銅可受取旨前日申来、則受取置候事

廿五日　左之通跡目等被仰付

千　石　外記嫡子　津田五百記

二百石　治兵衛養子　堀田小十郎

五百石　源兵衛養子　石黒嘉弥之助

末期願置候通、実弟吉田彦兵衛三番目娘養女ニ仕、実おい天野権五郎指次弟嘉弥之助聟養子被仰付

三百石之三ノ一
百　石　頼之助末期養子伊藤津兵衛三男　磯松（猪）他三郎

二百石　判大夫嫡子　山本鹿之助

同　久兵衛末期養子指次弟　横山三次郎

百八十石　次郎兵衛養子　石野員馬

百八十石之三ノ一
六十石　喜左衛門せかれ　中村喜参太郎

三十石　弥三郎嫡孫　内藤秀太郎

百　石　組外へ被加之　弥門嫡子　小泉弥守

二百石　十右衛門養子　和田大作

末期願置候通、おい前田主殿助与力近藤右内嫡子養子被仰付

百五十石　組外へ被加之　九郎兵衛せかれ　原　虎太郎

同　市兵衛せかれ　長谷川直助

百十石　伴吾嫡子　丹羽久米之助

直助へ被下置候御扶持方等被指除之

百三十石　三郎大夫嫡子　松宮清左衛門

御呼出之処、疱瘡ニ付不罷出、廿九日互見　神保儀右衛門跡

太田忠兵衛
不破平兵衛
山本左次馬
小森新次郎
池田武二郎

亀万千[1]殿御供役ニ被仰付

1 前田斉広（十二代）

廿六日　左之通被仰付

亀万千殿御側御用

中村右膳
改田鉄之助
今村乙三郎
小林猪太郎

此三人人持組ニ被仰付
組入被仰付

房州殿組へ
遠田誠摩
河州殿組へ
横浜善左衛門

津田五百記

一、横山大膳等人持組引離御礼ニ被仰付、出仕之節御間之内定番頭上ニ列し候様、今日被仰渡
但、前記ニ有之通、人持末席ニ候処、十月朔日人持組被仰付、夫々組入被仰付候得共、
列ハ只今迄之通ト就被仰付候、御礼ハ諸頭等之次引離、出仕之節、御椽頬列居ニ候処、
大膳等ヨリ段々御達申趣共有之候処、今日本文之通被仰付

坊主頭

奥附御歩横目ヨリ
岡田新之丞

此三人

笠松繁六
林　閑事

亀万千殿御居間方ニ被仰付

大場可伝
定番御徒ニ被仰付

同　日　縁組養子等諸願被仰出

病気依願役儀御免除　　御馬廻頭　伴　源太兵衛

廿八日　左之通被仰付

御先手物頭　中川平膳代
学校方御用兼帯　　物頭並改作方頭取等ヨリ　杉野善三郎

思召有之ニ付役儀被指除
指控　　学校方御用寄合　神谷治部

勤学等閑ニ相心得、甚不応
思召ニ付急度指控　　御儒者　新井升平

廿九日　歳末為御祝詞四時登城、御帳ニ付退出、但物頭以上服紗小袖・布上下着用、四時ヨリ九時迄之間ニ登城、小ノ月ハ廿八日也、且御留守年ハ朔望之通ニ五時ヨリ同半時迄御帳出、夫ヨリ年寄衆等謁之上退出也

同　日　左之通被仰付、但廿五日互見

亡養父儀右衛門知行三百石之内
一、八拾石　　神保吉之助

末期願置候通同姓神保金十郎せかれ吉之助義、嫡女へ聟養子被仰付、儀右衛門義兼テ末期内存相極置可申処、其義無之体、且遺書日付モ不都合之段、不埒之事ニ候、急度御糺モ可被成候得共、不被及其義ニ候、依之高之内御減少、本知弐百五十石ニ被仰付、此三ノ一右之通ニ被仰付

或人之秘書ヨリ写之、寛永六年四月廿六日御館へ将軍家光[1]公御成、於御数寄屋ニ左之通被饗、御相伴ハ駿河大納言[2]様并立花飛騨守[3]殿・藤堂和泉守[4]殿也

酒浸　たい　あわひ　金かん　よりかつを
濃醤　雲雀
御汁　鶴　なすひ　こほう
御めし

焼鳥　いり塩山椒　かまほこ
香物
御汁　小な

御曳物　焼あゆ
御鉢　あゆのすし
御吸物　卯の花いり　こういか

御肴　小ふな　焼て　たいらき
かき津鯛　きんかん
水くり　からすみ
御茶菓子　よりみつ　みつかん　山のいも

御茶

第二

右相済、御書院へ被為成

御三方のし　初献　焼鳥　御雑煮　五種　御てしを
二献　からすみ　ふか　えひ　まはいり
三献　ひたら　巻するめ　にしひしをいり

右相済、御能為御見物御広間へ被御成

高砂　観世　兼平　金春　熊野　七大夫　鵺　権兵衛　自然居士　七大夫　是界　七大夫
熊坂　七大夫　祝言弓八幡

---

1 徳川家光（徳1 44頁）
2 秀忠息（徳2 63頁）
3 立花宗茂（寛2 37頁）
4 藤堂高虎（寛14 283頁）

右御中入ニ式正之御膳、且又猿楽ヘ御小袖二重宛広蓋ニテ被下之、披露御小将三十人ニテ勤之、於御舞台被下之、御取次奥村河内守猶又積銭五百貫被下之、其次芝居ヘ御菓子折五十出ル

御本膳　塩ひきたこ　かまほこ　あへ交　香の物　二つ　御汁　あつめ　御湯漬めし

第二　貝盛　まき鯣　海月　からすみ　御汁　こい

第三　葉盛　さゝい　ふねもり　みはり　御汁　白鳥　御汁　さゝき

御菓子　やきふ　枝かき　豆あめ　みつかん　かや　くるみ　なし　結こんふ　まんぢう　油物

御引替御膳

本御膳　鱠　煮物　みるくい　香物　御汁　あつめ　御めし

第二　貝焼　ます　まな　御汁　鶴　しいたけ　竹の子

第三　指味　すすき　たいらき　こい　焼鳥　御汁　すすき

御吸物　こいのみそ煮　御押への物　はまくり／水くり

御菓子　さめかい餅／みつかん　ひわ

右相済、又御広間へ被為成、能御覧、御次之御飾

御折五合数十　塩ひき　飾亀足　干鱈　飾亀足　なまいか　飾花

やうかん　同作り花　はす同

桶　五十

金銀の絵有　（かまほこ／きんかん焼　きそく(カ)／初くす）

彩色　鶴亀松竹の台一膳　ふるきしんたいの台一膳

の台　張良の　台同　げんじの　台同

竜虎梅竹の台同　人丸の　台同

焼鳥のこせり　こいのつれ一膳　已上七膳

三ッ星一膳　二ッ星一膳

右折台何も御棚ニ飾置也

五々三御膳部之事

本膳　塩引　かまほこ／あへませ　香物　小桶　御引　あつめ

御めし

二ノ膳　干鱈　くらげ　かにもり　こん切すし　御汁　白鳥　ふ　しいたけ

三ノ膳　はもり　にし　ふなもり　曳物　御汁　すゝき

御吸物　ひれのもの　山せう　はまくり

御盃台　五台　彩色の台　押への物いろ〳〵　きちの台

従将軍様[1]

肥前守様へ[2]

御太刀　二字国俊　銀子三千枚　御夜ノ物[3]　二十

御脇指　アキタ正宗長銘　御小袖　百　御袷　二百

猩々緋　赤　黒　三十間

筑前守様へ[4]

御太刀　貞宗　銀子五百枚　御袷　百

御脇指　同

千勝様へ[5]

御脇指　守家　銀子三百枚　御袷　五十

宮松様へ[6]

---

1 徳川家光
2 前田利常
3 夜着
4 前田光高
5 利常次男利次（後　富山藩侯）
6 利常三男利治（後　大聖寺藩侯）

1森忠政（美作津山藩侯）次男忠広の室　利常女亀鶴姫
2利常女満姫（広島浅野光晟室）
3利常女富姫（八条宮智忠親王妃）
4利常生母寿福院

御脇指　長光　銀子二百枚
巻物　二十　銀子二百枚
森右近大夫殿御前様[1]へ
くれない　二十斤　銀子百枚
おまん様[2]へ
右同断
おふう様[3]へ
肥前守様御袋様[4]へ
巻物二十　銀子二百枚　くれない　二十斤
御家来へ左之通
銀子三百枚　御袷二十宛
本多安房守
横山山城守（ママ）
銀子百枚
御袷十
宛
前田対馬　横山大膳亮　長　九郎左衛門
小幡宮内　奥村河内守　奥村因幡守
銀子五十枚
御袷　五
宛
神谷丹波守　富田下総守　津田勘兵衛
今枝民部　生駒内膳　脇田帯刀

従肥前守[1]様御献上

御太刀　トモナリ　御馬　黒毛鞍置　壱疋　御袷　百

御腰物　サネモリ　御小袖　百　加賀染五百端

御脇指　正宗　長銘　猩々緋　三十間　綿　二千把

金子三拾枚

右之外御拝領ニ応し御献上有之、御銘々様略之并御家来ヨリモ御太刀・袷段々ニ応し献上有之

一、二百人前　御内衆膳部御献立略之　三汁七菜等也

一、同断　御中間衆膳部　同断　二汁五菜等也

相国秀忠[2]様御成同月廿九日也、御様子右ニ同し、御相伴水戸様[3]并立花殿[4]・藤堂殿[5]

前記寛政五年四月晦日二ヶ条、五月十日・同月金沢の九日・廿一日、六月廿三日・同月金沢の七日・八月廿五日、互見

右之通如有粗記、多田逸角組御馬廻会所奉行馬場孫三領四百石せかれ馬場藤左衛門儀、三月廿八日朝六半時頃、有沢数馬方ヘ軍学稽古、夫ヨリ一類共所々ヘ罷越候段母ヘ申聞致外出候処、翌廿九日迄モ不帰候ニ付、夫々相尋候処、昨朝暫参帰候旨同日四時頃、平田磯次郎

1 前田利常

2 徳川秀忠
3 水戸徳川頼房
4 立花飛騨守宗茂
5 藤堂和泉守高虎

在江戸也方へ罷越、同人妻ハ姉ニ付逢候テ白山へ致参詣候間、願置候木綿道中羽織相渡候様申聞、取受致懐中罷帰候旨、其外ヘハ何方ヘモ不参候由ニテ行衛不相知、出奔体ニ付上口下口御関所迄尋ニ遣置未罷帰段、先内分四月三日孫三就在江戸代判今村亥十郎、逸角方へ罷越申聞候ニ付、御用番本多玄蕃助殿へ先御達ニテ御届申置候、然処上ハ大聖寺下ハ越中境迄所々相尋候得共不相知、弥出奔体之旨書付指出候ニ付、同十日逸角奥書ヲ以玄蕃助殿へ相達置候、然処上口ニ罷在候段相知候ニ付追手重テ指遣、五月八日於小松出合候ニ付召連帰候段、書付翌十日逸角以奥書、御用番長大隅守殿へ相達、尤縮方厳重申渡置候処、同月廿二日如何之子細ニテ致出奔候哉、書物等モ

馬場孫三儀不応思召趣有之、役儀被指除候条用意出来次第御国へ罷帰候様可申渡旨、四月廿八日御用番被仰渡、翌廿九日出以紙面申渡候処、五月十一日江戸発同廿一日帰着

持参、且京都向取組モ仕体ニ候間、委細相糺候様大隅守殿覚書ヲ以被仰聞候ニ付、同日九半時頃逸角并伴源太兵衛儀、孫三宅へ罷越、藤左衛門手前相尋候処、出奔之趣意ハ父孫三在江戸留守中、勝手向取捌仕候処、元来難渋、彼是勘定方モ不行届、孫三帰候上一々申訳モ難立、不埒之取捌相成、心労仕居候内、江戸表ヨリハ金子指越候様申越、如何共可仕手段無之当惑之処、平常心易出入仕候山伏延命院曁宝久寺へ卦題為見候処、甚不宜難卦之段申聞候ニ付、彼是及示談候処、出奔可然旨申聞候ニ付、其了簡ニ相極候処、芸術之儀相尋候ニ付、武芸等指範仕程之儀無之、其内兵学ハ心懸有之段申入候処、畢竟在付之為ニモ可成候間、其書物持参可然ト申候ニ付、伺其意書物共宝久寺へ預ケ置候、然処越前三国ニ罷在候

福寿院ト申山伏并医師奥田将監ト申者、宝久寺へ其節罷越居、在附之儀ハ京都公家方ニ手引有之候条、取持致旨申ニ付、宜頼候段福寿院へ相頼、三月廿八日福寿院同道三国へ罷越、奥田将監方ニ一両日罷在候内、中御門殿用人栗野主膳ト申者ヨリ紙面貰、三月晦日罷立福寿院モ同道京都へ参着、四月六日右紙面御（中脱）門殿へ福寿院持参之処、弥被召抱二人扶持ニテ用人格ニ可被申付旨ニ付、翌日上下着用罷越候処、目見被申付、其節山本弾正ト改名、夫ヨリ一二三日罷在候処、松任一向宗本専寺猶子一件不埒之族有之、可相糺趣ヲ栗野主膳へ可申通段被申渡、京都発足、主膳方へ罷越申談候テ三国ニ罷在候内、改方足軽罷越、可罷帰旨申聞、同道罷帰候処、追手之者ニ於小松出合罷帰候、宝久寺へ預置候書物ハ甲州流兵書ニテ候旨等申聞候ニ付、紙面取立逸角等以奥書翌廿二日御達申候事

右之趣ニ付父孫三自分指控伺候処、其通被仰出、其段申渡

一、六月七日藤左衛門儀、於公事場猶更御尋之段被仰出候段、御用番村井又兵衛殿被仰渡并公事場御用番前田内蔵太ヨリモ申来候ニ付則指出、逸角モ出座之処御尋之上不届之趣ニ付、牢揚屋へ被入置候由被仰出候旨、申渡相済、同月十一日藤左衛門せかれ恒太郎義、孫三共一類へ御預、孫三義指控被仰付候段、又兵衛殿被仰渡、則申渡恒太郎幼少ニ付一類中被相詰（ママ）候様申遣置、逸角・孫太兵衛、孫三宅へ罷越申渡候事

一、寛政六年六月晦日、於公事場左之通藤左衛門被呼出、奉行中并逸角モ出座、御用番小幡式部申渡候上、紙面被越之、恒太郎儀孫三等へ申渡候事

覚　御馬廻組馬場孫三せかれ馬場藤左衛門

右藤左衛門儀、去年三月山伏宝久寺方ヨリ越前三国ニ罷在候山伏福寿院同道致出奔、於越前きよト一集ニ相成、名前山本要人ト相改、京都中御門殿用人栗野主膳ト申者ヘ相願、中御門殿ヘ在附候趣ニ相極、主膳ヨリ紙面ヲ受、福寿院同道きよモ召連京都ヘ罷越、弐人扶持ニテ用人格ニ被召抱、山本弾正ト相改候処、無程用事被申付、越前ヘ罷越候所、追手之者召連罷帰候由、先以右之族重々不届至極ニ付、急度可被仰付者ニ候得共、非常御大赦ニ付能州嶋之内ヘ流刑被仰付

右藤左衛門手前逐御吟味候趣、委曲及言上候処、落着如此就被仰出候其段申渡、配所出来迄最前之通、牢揚屋ヘ被入置候

馬場藤左衛門せかれ馬場恒太郎

右恒太郎儀、孫三并一類ヘ被預置候段、先達テ申渡置候、藤左衛門儀遠嶋就被仰付候父依罪、恒太郎儀同刑被仰付候得共、幼少ニ付十五才迄、只今迄之通孫三等ヘ御預置被成候条、右及年齢ニ候ハ及断候様孫三等ヘ可被申渡候

右之通、年寄衆連署ヲ以、被申談候条、及十五才ニ候ハ及断候様、孫三等ヘ御申渡、断次第其段公事場ヘ可有御届候、以上

寅六月晦日　小幡式部印　藤田求馬印

多田逸角殿　品川主殿印　前田内蔵太印

一、藤左衛門手前落着就被仰付候、孫三指控御免之旨、御用番奥村河内守殿覚書ヲ以就被仰渡

候、於逸角宅ニ申渡候事

寛政五年五月如有租記、江守平馬組御馬廻組佃久五右衛門方ヘ致出入候彦三一番町之番人三右衛門ヲ同月八日同人方庭掃除等申付置候内、不斗久五右衛門義しないヲ以三右衛門ヲ打擲候処逃去、其節久五右衛門酒給居、前後之首尾覚不申旨、右之趣ニ付、九日夜久五右衛門実父佃源太郎、平馬宅ヘ罷越申聞候得共、難相分趣有之、十日朝相頭武田喜左衛門同道久五右衛門宅ヘ罷越、同人并源太郎等曁家来共手前モ相尋候処、右三右衛門義八日用事申付置候内、久五右衛門少々酒ヲ給候処、気配ニ障疳積モ有之故弥中り(あた)候哉、右三右衛門ヲしないニテ打候様ニ覚、其内逃去候哉、前後之首尾覚無之旨久五右衛門申聞候ニ付同人書付取立、両人如奥書并家来男女口書共、御用番長大隅守殿ヘ相達、且三右衛門儀ハ於久五右衛門方蒙手疵候旨、伴多宮方ヘ及断候ニ付、多宮ヨリ検使ヲ望候段、久五右衛門方ヘモ申越候、久五右衛門義ハ前段之通手疵為負候覚無之候得共、多宮ヨリ検使乞候ニ付、久五右衛門ヨリモ検使之義書付指出、則公事場奉行中ヘ相達、検使相済候跡(カ)久五右衛門儀不心得不都合之趣ニ付、自分指控可申哉之旨紙面差出候ニ付、平馬以紙面大隅守殿ヘ相達候処、紙面之通指控罷在候様可申渡旨被仰渡、久五右衛門義気滞御番引中ニ付、彼宅ヘ平馬・喜左衛門罷越申渡候、然処□(空白)月□(空白)日久五右衛門義蟄居被仰付候得共、寛政六年六月廿九日御免被仰付

耳目甄録　拾八

寛政六年—寛政七年　内容一覧

本巻での藩主家系譜

治脩（はるなが）（藩主・十一代、加賀守・宰相）

斉敬（なりたか）（世嗣、佐渡守、前藩主重教長男）

亀万千（かめまち）（のちの斉広（なりなが）・筑前守、前藩主重教次男）

凡例：★は権平（政隣）自身がかかわるもの

○のついた月は閏月

寛政六年（一七九四）

治脩（五十歳）在国、5月9日参府
斉敬（十七歳）在府
★権平【正隣】（三十九歳）在府、3月11日帰国、3月【政隣】と改字

1・1 今月の天気
御太刀献上の使者（高田）、江戸城登城
老中等へも太刀馬代差上げ
斉敬、江戸詰人の年頭礼受ける
年賀の客等へ料理（献立書あり）
1・2 斉敬、両御丸へ登城
1・3 斉敬、上野惣御霊屋参詣
同、4日老中へ勤める
同、5日増上寺惣御霊屋参詣
同、6日御三家へ勤める
1・4 追儺規式
1・8 紀州侯御守殿（種姫）逝去
1・9 斉敬、風邪につき種姫逝去御機嫌伺出仕取止め
1・10 江戸各地で出火相次ぐ
★人数召連れ紀州邸の防火にあたる
芝広式へは（奥村）、人数連れ駆け付けるも全焼
松寿院は三田邸へ避難につき、斉敬兵糧を送る
その他一門では安芸守・慶次郎邸類焼
1・11 松寿院、和田倉上邸へ移り、13日まで兵糧送る
その他、類焼邸・地域詳細書上げ
1・12 右火事につき惣出仕、斉敬登城
1・15 斉敬、両御丸へ登城
1・16 麻布通・その他から出火、詳細書上
御縢中伺惣登城あり、斉敬登城
1・17 金沢よりの種姫見舞い使者一件
1・19 公方様忌中につき、具足鏡餅直御祝延期
屋敷中、火の元厳重の触れ
1・22 御縢中御機嫌伺惣出仕、斉敬登城
1・25 水戸少将夫人逝去
1・26 右、治脩縁続きも服忌なし
斉敬、時服初拝領につき金沢よりの御礼使者参着
1・28 斉敬登城、25日の件で公辺具足鏡餅直し御祝再度
明日に延期
1・29 公辺具足鏡餅直し御祝挙行
跡目二件（狩谷・本阿弥）
芝広式類焼のため、公方様より白銀等拝領
1・30 紀州様への御悔み使者（戸田）、金沢より参着

4日、御弓始等例年通りも万端省略
6日、藤姫出府道中役付け申合せ
7日、家督・隠居三組（大野木・津田・池田）
転役二件（不破・武田）
参勤御供七件（交名あり）
12日、役儀免除（村田）
13日、転役六件（交名あり）
14日、参勤御供二件（和田・篠原）
15日、転役二件（井上・伊藤）
種姫逝去に伴う各種遠慮等の触れ
21日、具足鏡餅直し祝
転役（堀部）
27日、参勤御供二件（前田・加藤）
転役二件（人見・茨木）
29日、藤姫体調不良につき、出府当分見合わせ
勝手方専従への業務割振り
参勤発駕、3月13日と命
倹約のため、鷹・馬の減少等を命
年寄中も普請等延期
病死（本保）、顕彰書あり

2・1　今月の天気

2・3　日光門跡不例につき、月次出仕中止
2・5　斉敬、広徳寺・伝通院へ年頭初参詣
2・6　紀州侯御守殿遺体、紀州へ向け出棺
水戸少将夫人遺体、水戸へ向け出棺
2・7　勝手方難渋につき、江戸詰人中からの借金申入れ不可
2・12　斉敬、広徳寺参詣
2・13　勝手方収支改善の意見を家中に求める
江戸表で馬減らす、表御納戸奉行等の御貸馬取止め
2・14　夜、芝で出火、増上寺内地徳院全焼
2・15　斉敬、両御丸へ登城、翌日、肥後守・細川越中守へ年賀
2・22　転役二件（平田・松平）、これにより★正隣は交代帰国に
2・23　能州総持寺、江戸藩邸へ参上、斉敬へ御目見
2・25　余寒御尋奉書及び御鷹の鶴今夕江戸で受取、3月1日金沢到着
2・27　★明後日江戸発帰につき、寿光院より下され物
2・28　★明日発帰のため諸準備・挨拶等
2・29　★暁発足、鴻巣泊、蕨辺に鶴散在、雁・鴨多し
13日の触れで、勝手方へ紙面提出二名、御用番よ

り相談の旨伝達
7日、転役（矢部）、役儀免除（松原）
9日、転役五件（交名あり）
今般格別省略につき御供・詰とも免除七件（交名あり）
後日出府を被命（前田）
11日、遠慮免許（土師）、指控免許（桜井）
12日、転役（野村）、病死（隠居　岡田）
勝手方難渋につき、江戸・京・大坂詰人の詰延を命
13日、勝手方難渋につき、家中へ増借知
兼役（永井）
18日、会所からの借用金減少の触れ
19日　欠落人の取扱について
一季居奉公人の請合状について
26日、拝領物あり（山崎）
家中・町家ともへ、火の元厳重注意
町奉行から町中への申渡覚書書上
難渋の時節につき、右、肝煎等から下の者へ解き聞かすべし

3・1　★落合新町泊
3・2　★坂本泊
3・3　★上州薄雪、信州多雪、軽井沢より雪無し、田中泊
3・4　★荒町泊
3・5　★終日雪、余寒強、関山泊
3・6　★能生泊
3・7　★境川増水、境泊
3・8　★川々増水、愛本廻りで魚津泊
3・9　★高岡泊
3・10　★津幡泊、精進日につき、あえてここに泊
3・11　★四つ時金沢着、直に登城、帰着報告、伝言伝達等
7日、治脩持病につき13日発駕を延期
城中進物所長持の中の金銭盗難一件
8日、当国三郡の荷物改所十三か所廃止
3・12　今月の天気
通例の下され物は廃止
3・14　藩内倹約方について詳細
道中建てについて
3・15　月次出仕、年寄衆謁で退出
転役二件（和田・篠原）
3・23　改定御扶持方帳書上
3・28　★銀二十枚上納

3・30 転役八件（交名あり）
★正姫と同字につき、正隣を政隣に改名
上旬、能州浦で鰤大の鯵三本獲れる
13日於江戸、斉敬去年初拝領の雁、招客し披く
15日於江戸上邸、紀州様からの御付士のせがれの切腹体を発見
改名（平田）
江戸詰中、町人よりの借金無返済のなきよう触れ
長崎町年寄役娘の詠歌及び関連歌

4・1 今月の天気
長谷観音祭礼能
転役二件（堀部・吉田）

4・2 転役（山口）
長谷観音祭礼能
指控免許二件（河合・長田）

4・4 ★天徳院・陽広院牌前にて拝礼

4・5 天徳院で陽広院百五十回忌法事
江戸広徳寺においても同断、斉敬参詣

4・8 （本多玄蕃助）当参勤御供での駕籠乗用の措置
治脩快方につき、下旬発駕のはかりに

4・9 転役二件（伴・岡田）

4・11 陽広院法事終了につき、天徳院へ御茶等遣わす
右祝詞を御用番宅まで申し越すべし

4・14 役儀御免（寺西）

4・15 月次出仕、年寄衆謁で退出
寺中祭礼能
今年より増借知分の村付帳、一組切に差出すべし

4・17 参勤御供免除（水野）
詰順なるも右同断（安達）
転役（野口）

4・18 転役（前田）
御判・御印物頂戴（大野木等三十六人）

4・20 転役（三宅）
役儀御免（千秋）

4・25 転役二件（中・河合）

4・26 治脩、宝円寺・天徳院・野田泰雲院廟参詣
明日発駕のため、御機嫌伺・御見立等の触れ

4・27 朝、参勤発駕、5月9日予定どおり江戸着
2日、江戸新吉原過半焼失
御入内御祝儀使者、江戸詰人（安田）へ命
今月、七十歳以上の公儀役人二十四人書上

5・1　今月の天気
京都邸詰人陣容を変更
5・4　指控（跡地）、実弟（近藤）禁牢につき連坐
5・16　★自宅修復一件
火事の際、無用の者の参集禁止
護国院五十回忌法事の触れ出る
5・22　小将町での刺殺体一件
御使御用時の御貸人数通達
金沢で省略方御用役所を別に建てる
5・28　犀川・浅野川でのゴミ放置禁止
26日於江戸、詰御免・帰国等四件（交名あり）
13日同、転役（関沢）
6・1　今月の天気
金沢・能登旱損多く、越中は田畑潤沢
依頼により、★家来へ遠類の御歩代番申渡
6・12　宝円寺で護国院五十回忌法事、★詰
6・21　転役（土肥）、前任者病気の代りで江戸詰
6・24　転役（富田）
6・26　宮腰で鰯大漁
6・29　屎桶に漬込んだ鰯を売捌いた廉で（銭屋）禁牢
法事につき恩赦六件（交名あり）
流刑（馬場）
右落着につき指控御免三件（高橋・坂井・今村）
4日於江戸、御貸人返還届の書式を示す
13日同、昇進した出入旗本の求めにより馬等贈る
16日同、斉敬嘉祥登城
23日同、参勤御供人へ拝領物あり
26日同、藤姫入輿日程決まる
3日於金沢、藩士子息の怪事二件
7・1　今月の天気
半納米価
7・11　跡目等十四件（交名あり）
残知八件（交名あり）
（奥村）末期養子等一件
7・13　縁組・養子等仰出
稲実入り時期につき鷹野遠慮触れ
7・15　藩士（不破）養子、藩士（堀）へ刃傷一件
7・17　転役二件（井上・大藪）
役免除（堀田）

7・18 御用金私曲の（成田）の子息連坐一件
7・19 跡目・残知等三件（交名あり）
藤姫出府道中準備被命（伊藤）
同御供（三宅）
7・21 （成田）再吟味につき、頭（野村）公事場へ出座
長日照りにつき、用水心得之触れ出る
江戸等詰人交代に関し触れ
12日、江戸で旋風、出雲守・飛騨守邸破損
江戸邸各門の緊急時の取扱
17日於江戸、服装の心得を達
29日同、養子乱心で指控伺も免ぜらる（不破）
今月の天気
8・1 二条家から、焼失邸再建資金調達のため使者到来
8・2 藤姫発輿日程決まる、藤姫天徳院参詣
8・10 転役五件（交名あり）
8・14 陪臣等の遊興一件
公儀の触れを受け、博奕等を厳制
8・23 藤姫婚礼に向け江戸詰人やりくり
石垣修理のため尾坂門往来止め
9日、治脩・斉敬、御鷹の雲雀拝領
13日於江戸、転役二件（音地・渡瀬）
15日、若君様社参時、小児騎馬初御目見
17日、医師竹田法印、元祖著を出版、公辺・此方等へ贈呈
20日於江戸、転役（稲垣）
29日、富山侯隠居卒去
今月の天気
9・1 転役二件（久世・寺嶋）
9・3 藤姫道中宿拵役発足
9・4 藤姫発輿、道中諸事書
富山侯隠居卒去のため諸遠慮触れ
富山への御悔使者（永原）・代香使者（原）を命
尾張侯嫡孫（五郎太）逝去の報により諸遠慮触れ
転役二件（永原・大村）
1日、治脩月次登城、若君様へ初御目見
9・15 若君様社参予定も、御不例につき延期
9・18 治脩、芝広式新造営後初訪問
藤姫道中時、尾張（五郎太）棺送と出会い遅れ一件
9・25 藤姫御供の人々御目見

9・26　讃岐守家より藤姫へ結納使者
増上寺宿坊を変更
9・27　若君様社参につき斉敬予参、治脩持病で不参
水戸藩士（大場）の「富士遊記」書写
10・1　今月の天気
本納米価
10・3　藤姫御供と江戸詰交代の人々帰着
転役（宮崎）
10・4　若君様社参の御供人数及び井伊家立寄り一件
藤姫婚礼日程書上
10・9　江戸詰家老交代（西尾→不破）
10・18　藤姫引移り時御供人十三人に命
公辺より婚礼許可あり
結納以下婚礼規式予定詳細書上
11・1　今月の天気
★自宅修復完成につき、関係者を招宴、稽古所へ祠かけ
於江戸、藤姫結納規式書上
11・4　藤姫婚礼一番道具出る
11・10　円祐院（政隣父）二十七回忌法事★執行
藤姫引移り、婚姻日19日と御用番へ届出を金沢で披露
11・16　★稽古所開きで師匠中等を招宴
於江戸、斉敬御鷹の雁拝領
11・17　19日の藤姫出輿供揃時刻を触れ
藤姫出府道中御供九名へ拝領物あり
11・19　藤姫婚礼、首尾よく終了
22日の讃岐守婿入来邸規式詳細書上
11・24　於金沢、梅園院五十回忌執行、江戸では29日執行
正姫実母円成院死去につき、江戸で諸遠慮触れ
11・29　江戸下谷広徳寺で梅園院法事執行
公儀から秤の改方等を厳制
御歩宅で赤栴檀掘出し一件
⑪・1　今月の天気
藤姫婚礼御礼のため、名代で斉敬登城、老中へも廻勤
⑪・7　於金沢、藤姫婚礼無事終了の報告
⑪・15　御拳の雁拝領、名代斉敬御礼廻勤
⑪・18　於江戸、讃岐守から進上の皆子餅、御殿当番限り

で拝領
（津田）出奔一件

12・1 今月の天気
月次出仕、年寄衆謁
日蝕あり
転役（織田）
江戸殿中出仕は日蝕により四時揃になる
藤姫婚礼勤仕で三人へ拝領金

12・7 二条家使者二名来沢、縁組の内意あるも、旅宿で応対
家中・町方に対し婚礼時の石打風習禁止の触れ

12・11 於江戸、御台様より歳暮祝儀拝受

12・12 松平越前守奥方卒去

12・14 朦中御尋の使者あり、斉敬、名代として拝聴等

12・16 跡目等三十四件（交名あり）

12・18 縁組・養子等諸願仰出
於金沢、松平越前守奥方卒去につき諸遠慮触れ

12・22 （前田大炊）忌遠慮期間中の錯誤一件

12・27 （成田）一件・（石倉）一件落着

12・28 雪で往来差支えにつき除雪触れ

賭けの勝負禁止触れ
転役五件（交名あり）
15日於江戸、忌中につき追儺規式なし
倹約で半減の聞番見習い役用銀、旧に戻す
22日、斉敬、治脩の名代で老中方廻勤
23日、新たに宿坊になった芝・通玄院御目見
26日、忌中で延期の煤払い規式あり
29日、（仙石）自分指控を申し出一件

寛政七年（一七九五）

治脩（五十一歳）在府、4月1日帰国
斉敬（十八歳）在府、6月30日死去
★権平【政隣】四十歳）在国

1・1　今月の天気
頭分以上登城、年寄衆等謁
治脩登城、すべて例年どおり
1・2　斉敬登城
1・3　治脩上野参詣等前々の通り、但し忌服のため御宮参詣なし
1・18　当年留守詰五件（交名あり）
1・19　治脩、御三家勤め後、讃岐守邸・同広式へ
1・21　御鷹の鶴拝領、斉敬名代勤める
1・23　当春帰国御供二件（本多・不破）
1・24　帰国道中奉行等二件（河地・前田）
1・26　御道中所建てる
帰国御供二件（仙石・白江）
治脩、新居宅へ年賀で入る、斉敬先立ち、盃事あり
学校銀貸付方、以後組柄・知行高下にかかわらずと触れ
1・28　転役（蜂谷）
他国詰人、転任等で帰国時、本勘差引は現地で完了のこと
2・1　今月の天気
例年通り江戸登城なし
2・2　★学校出座・聴聞
帰国後の御礼使者、（上坂）へ命
当江戸行きの面々、一季居奉公人居成にすべし
2・3　帰国御供三件（交名あり）
2・4　同六件（交名あり）
2・7　同三件（交名あり）
2・13　参勤御供時の餞別等無用、着類かまいなし
2・16　城中火の元取締の触れ
9日、江戸発駕3月19日と命
2・24　於神護寺、孝恭院十七回忌法事
上野御法事で御成予定延期、斉敬参詣
2・27　公方様、江戸市中御廻り
2・28　二条家への回答使、（上月）へ命
転役二件（戸田・山田）
2・29　当留守詰の人々、順次発足

3・1 今月の天気
3・2 ★学校で論語聴聞
石垣修復の尾坂門、往来止め解除
3・5 公方様、小金ケ原で鹿狩一件
3・9 於江戸、詰人一統へ貸渡金増額の通知
3・11 南部侯慶次郎、江戸邸へ初来訪
加増等（横浜）
転役（千羽）
3・13 治脩に暇、拝領物あり
3・15 転役（野村）
3・18 大小将選抜
3・19 治脩、江戸発駕、泊付書上
3・28 学校勤学者三十人余に五経授与
4・1 今月の天気
長谷観音祭礼能
治脩着城
御礼使（上坂）被命も、倹約中につき拝領物なし
治脩、宝円寺参詣、★御供
4・4 二条家への使者（上月）帰着、発足前借用金額書上
4・6 遠慮御免二件（土師・中西）
4・13 大小将拝命九件（交名あり）
4・14 二条家使者再来とのことで、対応方拝命四名（交名あり）
4・15 二条家使者参着、年寄衆と対談等
4・26 転役三件（丹羽・本保・土田）
4・27 御呈書不備により指控四件（庄田・小川・牛円・松永）
4・28 右補充のため当分加人二件（前田・奥村）
夕、右指控御免二件（庄田・小川）
4・29 転役（飯尾）
江戸詰（遠藤）浮腫で帰国、5月24日病死
右代詰（水野）5月10日発
5・1 今月の天気
月次出仕、御目見
大坂町人（辰巳屋）御目見、翌日料理下さる
当分加人解除（前田・奥村）
5・3 指控免二件（牛円・松永）
5・9 帰国途次の飛騨守登城、両学校見物
5・10 帰国御礼使（上坂）帰着、その際の開門不手際一

件
5・11 転役三件（久津見・江上・深谷）
5・13 扶持召放（仲）
5・14 転役（井上）
11日、江戸殿中で御祝能・料理、斉敬臨席
5・23 治脩、毎月御居間書院出座日定める
今月の天気
6・1 金沢・江戸で婚礼御用精勤の者へ拝領物
6・3 暑気御伺使者（渡辺〈嘉〉）発足
6・5 転役四件（交名あり）
6・6 転役三件（交名あり）
6・7 転役等十件（交名あり）
6・15 転役（大村）
6・16 暑御尋宿次奉書到来、翌日御礼使（渡辺〈主〉）
6・18 へ命転役四件（交名あり）
6・24 転役（加藤）
6・25 転役四件（交名あり）
6・28 転役三件（林・久能・中村）
1日、江戸上邸近辺に古びた大小の落とし物
14日於江戸、当分加人（氏家）
15日、寿光院、浅草近辺行歩、強雷一件
19日、斉敬下屋敷へ入る、翌日有徳院御霊屋参詣
30日、斉敬逝去、実は27日逝去
上旬、能登で大魚獲れ、近江町市場に出る
今月の天気
7・1 出仕の面々御目見
半納米価
江戸から斉敬急病と使者
見舞使者（久能）・医師三名（内藤等）早打で発足
7・2 江戸では前月晦日凶事につき、一統喪服・平詰
27日江戸発の早飛脚足軽到着、斉敬容態を告ぐ
御近習（青木）早打で発足、以下、使者等出入りあり
7・4 早飛脚、上使御尋ありを告ぐ
富山・大聖寺より早打使者登城
家老（西尾）等五人、20日江戸参着
江戸では上使をもって香典拝領
7・7 出仕のところ御目見なく、年寄衆謁
斉敬逝去報告使者（山崎）着城、治脩に達す
斉敬逝去により、家中諸遠慮等触れ

江戸では平詰やめ、一統常服
広徳寺より仮法号を奉号
7・8 頭分以上登城
忌中の心得
7・9 斉敬葬式御用主付（前田大炊）等三人被命
7・10 同右（奥村河内守）、（前田大炊）の御用は解除
斉敬法号、観樹院
7・12 喧嘩追懸者役（奥村→矢部）
7・13 頭分以上登城
7・18 斉敬忌中、家中の先祖忌日拝参の見合わせを命
観樹院葬式終了までの月次登城は布上下着用のこと
7・21 医師（荻野）来着・登城、治脩診察、鬱につき気分転換奨める
観樹院遺骸を天徳院に安置中の役人服装について
遺骸を江戸より移送の際の金沢町中の道順
閉門等受刑者の書上を命
観樹院遺骸金沢へ移送の泊付
29日、江戸御貸屋での怪事一件
紀州邸怪事一件
大小将睡眠中の怪事一件
江戸邸御貸屋化け物小屋一件
8・1 今月の天気
例月出仕、年寄衆謁
江戸邸は前の通り平詰
8・4 7日観樹院遺骸発棺につき、宿拵等の大小将江戸発
8・5 転役（奥村）
8・6 東海寺・広徳寺、新居宅で読経
8・7 転役二件（小寺・堀）
観樹院遺骸江戸発棺
8・9 転役（井上）
御歩以下へは喪服代金支給
喧嘩追懸者交代（小原→河内山）
御歩以下喪服のうち上下は現物支給と訂正
8・13 14日とも、江戸広徳寺で観樹院中陰御茶湯執行
公方様、江戸所々巡見、前例なしとか
6月18日の天体現象を、与力（池田）解説
8・15 例月出仕、年寄衆謁
観樹院法事の拝礼規式等触れ
8・18 通棺の道筋を町奉行等見分
8・19 葬式までの、役付平侍以下の賄方を周知

8・21　葬式以下の日程を触出し
　天徳院へ着棺前の惣見分
　御用人当分加人（古屋）
　着棺から葬式までの諷経次第等
　着棺前後の次第
　葬式始終の次第
　尊骸道中行列付
8・23　28日からの中陰等時の拝礼刻限
8・24　天徳院へ葬式前の惣見分
8・25　観樹院葬式執行、その次第
8・26　桂香院登城次第
8・27　東本願寺より御悔みの使僧
　明日よりの中陰法事のため天徳院惣見分
8・28　中陰法事初日執行
8・30　中陰法事終了、和尚等へ拝領金等
　宝円寺役僧の侍僧女犯一件
　三十五日法事等の天徳院詰人について
9・1　今月の天気
　月次出仕、年寄衆謁
　慶次郎様使者登城、饗応あり

9・3　三十五日法事執行
　法事後、亀万千参詣・焼香
9・4　稲実入り時期につき鷹野遠慮触れ
9・5　四十九日法事執行、亀万千参詣・焼香
　百ケ日法事、亀万千同右
9・7　亀万千より詰人一統へ菓子
　詰合頭分以上、御法事奉行へ終了を報告
　夕方、公事場牢舎人百人余の赦免を命
　大赦等十八件（交名あり）
　その外、足軽・小者の追込等御免
9・8　6月23日以後中断の月次講釈再開、★聴聞
　役儀御免（中村）
9・11　於江戸、強風時節につき火の元厳重注意
9・12　治脩、宝円寺参詣
9・14　転役二件（成田・篠島）
9・15　月次出仕、一統御目見
　知行引足・年寄席・月番（奥村左京）
9・18　転役（荒木）
9・23　転役（宮井）
9・27　観樹院葬式等勤仕者に拝領物
　役儀御免（菊池）
9・28　転役二件（前田・品川）

9・29 跡目等四十三件（交名あり）
跡目沙汰無し五件（交名あり）
縁組・養子等仰出
極老まで皆勤につき白銀等拝領（大屋）
大応院五十回忌12月12日のところ、11月12日に繰上げ

9・30 観樹院牌前御供使者、（篠原）被命
改名二件（伴・小幡）
観樹院逝去報告使者遅着の糾明及び弁明

10・1 今月の天気
治脩、加増等の御礼受ける
出仕の面々一統御目見
転役（原）
人持組組入四件（前田・横山・原・本多）

10・4 江戸伝奏屋敷全焼

10・8 転役（石黒）
観樹院遺物拝領（奥村・本多・西尾）
その他、御付の人々も拝受
未届けの亀万千出生を、6月飛脚により公儀へ届出、今年十四歳も、十六歳として届ける

10・10 観樹院百ケ日に付、牌前へ供物
観樹院尊骸移送従事者へ拝領金等

10・11 転役（高畠）
禁牢（久世）
来春以後江戸在住（御馬役　有田）
能美郡百姓後家へ褒美金

10・12 治脩宝円寺参詣、★御供
改名（篠嶋）

10・15 出仕の面々一統御目見
転役二件（大音・任田）
与力跡十二人召出

10・19 若君様髪置の祝儀使者(今井)、拝領物使者(前田)被命
その後、病にて（今井）に代わり（高畠）

10・21 表小将免に伴い異動間違い一件

10・23 勤務方変更（小寺）

10・25 跡目（辰巳）

10・26 指控（大嶋）

10・28 転役（八嶋）

10・29 ★泊番中、御用番（奥村）より呼出し、交代し帰る

1日、本納米価

上旬、佐渡で日蓮宗僧による蓮華往生一件
11・1　今月の天気
★御先筒頭を拝命、盗賊改方御用兼帯
帰宅の上、役所建てる、隠密御用に付不記
転役二件（高畠・伊藤）
11・2　急度指控（神保）
出羽国儒者（原）、明日学校で大学講釈
11・3　★兼役御用多に付、右講釈断る
11・7　転役九件（交名あり）
11・8　★月次講釈聴聞
11・11　★天徳院内大応院牌前で拝礼
11・12　天徳院で大応院五十回忌法事執行
11・13　転役二件（本保・村）
転役等十四件（交名あり）
11・15　★役儀の御礼、青銅百疋献上、年寄衆等へ廻勤
転役等十四件（交名あり）
11・16　転役二件（古沢・堀）
11・17　転役（石橋）
11・19　転役二件（中村・三田）
11・24　転役十六件（交名あり）
右の他、御歩・足軽等の異動あり

役儀御免（宮崎）
亀万千疱瘡未済により金谷等出入制限
11・29　召出二件（儒者　鶴見・林）
19日、★宅で本役方寄合
12・1　今月の天気
★登城、御目見・御意あり
治脩、役儀の御礼受ける
（横山三郎）疱瘡につき、使者より見舞品拝領、
使者に料理等
12・2　博奕により、知行召放・流刑等十件（交名あり）
12・6　転役四件（交名あり）
12・11　金谷御殿を金谷御屋敷と呼称変更
来春参勤御供及び組を命
12・12　治脩、宝円寺・天徳院参詣
12・14　寒気御尋宿次奉書到来、御礼使（多田）被命
12・15　月次出仕、御目見・御意あり
来年頭御礼要領出る
賭けの諸勝負禁制
12・21　転役（中川）
12・22　転役三件（小杉・脇田・石黒）

12・23　月次経書講釈、（鶴見）初めて勤める
来年頭御礼揃刻限通知あり
12・24　御礼銭等上げ切手差出す、27日青銅受取りの通知あり
12・25　跡目十五件（交名あり）
転役五件（交名あり）
12・26　転役四件（交名あり）
人持組組入三件（遠田・横浜・津田）
（横山）等御礼座列について
転役四件（交名あり）
縁組・養子等諸願仰出
病気により役儀免除（伴）
12・28　転役（杉野）
役儀指除・指控（神谷）
急度指控（儒者　新井）
12・29　★歳末祝詞登城
跡目（神保）、不埒な件あり本知減少
寛永6年、家光公御館御成時の料理等書写
寛政5年以降の（馬場藤左衛門）一件
（佃久五右衛門）飲酒のうえ町人打擲一件

耳目甄録　拾八

寛政六年—寛政七年　氏名索引

姓読み方一覧

読みは諸士系譜による

あ	新	あたらし
	在山	ありやま
い	一色	いっしき
	生田	
	生山	
	磯松	
	出野	（いでの）
う	上木	
	上村	
	上坂	（こうさか）
	瓜生	うりゅう
	牛園	
	氏家	附．団
え	榎並	
お	大槻	附．園田
	小幡	
	小瀬	
	小原	
	小篠	
	小竹	
	小倉	
	小野木	
	小谷	
か	帰山	かえりやま
	改田	
	角針	
	河野	かわの
	河地	かわち
	河内山	（こうちやま）
	上月	（こうづき）
	印牧	かねまき
	菅野	（すがの）
	神戸	かんべ
	樫田	かしだ

き	久徳	きゅうとく
く	陸田	くがた
	九里	くのり
	熊谷	
こ	郡	こおり
	小川	
	小塚	
	小寺	
	小沢	
	小谷	
	小畠	
さ	篠井	（しのい）
	篠島	
	山東	さんとう
し	篠原	（ささはら）
	篠田	
す	菅	
	寸崎	
せ	千福	
	千田	
	千羽	
	千秋	せんしゅう
そ	副田	そえだ
	曽田	そだ
	尊田	（たかた）
た	鷹栖	たかのす
	武	たけ
	団	だん
ち	長	
つ	槻尾	附．寺島
	柘櫃	つげ
	角尾	つのお
て	豊島	てしま

と	栂	とが
	鴇田	ときた
	東郷	附．中村
	土肥	附．武藤
な	長田	
	半井	なからい
	中居	なかぎり
に	仁岸	
ぬ	布目	
ね	根来	
は	端	
	伴	附．佐垣
ひ	土方	ひじかた
	比良	
	一木	ひとつぎ
ふ	二木	ふたき
	古市	附．赤井
へ	別所	
ほ	堀部	
	細井	
ま	増木	
	曲直瀬	まなせ
み	三階	みかい
	神子田	みこだ
	満田	みつだ
	三吉	
む	武藤	附．土肥
や	安武	やすたけ
	安見	やすみ
	保田	やすだ
ゆ	由比	ゆひ
	行山	ゆきやま
よ	葭田	よしだ
わ	和角	わずみ
	分部	わけべ
	脇葉	

○は閏月

あ

姓・通称	諱		扶持	年月日	没年月日	享年
相坂源左衛門	友親		200	寛7・9・28		
〃 勝左衛門			200	寛7・9・28		
青木新右衛門	隼之助		350	寛6・7・11		
〃 千五郎			350	寛6・7・11		
青木新兵衛	直方		2100	寛6・1・30（1・13）	文政1	
青木友右衛門		与力		寛7・12・2		
青木与右衛門	貞幹		500	寛6・3・晦　4・1　寛7・7・2　7・14		
青地七左衛門	愛敬		800	寛6・2・29　8・1（2・26）　寛7・4・15　7・14	文化1・4・21	60
青山五左衛門	芳儀		20口	寛6・10・9（10・18）　11・19　寛7・6・3　8・13		
浅井和大夫	成章		650	寛6・1・末（1・15）	寛政5・5・14	
浅加（香）五兵衛	武郷		250	寛7・8・22　11・24		
浅香作左衛門	中郷		1000	寛6・3・晦　寛7・9・27	文政2	
浅賀左平太			690	寛6・12・16		
〃 貞三郎	友郷			寛6・12・16	天保10・9	55
〃 庄三郎				寛6・12・16		
安宅与右衛門	規景	前田利孝(大八代)臣	200	寛7・8・21　8・22　11・24	文化2	
安達伝左衛門		飛騨臣		寛7・7・16		
安達弥兵衛	正純		400	寛6・3・晦　4・17　4・20　7・18	文化7・9・18	58

姓・通称	諱		扶持	年月日	没年月日	享年
				寛7・6・15 11・7		
跡地義平	弼		1000	寛6・5・4	寛政12・9・24	
阿部昌左衛門	忠怒		1500	寛6・5・28		
天野権五郎	表郷		300	寛7・12・25		
新井升平	篤光	儒者	200	寛7・2・2 8・22 12・28	文化6	
荒木五左衛門	直哉		800	寛7・9・18		
有沢三郎四郎	命貞		200	寛7・9・28	寛政6・12・6	38
〃 八三郎	貞親		200	寛7・9・28		
有沢数馬	貞庸		550	寛7・12・末	天保8・7・8	
有田侑右衛門	福正		200	寛7・10・11	文化1	
い						
飯尾半助	満道		200	寛7・4・29 8・22 11・24	文化7・4・3	60
飯田半六郎	長儀		270	寛6・1・末(1・6) 11・19 12・1	文化10	
池田浸平	貴政		320	寛6・1・末(1・7)		
〃 武二郎	正恒		320	寛6・1・末(1・7) 寛7・12・25		
池田数馬	景福		400	寛7・8・12	天保13	
池田弘助	定賢		200	寛7・9・7		
〃 十六郎				寛7・9・7		
池田三九郎	孫安	江戸在与力	250	寛7・7・14 8・13	文化8・10・13	52
池田弥十郎				寛7・8・13(8・上旬)		
池守庄大夫			100	寛6・12・16		
〃 長三郎	和平		100	寛6・12・16	文化7	
生駒伝七郎	貞行		500	寛6・1・末(1・7) 2・末(2・9)	文化3・11・27	

石川太郎左衛門	孟雅		15口	寛7・7・2	享和1	
石倉市郎左衛門				寛6・12・27		
石黒織人			130	寛7・8・22 10・8 12・22	寛政9・7・25	
石黒源五郎		儒者	15口	寛7・11・8		
石黒源兵衛	知訓		500	寛7・12・25	寛政7・7・29	53
〃 嘉弥之助	祇知		500	寛7・12・25	天保9・12	61
石黒小右衛門	従之		200	寛6・1・末(1・7) ⑪・18 寛7・2・4	寛政8・8・18	50
石黒庄司郎	助成		500	寛7・8・12	天保4・8・6	
石黒孫九郎		与力		寛7・5・10		
石野次郎兵衛			180	寛7・12・25		
〃 員馬	喜氏		180	寛7・12・25	天保5	62
石野主殿助	寛氏		1550	寛6・1・末(1・7) 2・28 2・末(2・9) 3・11 5・末(5・16) 6・末(6・4) 寛7・2・4 6・3 6・15 10・8	文化5・7	
石橋宗碩				寛7・11・17		
磯松頼之助			300	寛7・5・10 12・25		
〃 他三郎	正居		100	寛7・12・25		
伊藤忠左衛門	昭明		200	寛6・7・19	寛政11・9・21	
伊藤津兵衛	祐直		400	寛7・12・25	享和2・5	
伊藤戸左衛門			200	寛6・12・16		
〃 牛之助			200	寛6・12・16		
伊藤平大夫	勝文		850	寛6・1・末(1・15 1・27) 3・11 3・晦 6・26 8・14 12・7 寛7・8・末(8・4) 11・1 11・7	文化5	
稲垣久五郎	安貞		200	寛6・8・20	文政7・5・11	

姓・通称	諱		扶持	年月日	没年月日	享年
井上井之助	直政		700	寛6・1・末(1・15) 3・晦 寛7・1・18		
井上勘右衛門	長武		600	寛6・7・17 寛7・8・9 11・15 11・24	享保20・12・17	51
井上十右衛門			100	寛7・9・28		
〃 九郎太郎				寛7・9・28		
井上善吉			150	寛7・8・22 11・13		
井上太郎兵衛	盛陳		300	寛7・5・14		
井口勇次郎	永保		500	寛6・11・19 12・1 寛7・8・12		
猪俣吉郎左衛門	景政		160	寛7・9・28	文化11・9・11	62
茨木源五左衛門	自道		2050	寛6・1・末(1・27)	文政4・10	
今井甚兵衛	矩明		500	寛7・7・11 7・12 10・19 11・1	文化3・7・14	75
今枝民部	直寛		14000	寛7・12・29	文政5	
今村亥十郎			300	寛6・6・29 寛7・9・28 12・末	文化3・6・12	
今村乙三郎	懿		200	寛7・12・26	天保1・11・8	64
今村喜大夫	正綱		450	寛7・5・10		
今村三郎大夫	量景		300	寛6・8・10 8・23	文化1・6・11	
今村三右衛門		算用者		寛7・12・2		
今村次右衛門	政吉		150	寛6・7・15		
今枝内記	刑部		14000	寛7・11・24	文化12・7・16	57
岩倉織蔵			100	寛6・10・晦		
岩田浅右衛門				寛7・8・22		
岩田内藏助	盛昭		1000	寛7・7・21 9・18		
岩田是五郎	盛貞		500	寛7・8・12	文化1・6・24	36
岩田平兵衛	規秀		200	寛7・9・28	寛政12・3・22	

う						
上木忠兵衛	備寛		170	**寛7・9・28**	寛政7・3・17	
〃 左源次			250	**寛7・9・28**	文政12	
上坂久米之助	景従		200	**寛7・8・22**		
上坂平次兵衛	景員		3000	**寛7・2・2** 4・1 5・10	文化10	
上村八左衛門			100	**寛7・9・28**	寛政6・12	
〃 大次郎	逸興		100	**寛7・9・28**		
氏家九左衛門	孝敬		200	**寛7・6・末**(6・4) 7・10 8・4 8・19	文化12・3・29	
牛円新左衛門		算用者	90	**寛7・4・27** 5・3	文化9・10・15	
内山養福		御医師	200	**寛7・9・7**		
梅村駷左衛門		津田権平臣		**寛6・6・1**		
え						
江上清左衛門	保挍		200	**寛7・5・11**	文化8・12・23	
江間築林				**寛6・7・11**		
江守平馬	値房		1300	**寛6・8・1** 12・末	享和2・1・19	66
越中屋伊左衛門		町人		**寛6・5・22** **寛7・8・22**		
〃 左助		町人		**寛6・5・22**		
遠藤次左衛門	直清		200	**寛7・7・11** 7・21	文化4	
遠藤両左衛門	直烈		700	**寛6・1・末**(1・13) 7・15 **寛7・1・18** 4・29 6・15 9・28	寛政7・5・24	
〃 猶次郎	高璟		700	**寛7・9・28**	元治1・10・21	

姓・通称	諱		扶持	年月日	没年月日	享年
お						
大岩又太郎		鳥見見習		寛7・3・5		
大石儀右衛門			300	寛7・12・2	寛政9・8・2	
〃 半七郎	斎宮		300	寛7・12・2		
大音南郊	厚曹		4300	寛7・8・21	文化2・3・12	84
〃 主馬	厚続		4300	寛6・4・27 寛7・10・8 10・15 10・21 11・15	寛政9・9・7	42
大久保平馬			200	寛7・9・28	寛政7・4・12	
〃 直記			200	寛7・9・28	寛政7	
小篠善大夫	伴愷		150	寛7・9・28	明和3	57
大嶋忠左衛門	義居			寛7・6・18 9・27 9・28	文化1・6・20	51
大嶋忠蔵	維直		150	寛7・10・26		
〃 善四郎	久平		150	寛7・9・28	文政7	
小篠七郎右衛門				寛7・9・28		
太田忠兵衛	盛一		300	寛7・12・25		
太田兵之助			500	寛7・9・28	文化1・9・7	
大野木舎人	克成		1650	寛6・1・末(1・7) 4・18	寛政6・9・8	77
				寛7・7・末(7・16) 12・6		
〃 隼人	直行		1650	寛6・1・末(1・7)	文化2	
大場可伝		定番御徒		寛7・12・26		
大橋九郎兵衛	方成		400	寛6・7・11	寛政6・1・29	68
〃 又右衛門				寛6・7・11	文政7	
大平直右衛門	恒教		100	寛6・12・16	寛政6・10・5	57

〃欣大夫	以忠		150	寛6・12・16	文政9	
大村駒之助	伊欣		150	寛7・9・28		
大村七郎左衛門			350	寛6・9・4 寛7・9・14	文化8・9・22	45
大村武次郎	昌紹		250	寛7・6・16	天保5・6	
大屋武右衛門	一政		350	寛6・7・18 7・19 11・19 ⑪・18	享和1・5・14	78
				寛7・7・12 9・28 11・24		
大藪勘大夫	清房		70	寛6・7・17	寛政11・9・20	55
大脇栄之助		御徒		寛7・8・22		
岡嶋久五郎	美住		100	寛7・11・15	天保5	
〃直次郎	美調		130	寛7・8・22 11・15		
岡嶋左平太	元明		500	寛6・7・19 11・17 11・19 寛7・7・10	享和1	37
岡田蔵人	義暢		1100	寛7・4・13	天保8・6	62
岡田才記			250	寛7・9・28	寛政7	
〃長三郎	政乗		250	寛7・9・28		
岡田新之丞	邦実	坊主	120	寛7・12・26	文化6・6・16	78
岡田助右衛門	之祥		350	寛6・2・末(2・9) 3・晦 寛7・1・18	文化8	
				7・12 7・末(7・29)		
岡田助太郎			10人扶	寛7・9・28	寛政2	28
〃九七郎			10人扶	寛7・9・28		
岡田八兵衛	章直		1200	寛7・9・28	文化7・8・18	85
岡田徳三郎	坦路		500	寛7・7・14	文政9・2・5	
岡田又右衛門	宣好		350	寛6・4・9 寛7・6・18 9・27		
岡田茂右衛門	備正		200	寛6・12・28		
岡田有終	正巳		250	寛6・2・末(2・11)	寛政6・2・11	76
岡本次郎左衛門	永興			寛6・10・18 10・晦	文化1・2	

姓・通称	諱		扶持	年月日	没年月日	享年
小川伊左衛門	純佑	算用者	100	寛7・9・7	天保5	74
小川清大夫	友之助	算用者	160	寛7・9・7		
小川八郎右衛門	安村		500	寛6・1・10　1・29　12・7　寛7・4・27　4・28　8・21　12・23		
荻野典薬		医者		寛7・7・21		
荻原半左衛門	博綿		120	寛7・9・28	寛政7・6・11	61
〃　権五郎	直書		120	寛7・9・28		
奥田将監		医師		寛7・12・末		
奥田橘庵		医師		寛7・12・2		
奥田金大夫	知英		250	寛7・4・13		
奥野左膳	氏令		2200	寛7・12・6	文化12・9・8	48
奥村河内守	尚寛		17000	寛6・1・頭　1・末(1・7　1・15　1・29)　6・頭　6・1　6・12　寛7・7・1　7・3　7・9　7・10　7・21　8・1　8・9　8・19　8・21　8・22　8・23　8・24　8・27　8・晦　8・末　9・27　9・晦　10・頭　10・1　10・8　10・11　10・15　10・25　10・29　11・1　11・29　12・26　12・末	享和3・12・24	48
奥村郡左衛門	伊織			寛6・7・11	寛政12・8・7	34
奥村外記	直之		1700	寛6・5・22	享和3・5・21	69
奥村源左衛門	尚之		2700	寛6・7・11　寛7・7・21　7・末(7・16)	天保12・3・27	82
奥村五郎左衛門	英篤		800	寛6・7・11	天保11・4・9	65
奥村左京	質直		10000	寛6・12・7　寛7・9・15　10・1　11・頭	文化14・6・10	51

				11・1　11・15　11・24		
奥村十郎左衛門	直方		350	寛6・1・1　1・10　8・10　寛7・4・28　5・1　7・12　8・5	寛政12・1・13	56
奥村主馬				寛7・5・10		
奥村端兵衛	照知		600	寛6・7・11	寛政6・2・1	75
〃　鉄七郎			600	寛6・7・11	文化6・2・15	30
奥村内膳	成象		1000	寛7・9・15	寛延2・3・27	
奥村半五兵衛			600	寛7・4・13		
奥村半丞	駒之助		200	寛6・7・11	寛政5・10・15	21
〃　八郎左衛門	英良		150	寛6・7・11		
織田主税	益方		250	寛6・12・1　寛7・7・1　8・13　9・11　9・晦	享和2・10・11	58
音地清左衛門	克比		180	寛6・8・23　寛7・6・末（6・15）　8・21（8・22）　11・24		
小倉鉄次郎			200	寛6・7・11		
小竹政助	昌喜	執筆	160	寛7・9・27	天保9・2・8	
小幡式部	通直		3000	寛7・12・末	寛政13・1・20	43
小幡主計	可久		2000	寛7・9・晦		
小幡八右衛門	信古		400	寛7・9・28	寛政7	57
〃　次郎	信因		400	寛7・9・28		
小幡余所之助	景尚		400	寛6・1・末（1・6）　10・9（10・18）　11・19		
小原惣左衛門	惟彰		350	寛6・8・10　寛7・7・14　8・9	天保8・7	84
か						
改田鉄之助	政成		350	寛7・12・26	文政11	

姓・通称	諱		扶持	年月日	没年月日	享年
賀来元達	惟章		10口	寛6・8・1	文化7・11・9	
賀古右平太			200	寛7・8・21 8・22 11・24	寛政10	
賀古群五郎	清廉		400	寛7・8・22	文政1・4	
笠松繁六			100	寛7・12・26	文化15・3・22	69
樫田折之助	秀資		400	寛7・6・25	寛政9・3	
春日斧人	政		250	寛7・8・13	文化2	
片岡権之助	知寄		230	寛6・12・16	寛政6・8・4	
〃 三十郎	知周		230	寛6・12・16	嘉永5・②	
勝尾吉左衛門	信処		1100	寛6・1・末（1・7） ⑪・18 寛7・2・4	天保3・10・17	70
加須屋金左衛門	祥容		100	寛7・6・25		
加藤嘉孟	武里		250	寛6・12・16 寛7・11・15	文化4・11・1	
加藤甚右衛門	廉信			寛6・12・16		
加藤圖書	里直		1500	寛6・1・末（1・27） 2・末（2・7） 12・16	寛政6・7・19	37
				寛7・11・1		
〃 五郎左衛門		先父死		寛6・12・16	寛政6・12	
〃 廉之助	里有			寛6・12・16 10・晦	弘化2・8・19	58
加藤直次郎	善親		450	寛6・10・9（10・18） 11・19		
加藤用左衛門	景倫		200	寛6・10・9（10・18）		
加藤余所助	重辰		450	寛6・11・9 寛7・8・13	文政9	
加藤与兵衛	正容		120	寛7・6・24		
角屋伊右衛門		堤町町人		寛6・12・7		
金岩与三左衛門		算用者		寛7・12・2		
印牧弥門	永終		350	寛7・8・22 11・7 11・13		
神谷治部	守忠		1500	寛7・12・28	文政7・10	

上月数馬	以陣		300	寛7・2・28 4・4 11・7	寛政11・7・26	64
狩谷津大夫				寛6・1・29		
〃半助			100	寛6・1・29	文化5・5・3	
河合左平次			300	寛6・4・2		
河合次郎	直以		300	寛6・4・25	享和3・6・3	
河嶋吉大夫	方副		120	寛7・9・28	寛政6・10・2	65
〃要祐	守之		120	寛7・9・28		
河地右兵衛			100	寛6・7・11 12・16		
〃右仲	喜正		100	寛6・12・16		
河地才記	秀幹		450	寛6・2・末(2・9) 3・14 5・末(5・16)	寛政11	
				6・末(6・4) 7・11 7・18 7・19		
				8・1 10・9(10・18) 11・19		
				寛7・1・24		
〃熊太郎	左仲			寛6・7・19		
〃松之助	秀実			寛6・11・19	天保5・11・4	
河内山久大夫	乙昌		450	寛6・3・11 寛7・6・15 8・9		
河村儀右衛門	之則		400	寛6・6・21		
神田吉左衛門	直方		400	寛6・1・1 寛7・8・21 8・22 10・10	天保10・3・19	62
				11・24		
神田十郎左衛門	正清		350	寛6・10・9(10・18)	天保	
神田忠太郎	保益		150	寛7・8・22 11・13	天保10・3・19	62
神田与大夫		御歩		寛7・8・22		
神戸清左衛門	温純		500	寛7・9・28		
〃左京			500	寛7・9・28		
神戸半九郎			230	寛7・9・28		

姓・通称	諱		扶持	年月日	没年月日	享年
〃 左七郎			230	寛7・9・28	文化2	30
き						
菊池九右衛門	昨則		800	寛6・8・1	文政9	
菊池大学	武昭		3200	寛7・5・10 9・27	文政7・7	
岸井与大夫		松平臣		寛6・8・14		
岸　七郎		御歩		寛7・8・22		
岸　忠兵衛	庸道		400	寛6・1・10 寛7・7・14 8・12		
北村三郎左衛門	景種			寛7・7・4 8・21 8・22 11・24	享和2	
北村弥三郎		御歩		寛6・6・1		
北村勇蔵		御歩		寛7・8・22		
木梨左兵衛	有慶		250	寛7・6・6		
木梨助三郎	政仲		350	寛7・7・4 11・24		
木村兵群	信尹		200	寛7・8・22 11・13	文政4	
木村茂兵衛	定好		200	寛7・8・21 8・22 11・24	文化11・11・12	
久徳猪兵衛	尚寧		200	寛7・8・22 11・13	文政13・7・26	64
絹川団右衛門	清温		300	寛7・8・22		
く						
桑嶋織人	貞栄		250	寛7・4・13		
久世平助	宣方		500	寛7・10・11		
〃 権太郎				寛7・10・11		
久世平太郎	守衛		284	寛6・9・1 寛7・10・11	天保7・3	61
久津見左次馬	信明		150	寛7・5・11	文化2	

久能吉大夫	政平		250	寛7・6・28　7・1　7・13　9・晦　12・1		
九里幸左衛門	正始		650	寛7・10・25		
久保江庵		医師		寛7・7・1		
国沢主馬	政一		500	寛6・1・27　3・晦　4・1		
窪田左平	秀政		300	寛6・8・1　8・23　10・9（10・18）　10・29　11・4　11・19　寛7・6・15	文化1	

こ

郡　弥三兵衛	直方	故人	250	寛7・7・末（7・29）	享保16・1・3	57
小泉権之助				寛7・8・12　10・10		
小泉弥門	親由		100	寛7・12・25		
〃　弥守			100	寛7・12・25		
児嶋伊三郎	景順		300	寛7・11・17	寛政2・9・8	40
小杉喜左衛門	愼筒		170	寛7・12・22	文化2・5	63
小谷左平太			220	寛7・6・7	文化3・10・2	
小寺武兵衛	惟孝		600	寛7・8・7　10・23　11・24	文化1	
小林猪太郎	増定		350	寛6・7・11　寛7・12・26	文政2・④・17	40
小堀牛山	勝順		2000	寛6・1・末	明和2・10・4	82
小森新次郎	尹		300	寛7・12・25		
小柳喜兵衛		火矢方細工者		寛7・9・7		
後藤吉太郎				寛6・7・15		
後藤又助	恭明		450	寛6・8・14	文化13・10・1	81
駒井次兵衛	守直		200	寛6・2・末（2・9）　12・16	寛政6・8・17	
〃　安次郎	守典		200	寛6・12・16		

姓・通称	諱		扶持	年月日	没年月日	享年
駒屋甚右衛門		町人		寛6・5・22		
近藤右内		与力		寛7・12・25		
近藤源五兵衛				寛6・5・4	寛政6・12・10	
近藤駿太郎	光保		1400	寛6・7・11		
さ						
斉藤忠大夫	邦基		400	寛6・1・末（1・6） 11・17		
斉藤弥右衛門			120	寛7・9・7		
斉藤和助		割場付足軽		寛6・3・11		
坂井小平	成円		200	寛7・7・2	享和3・10・25	55
坂井五郎左衛門			80	寛6・12・16		
〃 八十八			80	寛6・12・16		
坂井権九郎	真正		450	寛6・12・7 寛7・8・25	文化2	
坂井平馬			600	寛6・6・末 寛7・8・13	寛政5	
坂倉善助	信久		200	寛7・9・28	寛政6・12・16	
〃 猪之助			200	寛7・9・28	寛政9・11・13	
坂倉長三郎	敦朝		300	寛7・9・1	文政1・11・6	
坂野忠兵衛	矩美		500	寛6・9・末（9・26） 10・9（10・18） 10・29 10・晦 寛7・2・3 9・1	文政12	
桜井平十郎	可信		250	寛6・2・末（2・11）	弘化4・10・16	70
篠嶋典膳	清一		2000	寛7・10・12	文化3・1	
篠嶋平左衛門	清全		600	寛6・1・1 2・5		
篠嶋頼太郎	清郷		500	寛6・10・9（10・18） 11・19 寛7・7・14 9・14	享和3・①・1	

佐久間平助	盛起		100	寛6・7・11	寛政5・11	
〃 平作	中英		100	寛6・7・11	天保8・2	
佐久間与左衛門	盛式		300	寛6・6・1 寛7・9・28 11・24	寛政7・3・12	69
〃 大作	盛昭		400	寛7・9・28	天保2・10・20	
佐竹五兵衛	敏礼		100	寛6・12・16		
〃 嘉籐次				寛6・12・16	天保2	
佐々正益	政吉		200	寛6・7・11	天保	
〃 芸庵	大玄		130	寛6・7・11		
佐藤勘兵衛	直寛		1200	寛7・1・26 7・11 7・21		
佐藤治兵衛	延政		700	寛7・6・15 7・11 7・21	文政2	
佐藤八郎左衛門	直尚		500	寛6・1・末(1・6) 10・18(10・18) 10・晦	文化6・5・22	
				11・17 寛7・7・14		
里見孫大夫	元成		300	寛7・9・27	享和2・6・28	
真田佐次兵衛	信定		600	寛6・8・10 9・4	天保14	83
沢田伊佐衛門	正詔		1000	寛7・9・27	文化4・9・15	63
沢村甚右衛門	武雅		250	寛6・10・末		
山東久之助			200	寛6・10・9(10・18) 11・19	享和3・7・3	
し						
塩川和一郎			600	寛7・7・14		
品川主殿	景武		3000	寛6・6・末(6・3) 寛7・9・27 9・28	文政	
				12・末		
〃 駒之助				寛6・6・末(6・3)		
篠原与四郎	篤行		1000	寛6・1・末(1・14) 3・15 7・19	文政3	
				10・9(10・18) 10・9 10・晦 11・17		

姓・通称	諱		扶持	年月日	没年月日	享年
				11・19		
				寛7・7・10　8・22　9・晦		
篠崎知大夫		執筆		**寛**7・9・7		
嶋　正左衛門		明組与力		**寛**7・9・7		
清水円右衛門		定番御歩		**寛**7・9・7		
志村平左衛門		大聖寺藩臣		**寛**7・8・25　8・晦		
庄田兵庫	察孝		350	**寛**6・1・末	享和3・12・12	70
庄田要人	敬明		300	**寛**6・3・晦　1・13　**寛**7・4・27　4・28　7・12　7・末(7・29)	文化8・2・22	
白江金十郎	成続		266	**寛**7・1・26		
進士武兵衛	武明		100	**寛**7・11・15		
〃　民男	武保		100	**寛**7・11・15	天保8・9・23	65
神保儀右衛門	照令		300	**寛**6・1・末(1・27)　**寛**7・6・15　9・28　12・25　12・29	寛政6・2・2	45
〃　吉之助	詔徹		300	**寛**7・12・29		
神保金十郎			250	**寛**7・11・2　12・29		
神保幸左衛門	健延		130	**寛**7・9・28		
〃　三八	健許		130	**寛**7・9・28		
す						
菅波屋五郎兵衛		町人		**寛**7・4・15		
杉浦庄兵衛	守照		800	**寛**6・7・11	寛政6・3・16	69
〃　仁六郎	守政		800	**寛**6・7・11	文化14	
杉江宇八郎		与力		**寛**7・5・10		

杉江弥太郎	綏定		200	寛7・8・22 11・13	文政9・6
杉岡為五郎	政寔		150	寛6・⑪・18	
杉野善三郎	盟		300	寛7・12・28	
杉本作右衛門	敬典		200	寛7・9・28	天保
〃 次兵衛			200	寛7・9・28	
杉本新之丞				寛7・9・7	
鈴木左膳	成弥			寛7・7・4 7・7	享和5・8・20
鈴木兵左衛門				寛6・12・22	
〃 長右衛門		小松詰米才許		寛6・12・22	
せ					
瀬川又九郎			320	寛7・5・10	
関 玄廸	如篤	御医師	5人扶	寛6・12・16	寛政6・6
〃 玄郁				寛6・12・16	天保14
関沢安左衛門	尚房		250	寛6・5・末 5・13 寛7・10・8	文化8・②・16
関屋中務	政良		1050	寛6・1・末(1・7) 3・11 寛7・2・4 6・15 6・25 7・4 10・8 11・15	
銭屋五兵衛		宮腰町人		寛7・11・24 寛6・6・26	
仙石内匠	元政		2000	寛7・9・28	
仙石兵馬	久持		300	寛6・5・末(5・26) 10・9(10・18) 10・晦 12・末(12・29) 寛7・1・26 11・7	文政7・8
千秋作左衛門	信復		400	寛6・4・25 寛7・8・22	文化14
千田次右衛門	直正		250	寛6・7・15 寛7・8・22	
千羽津大夫	政徳		130	寛7・3・11	寛政8

姓・通称	諱		扶持	年月日	没年月日	享年
そ						
副田左次馬			120	**寛7・6・18**		
た						
瀧川八郎左衛門				**寛6・11・19**		
滝川八郎大夫				**寛6・11・19**		
高坂久米助		斉敬側小将		**寛7・11・13**		
高崎平左衛門	固賢		200	**寛6・7・19**		
〃 元三郎			200	**寛6・7・19**	享和2	
高沢平次右衛門	菊忠		450	**寛6・3・晦** 10・3 **寛7・9・27**	寛政11・1・7	69
高田新左衛門	美種		250	**寛6・1・1** 1・2 2・7 3・28 6・1 12・7 **寛7・11・15** 12・11	享和2	
高木吟夕		茶堂役		**寛7・8・21**	文政9・1	
高木孫助			100	**寛7・8・22**		
高橋伊右衛門			110	**寛7・8・22**		
高橋仙之丞		横山蔵人与力		**寛7・9・7**		
高畠源右衛門	政久		200	**寛7・7・1** 8・22 10・11	文化9・10・14	
高畠五郎兵衛	厚定		700	**寛6・2・末**(2・26) 8・1 **寛7・4・15** 10・19 11・1	文化7・9・25	
高畠彦之丞	定則		500	**寛6・10・9**(10・18) 1・末(1・6) 10・9 10・晦 11・19 **寛7・8・22**	天保10・2・17	73
高畠孫右衛門	左膳		150	**寛7・9・28**		
〃 彦右衛門			150	**寛7・9・28**		

高山才記	定功		320	寛6・12・28	文政10	
高山彦四郎	憲英		500	寛7・7・末(7・29)		
高山表五郎	武申		500	寛7・10・21	文化2・9・15	43
竹内亦一	親白		100	寛6・12・16		
〃 直作			100	寛6・12・16	文政10	
竹内紋大夫			60俵	寛6・12・16		
〃 善八	規		150	寛6・12・16		
竹田源右衛門	忠貞		300	寛7・7・末(7・29)	享和3・8・6	
竹中伊兵衛			130	寛6・2・28	文政8	
竹中太兵衛		与力		寛7・5・10		
武田喜左衛門	信古		400	寛6・1・末(1・7) 2・末(2・11 2・17) 3・晦 寛7・1・28 11・1 12・末	文政8	89
武山治部左衛門	員輝		100	寛6・7・11	天保9・4	65
多田逸角	敬信		550	寛6・8・1 寛7・4・14 4・15 10・19 12・14 12・末	寛政11・7・13	
多田権八				寛7・5・10		
多田左守	秀貞		200	寛6・12・16		
多田八十八		坂井家へ		寛6・12・16		
辰巳本右衛門			330	寛7・9・28 10・25	寛政7	
〃 勘七郎			330	寛7・10・25	享和	
辰巳午右衛門		横山三郎臣		寛7・10・25		
田尻和一郎	武安		400	寛6・10・9	文化14	
田中市蔵		御歩		寛6・10・晦		
田中半助			160	寛7・6・7		
田辺権大夫	昌房		300	寛6・12・16	寛政6・6・7	

姓・通称	諱		扶持	年月日	没年月日	享年
〃　清蔵			300	寛6・12・16	寛政12	
田辺佐大夫	信蔵		300	寛7・6・15		
田辺善大夫	直養		300	寛6・7・15　寛7・7・4　8・6　8・25	寛政9・7・12	
				8・29　8・末		
田辺長左衛門	仲正		300	寛6・2・22	享和1・10・13	61
谷　猪左衛門	以直		300	寛6・8・14　12・28　寛7・7・末(7・29)	文化1・5	
谷口弥八郎		御歩		寛6・11・29		
玉川弧源太	成方		400	寛6・1・末(1・7)　寛7・2・4　6・25		
玉木団助			200	寛6・12・16	寛政6・6	59
〃　三之助	師貞		250	寛6・12・16		
多羅尾左一郎	守静		300	寛6・7・11	天保9・6・9	
団　多大夫	清信		450	寛6・2・22　2・末(2・9)	文政	
ち						
長　九郎左衛門	連起			寛6・2・頭　2・22　2・29(2・11　2・13)　3・28　4・頭　4・1　4・5　4・11　4・27　7・頭　7・13　7・15　7・18　7・19　7・21　8・1　8・23　9・頭　9・4　7・19　7・21　9・頭　11・29　⑪・頭　⑪・7　⑪・18　寛7・1・頭　1・18　1・28　2・24　4・頭　4・28　6・15　6・25　8・頭　8・22　10・1　12・頭　12・1　4・頭　12・15　12・23　12・末		

つ

佃　久五右衛門・源太郎			300	寛6・6・29　12・末　寛7・12・末	文化3・6	
柘植儀大夫				寛6・5・末(5・26)　寛7・7・4　8・21　8・22　11・7		
柘植又左衛門				寛7・3・5		
辻　晋次郎	武美		700	寛6・1・末(1・6)　10・9(10・18)　10・9　10・晦　11・17　11・19　寛7・7・10	文政	
津田猪兵衛			400	寛6・12・16	寛政6・9・20	
〃　猪藤太	成允		400	寛6・12・16		
津田宇兵衛			150	寛7・8・22　11・13	文政9・4・26	66
津田平兵衛	道筒・良康		350	寛6・1・末(1・7)　寛7・11・7		
〃　織江	康顧			寛6・1・末(1・7)	文化11・7・17	
津田外記	保和		1000	寛7・12・25		
〃　五百記			1000	寛7・12・25　12・26		
津田源助		明組与力		寛7・9・7		
津田権平	政隣		700	寛6・1・10　2・22　3・28　6・1　11・16　寛7・4・1　8・24　8・28　8・晦　9・8　10・29　11・1　11・2　11・7　11・8　11・15　11・24　12・15	文化11	59
津田善助			650	寛7・5・10		
津田直樹				寛6・⑪・18		
津田正渓		御医師	300口	寛6・7・11		
〃　恂庵		〃	10口	寛6・7・11		

姓・通称	諱		扶持	年月日	没年月日	享年
津田勇八				寛6・⑪・18		
津田修理	政本		1000	寛7・8・22		
津田和三郎	近知		500	寛6・7・11 寛7・4・13		
土田栄之助			150	寛7・4・26	寛政9・3	
土山八郎		御歩		寛6・10・晦		
恒川七兵衛	寿年		500	寛6・1・1 9・末(9・26) 寛7・7・14	文化5・6・1	
坪江円蔵		御歩		寛7・8・22		
鶴見平八		儒者	140	寛7・11・29 12・23	文政13	
て						
出口直次郎				寛7・8・22		
寺川斧右衛門				寛6・12・11		
寺嶋右門	恵和		450	寛6・9・1	享和1・1・12	
寺西九左衛門	秀一		7900	寛6・4・14	文化12	
寺西平六郎	秀実		500	寛7・8・12		
寺西六郎左兵衛			170	寛6・12・16		
〃 亥一郎(亥八郎)			170	寛6・12・16		
〃 弥八郎				寛6・12・16		
と						
任田金蔵		料理頭		寛7・10・15		
遠田三郎大夫	自邇		1050	寛6・1・末(1・7)	寛政2・2・12	65
遠田誠摩	自久		1050	寛7・8・21 12・26		
戸田五左兵衛	就将		150	寛6・5・末(5・26)	文政8	

戸田斉宮	方重		700	寛6・1・晦 寛7・2・28	享和3・8・6	29
戸田伝太郎	勝具		600	寛7・6・6 8・22	文政2	
土肥庄兵衛	知平		540	寛6・6・21 7・17 10・9	享和2	
冨田左門	守典		500	寛6・6・24 寛7・9・27	文政2	
冨田権佐	景周		2500	寛7・7・末(7・16)	文政11	
冨田権三郎			2400	寛7・9・28	天保13・7・8	
冨田庄大夫	師貞		150	寛7・9・28	寛政6・10・14	83
〃 助市	源内		150	寛7・9・28	文政10	
富永右近右衛門	助有		700	寛6・7・15 寛7・6・15	文化13	
富永侑大夫	和平		150	寛7・8・22 11・13	文政	
な						
内藤宗安		医師	300	寛7・7・1	文化5	
内藤弥三郎	元理		100	寛7・12・25		
〃 秀太郎	賢周		150	寛7・12・25		
永井勘左衛門	易賢		200	寛6・12・16		
〃 彦九郎			200	寛6・12・16	文政11・9	
永井儀右衛門			70	寛7・12・2	文化3	
永井貢一郎	尚古		300	寛6・2・末(2・13) 10・9(10・18) 10・晦	文政2	
中川四郎左衛門	正柄		400	寛7・9・4 11・7 12・21	寛政9・10・11	
中川丹次郎	篤		350	寛6・7・19	寛政4・10・18	
〃 又三郎	美播		350	寛6・7・19	天保8・5・16	55
中川平膳	忠好		1000	寛6・1・17 寛7・11・7 12・26		
中黒多宮			350	寛6・8・14	文政8	
中島小兵衛	奉忠		150	寛7・8・22 11・24	天保6・11・21	76

姓・通称	諱		扶持	年月日	没年月日	享年
仲　喜平				寛7・5・13		
長瀬五郎右衛門	有穀		1000	寛7・8・22	文化11・10・12	
長瀬善次郎	忠良		650	寛7・8・13		
長瀬藤左衛門	豊郷		1000	寛6・1・末(1・29)	明和3・8・27	47
長田久太郎	彦大夫		100	寛7・6・6	文化3・7・12	
長田庄一郎	津安		250	寛7・9・28	天保4・6・11	55
長田和大夫				寛6・4・2		
永原勘右衛門			500	寛7・4・13	享和3	
永原佐六郎	孝等		300	寛6・7・11　9・4　寛7・4・15　7・4	文化13	
				7・18　11・17		
永原治九郎	孝建		800	寛6・9・4　寛7・9・14		
永原七郎右衛門	孝弟		500	寛6・7・19　8・10　10・9(10・18)	文政4・4	
				10・29　10・晦　11・17　11・19		
				寛7・8・12		
永原将監	孝房		2500	寛6・1・10　2・28　3・11(3・7)	享和1・3・26	59
				5・末(5・26)　寛7・7・3　7・末(7・16)		
永原貞五郎			200	寛6・7・11		
〃　久太郎			200	寛6・7・11		
永原半左衛門	孝尚		450	寛6・7・15　寛7・7・9　8・21　9・27	文政2	
				10・19		
永原弥三郎	孝湍		500	寛6・7・11	寛政5・10・25	74
〃　松太郎			500	寛6・7・11	享和3	
中　孫十郎	辰長		300	寛6・4・25		
中西順左衛門	孝交		150	寛7・4・6	文政9・4・22	

中野又玄		医師	180	寛7・7・1		
中村助大夫	子諒		650	寛6・8・10 9・4	文政	
中村伊織			500	寛6・7・11	寛政6・1・28	
〃 弥門			500	寛6・7・11	文政6	
中村右膳	元永		150	寛7・12・26	文政3・9・23	
中村喜左衛門			180	寛7・9・28 12・25	寛政8	
〃 喜三太郎	方弼		180	寛7・12・25		
中村九兵衛	惟正		300	寛6・12・7 寛7・5・10 8・晦 9・1		
				9・8 11・15		
中村源左衛門		御歩並	200	寛7・8・22		
中村才兵衛	子諒		650	寛7・6・28		
中村三郎兵衛				寛7・5・10		
中村左兵衛	敏子		650	寛6・1・末（1・7）	天明8・3・9	68
中村甚一郎				寛7・8・22		
中村甚十郎	武敏		150	寛7・8・21 11・19		
中村善兵衛	正直		100	寛7・9・7	寛政12・3	57
中村玉次郎			130	寛7・8・22 11・13		
中村兎毛	保直		450	寛7・4・13	天保7	60
中村八兵衛			200	寛7・6・18 8・21	文化11・6・15	
中山儀大夫			190	寛7・6・末（6・14） 9・28		
〃 武十郎	清実		190	寛7・9・28		
中山直右衛門				寛7・9・28		
中山七郎左衛門				寛6・10・晦		
長屋要人	明允		2030	寛6・12・16	寛政6・8	65
〃 平次郎	安敦		2030	寛6・12・16		

姓・通称	諱		扶持	年月日	没年月日	享年
半井五郎左衛門	定近		250	寛7・9・28　10・11		
〃　平峰			250	寛7・9・28	天保2	
成田勘左衛門			400	寛6・7・18　7・21　12・27		
〃　辰之助				寛6・7・18		
成田内蔵助	繁		1000	寛6・7・18		
成田長大夫			500	寛6・7・18　寛7・7・14　9・14		
南部右大夫			30俵	寛7・11・15		
に						
西尾隼人	明義		4300	寛6・1・1　1・10　1・29　2・13 2・28　3・11　5・末(5・13) 6・末(6・4) 寛7・7・4　8・1　8・21　8・22 10・8　10・9　10・10	享和2・9・13	58
丹羽伊兵衛	孝明		800	寛7・4・26　9・27	享和1・8・18	50
丹羽伴吾			100	寛7・12・25		
〃　久米之助			100	寛7・12・25		
丹羽六郎左兵衛	応好		500	寛7・1・18　9・11	享和3・4・17	52
ね						
根来三九郎	忠盈		100	寛7・12・2	文化13	
の						
野口左平次	久親		300	寛6・4・17	文政3・6・28	

野尻次郎左衛門	直啓		200	寛6・12・16	文化14	
〃長三郎				寛6・12・16		
野村伊兵衛	礼喬		800	寛6・2・末（2・11） 7・18 7・19 7・21 寛7・9・1 12・11	享和1	
野村権兵衛		谷臣		寛6・8・14		
野村忠兵衛	貞英		300	寛7・6・7 9・27	文化7・5	
野村伝兵衛	有郁		150	寛7・3・15	天保4	
野村与三兵衛	誠教		1200	寛6・7・15	文化3	
は						
橋爪采男			100	寛6・12・16	寛政6	
〃栄九郎			100	寛6・12・16		
橋爪長太郎	忠温		100	寛7・9・28	寛政6・⑪・6	36
〃伊左衛門	忠良		100	寛7・9・28	文政10	
橋爪半兵衛				寛7・8・22		
土師清吉	正收		500	寛6・2・末（2・11） 8・14	享和1・8・6	
〃清大夫	正享		500	寛7・4・6	享和1・9・21	40
長谷川市兵衛			150	寛7・12・25		
〃直助			150	寛7・12・25		
長谷川宇左衛門		料理頭		寛7・1・1		
長谷川永蔵		御歩	100	寛7・8・22		
長谷川万平		御歩		寛6・10・晦		
長谷川八十左衛門				寛7・12・2		
蜂谷太郎左衛門			200	寛7・1・28 2・28		
八田屋平右衛門				寛7・7・14		

姓・通称	諱		扶持	年月日	没年月日	享年
服部直助				寛7・8・22		
服部弥六	和恒		300	寛6・12・16	寛政6・6・7	73
〃 清左衛門			300	寛6・12・16	寛政9・12・3	
馬場孫三	信営		400	寛6・6・29	享和3・9・7	68
〃 藤左衛門				寛6・6・29 寛7・12・末	文化6・7・29	46
〃 恒太郎				寛7・12・末		
林 閑事				寛7・12・25		
林 慶助	柏堂	儒者	20口	寛7・11・29	寛政9・5・26	54
林 十左衛門	保之		300	寛7・6・28	文政11	
林 清左衛門	定将		700	寛6・5・1 ⑪・18	文化6・11・12	53
林 平二郎				寛7・6・25		
原 九郎兵衛	準直		150	寛6・9・4 寛7・10・1 12・25	寛政7・9・17	53
〃 虎太郎	信成		150	寛7・12・25	文化2・11・25	25
原 重蔵				寛6・6・29		
原 清左衛門	定綱		150	寛6・12・16	寛政6・6・3	46
〃 治太郎(治六郎)	安久		150	寛6・12・16		
原 弥三兵衛	尹諧		150	寛6・2・27 6・21 12・16	寛政6・6・24	66
〃 弥三郎			150	寛6・12・16	文化11・9・15	
原田又右衛門	成種		500	寛6・12・16	文政10	
〃 直吉				寛6・12・16		
伴 采女	資愛		450	寛6・4・9 寛7・7・14 10・25	天保9	70
〃 勘七郎		弟		寛7・10・25		
伴 栄閑	方穀		5000	寛7・9・28	寛政7・5・18	74
伴 源太兵衛	方延		500	寛6・2・25 寛7・12・26	享和2・8・2	59

〔伴 多宮・八矢	方平		5000	寛7・9・28 9・晦 12・末		
半田惣左衛門	景福		600	寛7・11・15	文化8・8・29	
ひ						
土方勘右衛門	栄氏		500	寛6・1・10 寛7・8・27	文化11	
人見吉左衛門	忠貞		800	寛6・1・末（1・27） 2・末（2・7） 寛7・2・7 8・1	文政5・7・14	
平岡治郎市	惟進		900	寛7・7・14		
平田三郎右衛門	盛以		350	寛6・2・22 2・28 10・18 3・晦（3・15） 10・9 12・末 寛7・1・19 2・7 8・晦	文化13・12・24	55
平田半左衛門		与力		寛7・12・2		
平野是平			90	寛7・8・22 11・13	享和1・4	
〔平松忠大夫	邦次		20人扶	寛7・9・28		
〃 小左衛門			20人扶	寛7・9・28		
〔広瀬次六郎	元居		100	寛7・9・28		
〃 太兵衛			100	寛7・9・28		
〔広瀬助左衛門			150	寛6・12・16		
〃 富三郎	矩保		150	寛6・12・16		
広瀬武大夫	胤忠		450	寛6・10・9 10・29 10・晦 11・19 12・1 寛7・1・19 11・7	文化11	
ふ						
〔深谷孫八			100	寛6・12・16 寛7・5・11		
〃 富三郎				寛6・12・16		

姓・通称	諱		扶持	年月日	没年月日	享年
深美兵庫	秀豊		4500	寛7・9・28	寛政7	
〃 主計助	秀曜		4500	寛7・9・28　12・6	文化6・2・晦	33
福田儀右衛門			300	寛6・12・16	寛政6	
〃 直吉・新平			300	寛6・12・16	文政10	
藤井清大夫	正直			寛6・10・晦	寛政9・5・12	
藤掛亥三郎			500	寛7・4・13	文化1	
藤田助大夫		御歩		寛6・10・晦		
藤田求馬	安貞		2000	寛7・12・末	文政1	
古沢貞右衛門				寛7・8・21　8・22　11・16		
古屋孫市	包教		500	寛6・7・15　寛7・8・21　11・7	享和1	
古屋也一	和昔		400	寛7・1・18	文政4	
不破右平次	右膳		250	寛7・9・28	寛政2	
〃 与三太郎	尚盈		250	寛7・9・28		
不破五郎兵衛	光保		330	寛7・8・21　11・7　11・8	文化11・2・26	73
不破新左衛門			150	寛6・6・末		
不破甚大夫	政方		200	寛6・12・16		
〃 忠兵衛			130	寛6・12・16		
不破宗助			150	寛7・9・28		
不破籐左衛門				寛7・9・28		
〃 幸左衛門				寛7・9・28		
不破半六	克和		150	寛6・7・15　7・21　10・18		
〃 茂一郎				寛6・7・15　7・21		
不破彦三	為章		4000	寛6・2・29　10・9　10・18　11・19　12・末　寛7・1・1　1・23　3・13	享和3・10・11	59

不破平左衛門	方淑		500	寛6・7・18	寛政9・3・28	
不破七兵衛				寛7・8・22		
不破平兵衛				寛7・9・28 12・25		
不破弥左衛門	隆友		150	寛6・12・16	寛政6・6・14	68
〃 平兵衛	友亮		150	寛6・12・16		
不破和平	俊明		500	寛6・1・末 寛7・8・18		
へ						
別所三平			400	寛6・7・11	寛政6・3	34
〃 丑之助	老次郎		400	寛6・7・11	寛政10・10・8	
別所宗右衛門	成章		150	寛6・7・11 寛7・8・21	文化8・9	
ほ						
堀田治兵衛	之鋪		200	寛6・7・17 寛7・12・25	寛政7・9・8	68
〃 小十郎	之和		200	寛7・12・25		
堀江庄兵衛				寛7・9・28		
堀 勘左衛門		与力		寛7・8・22		
堀 才之助	政殖		200	寛6・7・15 7・21	文化6・5・12	80
〃 十蔵	顕		200	寛6・7・15	天保5・8	69
堀 三郎兵衛	庸富		500	寛6・2・28 8・1 10・18 寛7・8・21	寛政8・6・8	46
				10・10 11・24 12・11		
堀 左兵衛	秀親		450	寛6・8・10		
堀 直左衛門				寛7・8・21 11・16		
堀 直之助		御歩		寛6・10・晦		
堀 八郎左衛門	貫保		200	寛7・11・7	文化13	

姓・通称	諱		扶持	年月日	没年月日	享年
堀 与一右衛門	成章		300	寛6・1・4 寛7・8・7		
堀 八郎兵衛			150	寛6・12・16	寛政6・5・8	49
〃 小左近			150	寛6・12・16	天保3・11	
堀部五左衛門	弘通		170	寛6・1・末 2・末 4・1 4・2	享和4・2・1	58
				6・末 寛7・10・8		
〃 宗次郎			170	寛6・6・末	文化2・7・28	
本阿弥次郎太郎			300	寛6・1・29		
〃 次郎左衛門			300	寛6・1・29		
本多安房守	政行		5000	寛6・8・14 8・23 11・29 12・22	寛政9・11・23	70
				寛7・3・2 4・15 5・10 8・21		
				8・22 9・28 11・1 11・2 11・15		
				11・24 12・15 12・26 12・末		
本多玄蕃助	政成			寛6・2・末(2・18) 3・14 4・8	享和3・4・28	49
				5・22(5・13) 6・末(6・4)		
				7・21(7・17) 10・4 10・9(10・18)		
				10・晦 11・10 11・19 12・末(12・29)		
				寛7・1・1 1・23 1・24 2・13		
				3・9 3・13 4・15 12・末		
本多頼母	政康		1100	寛7・8・21 8・22 8・27 10・1	寛政12・9・26	69
				10・8		
本多弾正・求馬助	政愛			寛6・1・末(1・29)		
本多求之助				寛7・10・1		
本保六郎左兵衛	平通		150	寛7・7・4 8・21 11・13	文化6・12・15	67
本保三郎兵衛			1000	寛6・1・末	享保13	

本保十大夫	以守		1800	寛6・1・末　7・11　寛7・6・25	寛政6・2・15	70
〃　監物・常右衛門	密礼		1800	寛6・7・11	天保3	
本保七郎左衛門	方久		250	寛7・4・26	寛政12・11・14	58
ま						
前川藤蔵		御歩		寛6・10・晦		
前田大炊	孝友		18500	寛6・3・頭　3・11　3・14　3・28　3・晦　8・頭　⑪・18　12・頭　12・7　12・18　12・22　12・28　寛7・2・16　4・15　7・2　7・9　7・10　8・21　9・頭　9・4　9・15　9・27　9・晦　10・21　12・11	天保	
前田織江	道済		7000	寛6・1・末（1・13）	天保1・10・13	
前田主殿助	実種		2450	寛7・12・25		
前田義四郎			300	寛6・7・19　10・18　11・17　11・19　寛7・6・末（6・15）　7・10	文政3	
前田内蔵太	孝敬		3000	寛7・7・21　9・28　12・末	享和2	
前田牽治郎	直賢		500	寛7・7・8　7・14　8・21　8・晦	天保1	
前田権佐	恒固		3700	寛7・11・7　11・13　12・6	天保1・8・14	
前田式部		七日市藩		寛7・8・21		
前田修理	知周		6000	寛7・8・21　9・27		
前田甚八郎	直房		1020	寛6・1・末（1・27）　2・末（2・9）　10・9（10・29）　11・19　寛7・1・24　4・28　5・1　6・15　8・21　11・24		
前田図書	貞一		7000	寛7・11・15	文政	

姓・通称	諱		扶持	年月日	没年月日	享年
前田大学	直英		1500	寛6・4・18　寛7・10・1　11・24	文化7	
前田土佐守	直方		11000	寛7・8・21		
前田兵部		七日市藩		寛7・7・14　11・15　11・24　12・15　12・23		
前田弥助	直内		1500	寛7・9・28	寛政7・3	63
〃　木工	直救		1500	寛7・9・28　10・19	文政5・①・10	45
前田靱負	道暘		3500	寛7・8・25　8・晦		
松崎喜兵衛	安学		800	寛7・7・末(7・29)	天明7・10・25	
松平源次郎			1500	寛6・8・14	天保4	
松平才記	康保		250	寛6・2・3　2・22　8・23　10・晦　寛7・2・3　6・15	享和2・4	
松平助三	益之		150	寛6・12・16	寛政6・6・10	52
〃　順作			150	寛6・12・16	文政1	
松原柏庵		前田大炊臣		寛7・7・2		
松平康十郎	鹿康		200	寛7・8・22　11・13	文政10	
松田清左衛門	忠郷		350	寛7・11・7	寛政5・9	71
松永軍平	有親			寛7・4・27　5・3		
松野源左衛門	恭近		130	寛6・12・28		
松原安左衛門	一得		500	寛6・7・19　10・9　10・18　11・19　12・1　寛7・8・12		
松原元右衛門	貴忠		250	寛6・2・末(2・7)　3・晦		
松宮三郎大夫			130	寛7・12・25		
〃　清左衛門			130	寛7・12・25		
松本幸助	教善	御細工者		寛7・8・22		

み

三浦重蔵	賢善		1300	寛7・8・12	文政7	
三嶋与三大夫	貞直		400	寛7・9・28		
〃 安祐			400	寛7・9・28		
水越八郎左衛門	政紹		350	寛6・1・9　7・15　寛7・7・9　7・21		
水野左衛門		町同心		寛7・7・21　8・21　9・27		
水野次郎大夫	武矩		300	寛6・3・晦　4・17　4・18　12・末(12・29)　寛7・4・14　4・15　4・29　6・15　7・末(7・29)　8・13　9・晦	文化7・12・15	58
水野次郎兵衛			180	寛6・2・末(2・26)		
水野頼母	敏政		670	寛6・7・11		
〃 庄五郎			670	寛6・7・11	文化14	
水野寅之助			150	寛7・9・28		
水原五左衛門	景福		950	寛6・1・末(1・6)　10・9(10・18)　10・9　10・晦　11・17　寛7・2・7　9・1	文化8・8・2	
箕輪猪三郎	宣倉		350	寛7・8・22　11・13		
宮井典膳	直経		600	寛6・2・末(2・7)　3・14　3・28　7・21(7・29)　10・9(10・18)　10・晦　11・19　12・1　12・末(12・29)　寛7・2・4　6・15　7・7　7・11	文化3・8・24	52
宮井伝兵衛			300	寛6・1・末(1・6)　10・9　11・19　7・21　9・23　9・晦	文化11	

姓・通称	諱		扶持	年月日	没年月日	享年
宮崎磯太郎			400	寛7・7・8　8・21		
宮崎蔵人	直政		800	寛6・10・3	文化4・7・11	
宮崎清右衛門	元收		400	寛7・11・24		
宮本権大夫		御用人		寛6・11・19		
三田八郎左衛門	整		150	寛7・11・19　8・21　8・22		
三田村虎次郎	定保		4000	寛7・9・28	文政8	
三橋安兵衛			100	寛7・8・22		
三宅伊織				寛6・11・19		
三宅平太左衛門	正路		450	寛6・4・20　5・末　6・24　7・15	文政3	
				7・19		
三輪斉宮			1030	寛7・9・28	寛政7	
〃　仙大夫	寛明		1030	寛7・9・28	文政11	
三輪政之助	采男		1000	寛7・8・13	文化9	
む						
村井又兵衛	長世		16569	寛6・5・頭　5・28　10・9　10・29　11・頭　11・24　12・7　寛7・2・頭　2・13　2・16　4・15　7・頭　7・4　7・7　7・8　7・10　7・14　7・17　7・21　8・22　12・末	文政10・10・28	
村　図書		前田利謙(富八代)臣		寛7・8・25　8・晦		
村　八郎左衛門			500	寛6・5・末	文化10	
村　杢右衛門	陣救		650	寛7・11・13　11・15	天保3	
村田甚右衛門	直世		300	寛6・1・末(1・10　1・13)	寛政8	

村田鉄平				寛7・9・7		
も						
毛利三郎大夫	乗久		150	寛7・9・28	寛政7・1	
〃 与兵衛	乗善		150	寛7・9・28		
森口新八郎			100	寛7・9・28		
〃 三之助			100	寛7・9・28		
森 惣兵衛		御歩		寛6・10・晦		
森 彦大夫		御歩		寛6・10・晦		
や						
矢木孫九郎		御歩		寛6・10・晦		
八嶋金蔵	為矩		200	寛7・10・28	文政9・8・1	
安井金三郎	厚孝		250	寛6・7・19		
安田与一郎		大工		寛7・9・7		
〃 吉左衛門		御歩		寛7・9・7		
〃 勇左衛門		御歩		寛7・9・7		
安田六平				寛6・4・末(4・2)		
矢野左源太			350	寛6・12・16	寛政6・7	43
〃 判六			350	寛6・12・16		
矢部七左衛門・八郎右衛門			450	寛6・2・末(2・7) 寛7・7・12 8・9	天保3	
山内権丞		与力		寛7・5・10		
山岸善左衛門				寛7・8・22		
山岸八郎大夫		御小人頭		寛7・8・22		
山岸弁左衛門	董			寛7・11・13		

姓・通称	諱		扶持	年月日	没年月日	享年
山岸紋左衛門			100	寛6・12・16		
〃 紋太郎			100	寛6・12・16	天保	
山口小左衛門	一致		320	寛6・4・2 寛7・8・19 9・27	文政6	
山口左次馬	一寧		400	寛6・11・19	天保12	
山口新蔵	清大夫・信逸		650	寛6・2・末(2・9) 寛7・11・15	天保10	
山口伝左(右)衛門	巴敬	歩横目		寛7・8・22		
山崎茂兵衛			300	寛6・2・末(2・26) 寛7・11・15	文政11	
山崎弥次郎	籍侃		850	寛7・7・7 8・13 9・晦		
山路忠左衛門	昌澄		400	寛7・4・15 10・11	文政1・2	
山田覚左衛門	氏教		200	寛6・12・16	寛政6・6・22	
〃 平助			200	寛6・12・16		
山田作兵衛			100	寛7・9・28		
〃 貞之丞			100	寛7・9・28	文政5	
山田七左衛門	信文		150	寛7・2・28	文政5	
山田知左衛門			100	寛6・7・11	寛政5・12	
〃 卯守			100	寛6・7・11		
山田万作			400	寛6・7・11	文政7	
山本久甫		茶堂役		寛7・8・21		
山本左次馬	友守		300	寛7・12・25	天明4	
山本判大夫			200	寛6・5・1 寛7・12・25	寛政7	
〃 鹿之助	基一		200	寛7・12・25	天保4	
山森沢右衛門	道能		500	寛6・7・15	寛政9・1	
山森貞助				寛7・8・22		
山森和兵衛	永識		150	寛6・12・16		

〃 伊八郎			150	寛6・12・16	寛政6・7・1	65
ゆ						
雄明		宝円寺僧		寛7・8・末		
湯原友之助	信恭		600	寛6・12・7	文政8	
よ						
横山庄助			200	寛6・12・16	寛政5	
〃 要蔵			200	寛6・12・16	寛政9・⑦・20	
横地茂太郎	雅聡		300	寛6・3・5 10・9（10・18） 寛7・2・3	寛政11・1・24	45
横浜善左衛門	玄英		1050	寛6・7・19 10・9（10・29） 11・17	文化3	
				寛7・3・11 8・21 8・22 10・8		
				10・10		
				寛7・11・15 12・26		
横山久兵衛			200	寛7・9・28 12・25		
〃 三次郎	主一		200	寛7・12・25	文政5・2・24	
横山蔵人	政寛		10000	寛6・12・7 寛7・9・7	寛政13・1・26	32
横山三郎	隆盛		30000	寛7・8・21 10・25 12・1 12・末	文化13・8・27	34
横山大膳	隆美		1000	寛7・9・1 10・1 10・25 12・26	享和2・6・14	43
				12・29		
吉江久大夫		御歩		寛6・10・晦		
吉田宇右衛門				寛6・6・29		
吉田宇兵衛		細工者		寛7・9・7		
吉田左助			10人扶	寛6・7・11		
吉田新左衛門		鷹方歩		寛7・9・7		

姓・通称	諱		扶持	年月日	没年月日	享年
吉田辰之助	直九郎・林左衛門		300	寛7・4・13		
吉田八郎大夫	兼忠		450	寛6・4・1 寛7・7・21	文化3・6	
吉田彦兵衛	茂育		500	寛6・8・10 寛7・12・25	享和3	
吉見吉兵衛		小松馬廻		寛7・9・28		
〃 友左衛門	弟			寛7・9・28		
葭田左守	直廉		500	寛6・1・末（1・6） 11・17 寛7・7・10	文化6	
				8・4 8・19		
わ						
脇田(平)之丞				寛6・6・末		
脇田瀬兵衛				寛7・9・27 12・22	寛政10・3・5	55
脇田哲兀郎	直温		700	寛6・6・末	文政5	
脇田又八郎・延之助	武風・左内		200	寛7・5・6 8・22	天保7	70
和田采女	世貞		800	寛7・9・1 12・11	享和3・①・28	61
和田十右衛門	氏之		200	寛7・8・22 12・25	寛政7・8・晦	55
〃 大作			200	寛7・12・25	寛政10	
和田知左衛門	幸綏		700	寛6・1・末（1・14） 3・15 4・11		
				10・9（10・19） 10・29 10・晦		
				寛7・4・14		
渡瀬七郎大夫	政勝		230	寛6・8・23 寛7・8・21 8・22 11・24	文政6	
渡辺嘉聞	純		530	寛7・6・5		
渡部源三	盈輝		130	寛6・12・28		
渡辺源蔵	永夷		700	寛7・3・15 9・28	寛政6・⑪・21	56
〃 与一郎	永清		700	寛7・9・28	文政7	55

渡辺次左衛門	貫		70	寛7・8・22 11・13	寛政12・4・29	
渡辺主馬	保		1000	寛6・7・11 寛7・6・18	寛政8・1・3	57
渡辺宗右衛門			10人扶	寛7・9・28		
〃 喜平			10人扶	寛7・9・28		

翻刻・校訂・編集

笠嶋　剛　1939年生　金沢市在住

南保　信之　1946年生　白山市在住

真山　武志　1935年生　白山市在住

森下　正子　1940年生　金沢市在住

(代表)髙木喜美子　1940年生　金沢市泉野町5丁目5-27

ISBN978-4-86627-081-4

津田政隣

政隣記　耳目甄録　拾八

従寛政六年―到寛政七年

二〇二〇年一月三〇日　発行

定価　三、〇〇〇円＋税

校訂・編集　(代)髙木喜美子　笠嶋　剛　南保信之　真山武志　森下正子

出版者　勝山敏一

印刷　株式会社　すがの印刷

発行　桂書房

〒930-0103　富山市北代三六八三－一一

電話(〇七六)四三四－四六〇〇

FAX(〇七六)四三四－四六一七

地方小出版流通センター扱い